# 허임

## 임

### 조선의 침구사

# 추천의 글

## 신비로운 침구술의 성의(聖醫) 허임(許任)

**전세일 교수**
한국통합의학진흥연구원 이사장
전 세계침술학회 회장
전 차의과대 통합의학대학원 원장

인류 문화를 꽃 피게 하는 문명의 축은 마치 태풍의 눈처럼 한 군데서 다른 데로 계속 옮겨간다. 메뚜기처럼 이리저리 껑충껑충 옮겨 다니는 것이 아니고 산불이 옮겨 붙듯이 인접한 옆으로 자연스럽게 옮겨간다. 역사는 이러한 문명의 축이 어디에서부터 시작되어 어디로 흘러가는 지를 보여주고 있다.
바빌로니아에서 페르시아로, 그다음에는 그리스, 로마, 스

페인, 네덜란드, 영국의 순으로 흘러갔고, 거기에서 대서양을 거쳐 미국으로 건너갔고, 계속 서쪽으로 흘러 태평양 시대를 맞았고, 이윽고 그 선발대가 우리가 살고 있는 극동에 도달하기에 이르렀다.

극동의 동양 삼국하면 한국, 중국, 일본을 일컫는 바 이 한중일의 중심은 여러 측면에서 단연 한국일 수밖에 없다. 태풍의 핵과 같은 문명의 축은 바로 한국이라는 말이다.

앞으로 다가올 시대의 지구 문명은 한국을 중심으로 이뤄질 전망이다. 한국의 정신, 한국의 문화, 한국의 인력이 매우 중요한 역할을 담당하게 될 것이다. 의학 분야도 예외 일 수 없다. 현대서양의학과 전통동양의학과 전래민속의학이 융합 발전된 새로운 한국의학이 세계의학을 주도하게 된다는 뜻이다.

의술(醫術)에는 국경(國境)이 있을 수 없다. 그러나 의자(醫者)에게는 조국(祖國)이 있다.

위대한 영웅은 자신이 만드는 것이 아니다. 직접 따르던 부하와 후세인(後世人)들이 만드는 것이다. 훌륭한 스승은 자신이 만드는 것이 아니다. 직접 따르던 제자나 후세인 들에 의해 만들어지는 것이다. 세계가 칭송하는 좋은 학교도 설립자가 만드는 것이 아니다. 그 학교 출신 졸업생들과 후배들에 의해 만들어 지는 것이다.

그런데 이 세상에는 위대한 영웅이나, 훌륭한 스승이나, 매우 값진 사건들이 후세 인 들의 기억 속에서 잊혀 진 경우도 상당히 있다.

가장 오래된 의학 경전 황제내경에는 침술이 동방에서 유래 되었다는 구절이 있다. 함경도 웅기에서는 1929년에 골침 석침이 발굴 되었고 고고학적으로 약 5000년은 된 것으로 평가되었다. 이로 미루어 침술의 발상지는 바로 한국이라고 할 수 있다. 그런데 우리나라 사람들이 얼마나 이런 사실에 대해 알고 있을까?

마찬가지로 400여 년 전 조선조에 훌륭한 침술의 명의 허임과 그의 업적에 대해 소개되어 있다. 그런데 허임에 대해서는 현재 우리나라 사람들이 얼마나 기억하고 있을까?

전통한의학(Traditional Oriental Medicine)은 생약요법(Herbology, 生藥療法), 훈련요법(Instructional Practice, 訓練療法), 자극요법(Stimulative Therapy, 刺戟療法)으로 구성

된다. 이 중에서 자극요법에 속하는 침구술(Acupuncture Moxibustion, 鍼灸術)이 현대서양의학에 대비하여 그 특수성과 차별성에 있어서 가장 두드러진 이론의 체계와 실기를 지니고 있다.

물론 그 자체가 과학은 아니다. 철학과 형이상학을 이론의 바탕으로 삼고 있다. 과학이 태동되기 몇 천 년도 더 오래 전에 생겨난 이론이고 기술이기 때문이다.

그렇다고 비과학적(非科學的)이라고 할 순 없다. 과학이 발달하고 연구를 진행함에 따라 침술의 기초적 현상과 임상적 효과가 점점 과학적으로 확인되기 때문이다.

따라서 현 시점의 침술의 위치는 비과학(科學)이 아니라 미과학(未科學)이다. 과학적으로 연구하면 할수록 더 확실하게 밝혀질 미래 과학의 영역이기 때문이다.

과거를 화학의학의 시대라고 본다면 미래의학은 물리의학의 시대라고 봐야 한다. 침술은 분명히 물리의학의 한 부류이다. 따라서 침술은 미래의학이고 우주의학의 일부이다.

한의학하면 쉽게 중국 일본 한국을 떠 올리는데 사실 한국이야 말로 가장 뿌리 깊게 정착된 나라라고 믿게 된다. 중국의 한의학은 꽤 오랫동안 종교와 철학과 형이상학을 배척하는 문화 속에서 생존해야 했었고, 일본은 한의학에 대한 강력한 제도적 뒷받침을 갖고 있지 못하기 때문이다.

다행이 최근 우리나라에서는 과거 역사의 그늘 속에 묻혀서 빛을 못 보고 있던 보물들을 찾아내어 흙을 닦고 먼지를 털어 다시 빛을 내는 작업이 여기저기서 활발히 진행되고 있다. 우리나라 전통 의술에 대해서도 마찬가지이다.

특히 이러한 틈바구니에서 요사이는 조선 선조 시대 침술의 명의 허임에 대해서 밝혀지기 시작했다. 지금까지 알려진 사실 만으로도 허임은 너무나 위대하고 그 업적은 너무나 자랑스럽다.

다행이 이제는 사단법인 허임기념사업회가 생기고 허임에 대한 업적을 재조명하는 사업이 활발히 진행 되는 것은 너무나 시기적절하고 매우 바람직한 일이다. 허임기념사업회의 대표이사인 손중양 선생님께서 출간하는 이 책은 허임 선생의 생애와 그의 참된 업적을 살펴보려고 하는 많은 사람들에게 목마른 자에게 시원한 냉수 한 그릇처럼 속 시원한 소식이 아닐 수 없다.

우리의 역사 속에 허임이라고 하는 성의(聖醫)가 있었다는 사실이 나로 하여금 한국인이라는 자부심을 드높이는데 부족함이 없다.

재미있고 알기 쉽게 쓴 이 책을 다 한 번쯤은 읽어 보기를 바라는 마음에서 모두에게 추천하는 바이다.

2017. 6. 19

『조선 침뜸이 으뜸이라』 개정판

# 허 임

## 조선의 침구사

손중양의 역사발굴 취재기

사단법인 허임기념사업회

# 책을 펴내며

## 허임의 생애와 침의(鍼醫)들의 역사를 찾아서

잃어버린 침뜸의 역사를 찾아 조선시대로 취재를 떠났다. 그 곳에 침의(鍼醫)가 있었다. 침의들은 침과 뜸과 부항 등으로 아픈 사람들을 고치는 사람들이었다. 이들이 선사시대 폄석으로 옹양(癰瘍)을 치료하고, 기혈을 다스리던 이 나라 의술의 맥을 잇고 있었다. 1592년 임진왜란 발발 이후 침의들의 활동은 급격히 두드러졌다. 전국 각지에 무수한 침의들이 우후죽순처럼 나타났다. 허임은 바로 이 시기에 활동한 인물이다.

허임의 생애를 취재하는 중에 많은 조선시대 사람들을 만났다. 선조와 광해군과 인조는 물론 허임의 아버지와 어머니, 수많은 침의들도 임금과 똑같은 무게의 삶을 살아가고 있었다.

허임의 아버지는 양양의 관노였다. 그는 장악원에 악공으로 징발되어 당대 최고의 대금연주자로 성장했다. 악공에서 악사(樂師)가 되고, 장악원 전악(典樂)에까지 이른 그는 조선 음악의 한 시대를 이끌었다. 허임의 어머니는 김귀영이라는 재상집의 종이었다. 사비(私婢)가 관노(官奴) 출신의 악사(樂師)를 만나 허임을 낳고, 명의(名醫)로 길러냈던 것이다. 이들은 임진왜란을 겪으며 험난한 시대를 살았다. 당시 한반도는 격동의 현장이었다. 허임 일가의 삶의 역정은 극적 전환으로 점철됐다.

허임은 부모의 병을 고치기 위해 의원집에서 일해 주며 처음 의술에 눈을 떴다. 임진왜란 중에는 침의(鍼醫)로써 광해군을 따라 전란의 상흔을 치료했다. 침뜸으로 일세에 이름이 난 허임은 내의원 침의로 천거됐다.

허임은 어의 허준의 추천으로 선조의 편두통을 침술로 치료하여 일약 당상관에 올랐다. 선조가 침을 맞을 때 허준이 스스로 자신은 침놓는 법을 알지 못한다고 털어 놓았다. 그는 실제로 침을 놓지 않았다. 허준이 침놓은 흔적을 찾아 많은 자료를 살펴보았으나 확인이 되지 않았다. 임금이 침을 맞을 때 참여하기는 하였지만 허준이 직접 침을 놓는 모습은 찾을 길이 없었다.

내의원에 침의가 별도로 있었다. 17세기 들어 침의들이 제도권 의료에서도 그 비중이 확고히 높아졌다. 허임은 침의들 중에서 으뜸으로 꼽혔다. 그는 광해군 시절에는 부평부사 남양부사 등 지방수령을 지내기도 했고, 인조 초기까지 내의원 침의로 활동했다.

늘 백성들 가운데 살며 인술을 펼치고자 했던 허임은 중년이 지나서 공주에 정착했다. 공주는 임진왜란 때 광해군을 수행하던 중에 인연을 맺은 곳이기도 하다. 이곳에서 허임은 갖가지 병을 고치는 한편, 자신의 경험을 후진들에게 가르쳤다. 그는 '신의(神醫)'로 일컬어졌고, 침의들의 으뜸으로 추앙됐다. 허임은 늙어서 평생의 의술을 정리하여 『침구경험방』을 집필했다.

『침구경험방』은 조선의 의료계에 광범하게 활용됐다. 뿐만 아니라 일본과 중국에까지도 커다란 영향을 미쳤다. 이러한 사실은 17세기말 18세기초 조선에 유학 왔던 일본 의사 야마가와준안(山川淳菴)이 『침구경험방』을 일본에 가져가 출판하면서 쓴 서문에서 단적으로 표현되어 있다.

"나는 젊은 시절 조선에 유학하였다. 면학하는 틈틈이 의인

(醫人)을 접하여 자주 침구(鍼灸)가 의가(醫家)의 요체라는 말을 들었다. 또한 실제로 병을 고치는데 그 효험이 가장 빠른 것을 목격하였다. 그리고 치료방법으로써 첫째가 모두 허씨(許氏)의 경험방을 배워서 하는 것이었다"

그는 조선에서 침과 뜸이 의료의 요체이고 "조선이야말로 침자(鍼刺)가 가장 뛰어난 나라"라고 목격담을 전하면서, "평소 중국에까지 그 명성이 자자했다는 말이 정말 꾸며낸 말이 아니었다"고 감탄했다. 바로 이 탁월한 조선의 침구술이 하나같이 허임방이었다는 것이다.

하지만 20세기 들어 허임에 대해 아는 사람이 많지 않다. 우리나라 현대사에서 침과 뜸만으로 환자를 치료하는 침구전문업종(침구사) 제도가 업권 다툼에 밀려 명맥을 잇기 어렵게 되자 침의(鍼醫) 허임을 비롯한 무수한 명침(名鍼)들의 역사도 주목을 받지 못하게 된 것이다.

수년 동안 역사를 뒤져 찾아낸 기록과 이를 바탕으로 한 추론으로 허임의 생애와 침의들의 역사를 묘사해 보았다. 하지만 턱없이 부족한 사료(史料)로 인하여 여러 인물들의 모습을 뼛조각만 간신히 찾아 흔적을 더듬어 볼 수 있는 정도에 불과하였다.

부끄러운 취재결과를 내 놓는 이유는 침의들의 존재를 우선 여러분들과 함께 확인하고, 앞으로 더 많은 사료가 나타나고, 훌륭한 분들에 의한 제대로 된 연구가 이루어지기를 바라는 마음에서다. 나아가 역사적 상상력이 덧붙여져서 임진왜란을 전후하여 힘난한 세월을 살다간 선인(先人)들의 삶이 문화와 콘텐츠로 다시 살아나기를 바라는 마음도 있다. 이로써 생명과 건강을 지켜온 자랑스러운 역사와 문화를 계승 발전 시켜 나가는데 큰 역할을 하길 기원하는 바이다.

조선시대를 취재하는 중에 많은 분들의 도움을 받았다. 문외한인 저에게 여러 분들이 정보를 알려주기도 하고, 자료를 보내주기도 하고, 고서의 내용을 해석해 주기도 했다. 도움을 주신 모든 분들께 감사를 드린다.

2010년 2월25일

손 중 양

## 개정판을 내며

### '신의 의술' 조선 침구(鍼灸), 널리 인류를 이롭게!

침구사! 침이나 뜸으로 병을 고치는 사람. 하지만 침구사에 대한 집요한 비하와 왜곡과 억측이 있었다.

마을에서 침쟁이라고 불리더라도 침통을 차고 왕진 다니던 때가 호시절이었다. 면허를 가진 침구사는 몇 분 남지 않았고, 침구사라는 말도 국민들 사이에서 잊혀 가고 있다. 제도권으로 들어갈 길이 없어 재야(在野)에 남게 된 침구사에 대해서는 무면허 돌팔이 범법자로 불도장을 찍어 처벌받게 하려고 든다.

필자가 역사 속으로 취재를 들어간 것은 2004년 초였다.

특정 이익집단이 침구사 제도는 일제가 한의학을 말살하기 위해 만든 제도라고 하면서 침구사를 일제잔재로 폄하하여 제도권에서 밀어내려고 했다.

10여 년 '재야 기자'를 하며 붙은 '사실 확인' 습성이 발동했다. 요즈음 말로 '팩트 체크'(Fact Check). '침구사'라는 말이 사전에는 어떻게 수록되어 있을까? 백과사전을 펼치니 '침구의'라는 단어가 눈에 확 들어왔다.

침구의(鍼灸醫) : 침구술은 고려시대로부터 분과적으로 발전되었는데 조선시대에 들어서는 초기부터 침구 전문의를 분리시켜 침구의 의과고시(醫科考試)를 따로 실시하였다. 1438년(세종 20) 3월에 침구전문생을 매년 3인씩 뽑아 전의감(典醫監)·혜민국(惠民局)·제생원(濟生院)의 3의사(醫司)에 각각 1인씩 배치하였는데, 이것이 침구 전문의로서 분과된 처음이다. (한국민족문화대백과, 한국학중앙연구원)

침구의(鍼灸醫)가 법률적 용어라면 일반적으로는 침의(鍼醫)라고 불렸다. 요즈음 말로 침구사 또는 침사이다.

왕조실록과 승정원일기에는 침의(鍼醫)로 기록된 기사가 무수히 수록되어 있다.

조선시대 침의는 국가 의료체계 내에서 활동한 정식의료인이었고, 그들은 결코 아웃사이더적인 존재가 아니었다.[1]

침의(鍼醫)제도는 구한말 서양의학이 들어올 때도 존립하여, 병원에 근무인원으로 침의가 배정이 되었다.

1899년(光武 3년)에 내부직할병원으로 설치된 우리나라 초기 국립병원인 내부병원(內部病院, 현 서울대학병원의 전신)의 직제를 보면 대방의(大方醫), 종두의(種痘醫), 외과의(外科醫), 소아의(小兒醫)와 함께 침의(鍼醫)를 두고 있었다.

---

1) 《허임 『침구경험방』 연구》 박문현 경희대학교 대학원 한의학과 박사학위 논문 2002년 8월. p11. 12

내부병원(內部病院)은 바로 광제원(廣濟院)으로 개칭됐다. 광제원으로 한 뒤에도 본원의 직제에 의사 7인 가운데 침의(鍼醫) 1인을 두고 있었다.[2]

조선시대 침의가 곡절 많은 이 나라 역사의 수난을 모두 겪으며 오늘날의 침구사로 이어지고 있다. 침구사는 일제의 잔재가 아니라 의생(오늘날의 한의사)과 똑 같이 근현대사 속에서 수난을 겪어온 전통의료인인 것이다. 침구사를 일제잔재라고 왜곡하는 행위 자체가 역사왜곡을 일삼은 일제의 수법인 셈이다.

조선시대 침의(鍼醫)들은 어떤 인물들이 있을까? 역사 속으로 쑤~욱 들어갔다. 거기에 침의 허임이 어의 허준과 어깨를 나란히 진료를 하고 있었다.

오늘날 표현으로 하면 어의(御醫) 허준이 한의사라면 침의(鍼醫) 허임은 침구사인 셈이다.


의술은 생활의술과 전문의술로 구분해 볼 수 있다. 생활의술은 사람들이 생활하는 과정에서 스스로의 병증을 고치고 건강을 회복하는 과정에서 생겨난 의술이라 할 수 있는데, 자연의술이나 민간의술이라고 할 수 있다.

그리고 전문의술은 전문적으로 병을 연구하고 치료하는 사람에 의해 형성된 의술이라고 할 수 있는데, 학문의술이나,

---

2) 『수난의 역정』 이우관 편저. 2008년 증보판 50p. 침술연합신문(주)

제도의술, 귀족의술이라고 부를 수도 있을 것이다.

물론 그 경계는 모호하여 어디까지가 생활의술이고 어디까지가 전문의술인가에 대해서는 시대나 사회에 따라 큰 차이가 있을 것이다. 분명한 것은 대부분의 전통의술, 생활의술, 자연의술이 전문화되고 학문화되어 전문의술로 발전됐다고 할 수 있다.

침(鍼)과 뜸(灸)의 기원은 인류의 원시사회에서 비롯된다. 그 기원이 적어도 수천 년 혹은 수만 년의 역사를 가지고 있는 의술이다. 자연적으로 생겨난 전통적 요법이기 때문에 기본적으로 생활의술로서의 특성을 갖고 있다.

침구술은 민간에 퍼져서 전승되어 왔다. 생활의술로서의 침구술은 학문적으로 체계화되고, 전문적으로 발전하면서 그러한 성과가 다시 직접적 전승이나 서적을 통하여 민간의 생활 속으로 다시 스며드는 경향도 있게 된다.

허임 침구학은 전문화의 길을 걸어온 전문의술이라고 할 수 있다. 이 전문화된 침구술이 다시 『침구경험방』이라는 실용적인 서적으로 편찬이 되어 다시 광범위하게 생활 속으로 퍼져 나갔다.

허임 『침구경험방』 발문에서 이경석은 "침구경험방을 펴내어 집집마다 갖춰 놓고 수많은 사람들을 구제할 수 있도록 하였으니, 세상이 공유(共有)하여 널리 활용하도록 하라"

라는 뜻을 밝히고 있다.

이렇듯 생활의술->전문의술->생활의술->전문의술 … 의
경로로 전통의술인 침구요법은 발전해 왔다.

국가의 형성과 함께 민간의술의 제도화와 전문화는 자연스
럽게 이루어지게 된다.

중국에서는 진(秦)나라 시대부터 갖추어져 오던 의관제도
(醫官制度)가 수당(隋唐)시대부터 완비되었다. 당(唐) 송(宋)
시대에 침구과는 의과(醫科)와는 별도로 전문과(專門科)로
정비되었다. 침구과에는 침생(針生) 혹은 침공(針工)이라는
침구의원을 따로 배치했다. 당(唐)대에 침구과, 의과, 안마과,
주금과로 4개과 이던 것이 송(宋)대에는 9개과였다가 원(元)
대의 분과는 13개과가 되었다.3)

일본도 마찬가지로 국가기구를 정비하면서부터 침뜸이 의
료분야의 가장 중요한 축을 이루는 전문분야였다. 일본의 의
료제도는 701년 대보율령에 의사, 침사, 안마사, 여의(女醫)
등 이미 전문업종 제도를 도입한 것을 알 수 있다.

조선에서 침구전문업종 침구의(鍼灸醫)제도는 경국대전에
수록이 되면서 성문(成文)의 대법전에 확고히 자리를 잡았다.
그 후 1746년(영조 22년) 속대전, 1785년(정조 9년)의 대전
통편(大典通編) 및 1865년(고종 2년)의 대전회통(大典會通)

---

3) 『증보 중국의학사』, 홍원식 윤창열 편저, 2001년 일중사 190p, 235p

등에도 그대로 이어졌다.

조선시대 침구술이 발전하고, 조선의 침구전문서인 허임의 『침구경험방』이 나오게 되는데도 조선 초기부터 논의가 시작되어 경국대전에서 확고히 자리를 잡은 침구의(鍼灸醫) 제도가 역사적 배경이 되었다.

기자들은 가끔 자신이 쓴 기사 한 꼭지로 인해 인생의 행로가 바뀌는 경우가 종종 있다. 필자의 경우는 경실련에서 주간으로 ≪시민의신문≫을 창간하고, 1999년 침구사 김남수 선생 인터뷰를 한 것이 계기가 되어 20년 가까운 세월 동안 '침과 뜸'에 관한 일을 하고 있다. 우리나라 침구(鍼灸)의 맥을 잇는데 조금이라도 도와야겠다는 생각을 했는데 어느새 그 한가운데 들어와 지금도 노심초사 하고 있다.

개정판을 준비하며 제목에 대한 고심이 있었다. 허임기념 사업회 임원들과 의논도 하고 지인들의 의견도 구했다.

'허임-천하제일 침의'라는 제목이 거론됐다. 『조선 침뜸이 으뜸이라』라는 그대로의 제목이 좋다는 의견도 있었다. 널리 인류를 이롭게 한다는 취지로 『홍익인간 조선침의』가 좋겠다는 이야기도 돌았다.

하지만 전문업종으로서 침구사제도가 마련되어야 조선의 침뜸이 다시 세계 으뜸이 될 수 있고, 널리 인간을 이롭게 할 수도 있겠다는 생각이 들었다.

수천 혹은 수만 년 백성들 사이에서 전해 내려온 전통요법을 민간에서 활용하지 못하도록 하고, 전통의술의 맥을 잇는 침구사가 재야에서 범법자로 불도장이 찍히는 상황에서는 '홍익인간'도 '천하제일'도 다른 나라 이야기일 수 있다.

　중국과 일본은 침뜸의 세계적 주도권 확보를 위해 뛰고 있고, 서구 유럽의 의료선진국에서도 침구를 현대의료에 적극 접목하여 통합의학의 길을 모색하고 있다.

　그러나 한국은 전통의료와 현대의료 사이를 갈라놓고, 그 종사자들은 날이 새는 줄도 모르고 영역다툼을 하고 있다. 현대적인 의료현장에서 침구가 배제되고 있는 상황에서 어떻게 조선의 침뜸이 으뜸이 될 수 있겠는가?

　조선의 침뜸이 해방되어 모든 보건의료 현장에서 광범위하게 쓰일 수 있다면 분명히 세계 으뜸이 될 수 있고, 홍익인간을 실현할 수 있는 유효한 수단이 될 것이다

　널리 인류를 이롭게 할 '신의 의술' 조선 침구(鍼灸)의 부흥을 기다리며 『허임-조선의 침구사』라는 제목으로 개정판을 펴낸다.


2017년 7월 7일
손중양

조선침뜸이 으뜸이라 개정판

# 허 임
## 조선의 침구사

### 손중양의 역사발굴 취재기

# 차 례

## 제1장 명의의 탄생

## 제2장 전란의 현장에서

## 제3장 침의(鍼醫)가 있었네

## 제4장 왕과 침

# 제1장 명의의 탄생

# 태백산맥 넘어 장악원으로 간 양양 관노

 허임의 아버지는 허억봉이다. 양양의 관노였던 허억봉은 어릴 때 한양의 장악원 악공(樂工)으로 선발(選拔)됐다. 조선 명종 시절이었다.

 한양으로 떠나기로 되어 있던 날 밤 어머니는 억봉의 손을 잡고 하염없이 바라보았을 것이다. 다시 볼 수 있을 지 없을 지도 모르는 먼 길 떠나는 아들을 관솔불 밝혀놓고 흐르는 눈물을 닦을 새도 없이 울었다. 어머니의 오열을 뒤로 하고 어린 허억봉은 태백산맥을 넘었다.

 열 살이 조금 넘어 악공이 된 허억봉은 장악원에서 아쟁을 배우고, 대금을 불고, 춤을 췄다. 그는 특히 대금을 잘 불었다.

 장악원(掌樂院)은 궁중의식에 따른 음악과 무용을 모두 담당하는 국가기관이다. 궁중연회는 물론이고 외국사신을 접견하는 대사객(待使客) 의식도 장악원 몫이다.

장악원에는 800여 명의 악인들이 드나들었다.『경국대전』
에 따르면 악공(樂工) 518명과 악생(樂生) 297명을 장악원
소속으로 두도록 되어 있다.[1] 악공과 악생이 결원되면 전국
8도에 고르게 배정하여 충원했다.

악공은 공사비(公私婢) 또는 무녀(巫女)와 같은 천인(賤人)
의 자녀 중에서 선발했다. 악생은 정리(丁吏) 또는 보충군(補
充軍) 등의 양인 자식들 중에서 선발한 뒤 시험을 치러 뽑았
으며, 그 중 15명은 맹인이 소속되었다.

당시 나라에서 악공을 선발할 때 2명의 장정을 봉족(奉足)
으로 붙여주고 이 봉족에게서 한 달에 베 한필 정도 받아서
생활하도록 했다. 그래서 악공들의 생활은 극도로 가난했고,
생활이 힘겨웠다.

허억봉은 양양에서 백두대간을 넘어 한양으로 들어왔다.
대궐을 드나들며 화려한 옷을 입고 훌륭한 음악연주를 했지
만 생계수준은 형편이 없었다. 그는 양반 사대부가에 불려가
연주를 해 주고 받은 사례금을 보태 어려운 생활을 꾸려 나갔
다.

성종 때에 만들어진 악인들의 마을 영기가(伶妓家)가 장악
원 근처에 있었다.『악학궤범』을 지은 성현의 문집 『용재총
화』에는 장악원과 영기가의 풍경을 다음과 같이 묘사하고 있
다.

조선시대 태평로 근처에서 바라본 서울 모습. 멀리 우뚝 솟은 3채의 건물 중 맨 앞이 광화문. 네덜란드 태생의 미국 화가 휴버트 보스(Hubert Vos, 1855-1935)가 1898년 서울에 와서 그린 그림(국립현대미술관 소장).

나는 예조판서로서 장악원의 제조(提調)가 되었는데, 손에게 베푸는 향연과 사신에게 내리는 향연 때, 악공을 선발할 때 음악을 듣지 않는 날이 없었다. 또 태평관(太平館)에 왕래할 때에도 동네의 사면이 모두 악인(樂人)과 기녀의 집[伶妓家]이었다.

숭례문 밖의 민보(敏甫)·여회(如晦)의 두 집 비복(婢僕)들이 모두 선수(善手)이므로, 내가 일찍이 지나다가 들어가서 들었다.

또 옆에 홍인산(洪仁山)·안좌윤(安左尹)의 두 큰 집이 있는데, 비복들에게 음악을 가르쳐서 그 소리가 청아하고 밤이 깊도록 그치지 아니하여 매양 누워서 이것을 듣는 것이 또한 즐거움이었다.[2]

악인과 기녀들이 모여 살았던 이곳에 양양의 관노였던 허억봉도 정착을 했을 것이다.

허임은 바로 이런 청아한 음악 가운데서 태를 받아 허억봉의 아들로 탄생했다.

## 아름다운 대금연주 "자네 오직 독보적이라네"

허억봉은 나라의 행사에 나가서 대금도 불고 악기를 연주했다. 그리고 사대부가의 연회에 불려 다니기도 했다.

조선 중기의 문신 정사룡(鄭士龍:1491~1570)의 시문집에는 국공(國工)들을 불러 연주를 하도록 하고 스스로 기뻐하는 모습이 기록되어 있다.

명종 5년(1550년) 3월 하순 당시 예조판서였던 정사룡의 집 정원에서 연주회가 있었다. 허억봉은 대금을 불고, 이좌(李佐)는 요고(腰鼓 장구)를 두드리고, 정의견(鄭義堅)은 가야금을 탔다. 또 여종으로 하여금 노래를 하며 춤을 추도록 했다. 정사룡은 "참으로 한 바탕 재미있는 극이구나."라고 감탄을 했다.3)

이 기록에서 장구 가야금 등을 다루는 6명의 국공(國工)과 함께 허억봉은 대금 연주자로 등장한다.

이 기사가 쓰인 때는 1550년경이다. 허억봉은 이 때 이미 실력이 뛰어나 사대부가의 연회에 초청되어 활동한 것이다. 당시 그의 나이를 10대 중반 정도로 보면 허억봉은 1535년

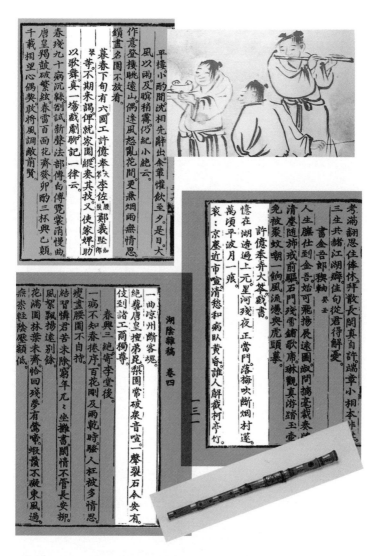

허억봉은 당대의 시인 정사룡의 집에 자주 초청되어 연주를 했다. 정사룡은 1550년 3월 허억봉을 포함한 악공들이 연주하는 모습을 기록한 글을 남겼고 (위), 나중에는 허억봉을 따로 불러 대금을 연주하게 했는데 그 소리가 워낙 훌륭하여 '허억봉의 대금연주'라는 시를 짓고 "재주가 여러 사람에게 이르렀지만 자네 오직 독보적이라!"고 극찬했다(아래).

전후에 태어났다고 추측할 수 있다.

허억봉은 정사룡의 집에 자주 초청되어 연주를 했다. 요즘 예능인들이 아르바이트로 연주하는 것과 마찬가지로 당시의 연주자들도 연회에 초청되어 연주를 해 주고 약간의 식량을 얻거나, 사례비를 받아 생활에 보태곤 했다.

정사룡은 허억봉의 대금 소리가 워낙 훌륭하여 '허억봉의 대금연주(許億奉弄大笒)'라는 시까지 지었다. 그는 시에서 "재주가 여러 사람들에게 이르렀지만 자네 오직 독보적이라"고 허억봉을 극찬한다.[4]

정사룡은 음악을 아끼는 사람이었다. 명종 6년 그는 임금에게 "음악은 신명(神明)을 감격시키는 것이니 반드시 음악이 잘 조화된 뒤에야 신이 복을 내리는 법입니다"라며 악기의 수리와 보수를 건의했다.[5] 정사룡은 이 일에 안현(安玹)과 조성(趙晟)을 추천했다. 안현과 그의 아우 안상 또한 음악에 대한 안목이 뛰어났다.

정사룡과 안현, 조성, 안상 등은 허억봉과 신분은 달랐지만 한 시대를 어울려 살면서 당대 조선의 전통문화를 주름잡았던 사람들이다. 이 가운데 안상은 금합자보를 만들면서 허억봉에게 대금악보를 만들도록 했다.

안상은 1561년(명종 16년)에 장악원 첨정(僉正)의 자리에 있었다. 그는 악사 홍선종, 악공 허억봉·이무금을 불렀다. 안상은 이들에게 장악원에서 악인들이 악기를 연습할 수 있도록 악보를 새로 만들도록 했다. 이 악보가 현재 보물 제283호로 지정되어 있는 『금합자보』이다.

허억봉은 『금합자보』 중 대금악보인 '적보'(笛譜)를 맡았다. 이 책은 1572년(선조 5년)에 판본으로 간행됐다. 안상은 『금합자보』의 편찬 경위를 밝힌 서문에서 악사 이무금은 부(缶)로써, 악공 허억봉은 적(笛)으로써 세상에 이름이 났다고 소개한다.

> 일점일획(一點一劃)에도 음률이 다 갖춰져 우아하고 부드러우면서도 잘 어울리고 맑으며, 연주하면 모두 가락이 잘 맞으니 옛 악보에 비해서도 뒤지지 않는다. … 〈중략〉… 악사 홍선종으로 하여금 당시의 가지곡(加指曲) 약간조(若干調)를 취해서 다시 합자보를 수정하게 하고, 또 허억봉으로 하여금 적보를 만들게 하고 이무금으로 하여금 부고(缶鼓)의 보를 만들게 하여 아울러 그 가사와 육보(肉譜)를 기록하노라. 홍선종(洪善終)은 보법(譜法)에 통달하고, 허(許)·이(李) 두 공인(工人)은 적(笛 대금)과 부(缶)로써 세상에 알려진 사람들이다.

허임의 아버지 허억봉이 당대의 음악인으로 널리 알려진 인물이라는 사실은 여러 기록에서 확인이 된다.

『홍길동전』의 저자 허균은 "나는 소시적에 태평한 문물

『금합자보』(보물 제283호, 간송미술관 소장)의 서문 : 1561년 허억봉은 장악원 첨정 안상이 『금합자보』를 만들 때 〈적보(笛譜)〉를 맡아 제작했다. 『금합자보』는 안상이 1572년(선조 5년)에 허억봉(許億鳳)의 〈적보(笛譜)〉, 이무금(李無金)의 〈부고지보(缶鼓之譜)〉와 가사〈육보(肉譜)〉 등을 합쳐 간행됐다. 안상이 『금합자보』의 편찬경위를 밝힌 서문에서 악공 허억봉은 적(笛)으로써 유명하다고 소개한다.

(文物)을 볼 수 있었다. 악공(樂工)에 허억봉(許億鳳)이란 사람이 있어서 대금을 잘 불었는데, 만년에는 현금(玄琴 거문고)으로 옮겨서 또한 잘했다"며 허억봉을 소개하고 있다.[6]

허균은 1569년 11월3일 태어났다. 허억봉의 아들인 허임의 출생시기와 거의 비슷하다.

허억봉은 허균의 스승인 손곡 이달과도 교분이 두터웠다. 그래서 허균은 허억봉의 연주를 소시적부터 가까이서 접할 수 있었을 것이다.

허균의 스승인 손곡 이달이 악사 허억봉의 대금연주를 듣고 '증악사허억봉'이라는 칠언절구의 시를 지었다. 『손곡시집(蓀谷詩集)』에 실려 있다.

　장악원의 원로가 된 허억봉은 그 후 악사로 불리었다. 허균의 스승 손곡 이달은 장악원에서 대금을 부는 허억봉을 보고 '악사 허억봉에게 주는 시'를 칠언절구로 읊었다.

　　양 눈썹이 눈을 뒤덮고 귀밑머리가 소소한데
　　일찍이 장악원에서 붉은 색 옥퉁소를 불었다네
　　요대(瑤臺)를 향해 가서 한 곡조를 타더니
　　곡이 끝나자 눈물을 흘리며 선조(先朝)를
　　얘기하네.[7)]

　이달이 허억봉의 호칭을 악공이라 하지 않고 악사라고 부른 것은 허억봉이 장악원에서 승진하여 악사로 근무하고 있었기 때문이다.

그 뒤 허억봉은 장악원 악인(樂人) 중에서 최고의 직책인 전악에 이른 것으로 나타난다.


조선 중기의 문신 서성(徐渻)이 평해군에서 옛 악사 허롱을 만나 그에게서 들은 이야기로 지은 시에서 전악 허억봉에 대한 기록이 발견된다.

허롱은 허억봉이 자신의 형이라고 소개하고, 10년 동안 전악을 한 대단히 뛰어난 음악인이었다고 자랑한다.

이에 의하면 허억봉에게는 동생이 하나 있었던 듯하다. 허임에게는 숙부가 된다. 허롱(許弄). 그 또한 악사였다.

임진왜란이 일어나자 허임과 그의 부모는 황해도 쪽으로 피난을 갔는데 허롱은 강원도 쪽을 거쳐서 경상도 평해로 간 것으로 보인다.

임진왜란이 발발한지 3년이 지난 1595년(선조 28년) 경상우도 관찰사(慶尚右道 觀察使) 서성이 평해군(平海郡)으로 시찰을 나가 허롱을 만났다. 서성은 거기서 허롱에게서 들은 이야기로 시를 지었다. 이 시에서 허억봉의 모습이 비교적 상세히 묘사되어 있다.

"너는 어디에 살았느냐?" 관찰사의 질문에 허롱은 옛날 생각이 나서 눈물을 흘렸다. 허롱은 스스로 예전엔 악사였다고 말하며 지난날을 이야기한다.

나의 형 이름은 억봉으로,

대금으로 임금의 수레를 따랐다오.

십년 동안 전악을 하였고,

물러나선 홍려시(외교부) 연의(演儀)를 수행했었지요.

어려서 귀와 눈으로 조금 익히고

그는 음악을 알 수 있었답니다.

열두 살에 아쟁을 배우고

거문고 줄에 옥고리를 장식하였지요.

애절한 음은 외로운 학이 우는 듯

흐르는 소리는 도랑물이 오열하는 듯

기예가 이루어지매 자못 율려를 이해하여

약봉유고(藥峯遺稿) 권2 오언고시(五言古詩) '서성이 평해군에서 옛 악사 허롱을 만나다' : 조선 중기의 문신 서성(徐渻)이 1595년 평해군에서 옛 악사 허롱을 만나서 지은 시에 전악 허억봉에 대한 기록이 발견된다. 허롱은 허억봉이 자신의 형인데, 장악원에서 10년 동안 전악을 했다고 소개했다.

이원(장악원)에 명예가 퍼졌다오.
서열이 사형(師兄)에 버금갔고,
선배들이 대금을 불라고 뽑아갔지요.
대금을 불고 거문고를 연주하는 것은
서로 불가분의 사이입니다.
이때는 태평세월이 오랜 지라
큰 길에 잔치 천막이 펼쳐졌다오.
공경대부들은 연회를 일삼아
사흘이 멀다고 여겼답니다.
응향각(凝香閣)에서 세월을 보내고
남지(南池)에서 연꽃을 꺾었지요.
매양 연회가 벌어진 가운데를 쫓아다니느라
얼마나 떠돌며 지낸 지도 모를 정도였고
때로 집박(執拍, 전악)의 자리에 서서
연회장을 맘대로 휘저어도 방해받지 않았답니다.[8]

## 예조판서의 여종과 사랑을 나누다

당시 뛰어난 인기 연예인이었던 허억봉은 30대 초반까지도 장가를 들지 못했다. 악공은 천직(賤職)이었고, 생활이 너무나도 가난했다. 양인 집안 여식과 혼인을 하기는 더욱 어려웠다. 그럭저럭 허억봉은 30대 중반에 이를 때까지 노총각으로 지내고 있었다.

1560년 말경 허억봉은 악공에서 승진하여 악사로서 관직을 하고 있었다. 그는 장악원에서 주목받는 인물이었다. 허억봉은 궁중연회 뿐만 아니라 양반 사대부가의*각종 연회에 불려가 대금연주로 이름을 날리고 있었다.

허억봉이 김귀영(金貴榮) 가(家)의 사비(私婢)와 남녀의 연을 맺고, 조선 제일의 침뜸 명의가 된 허임을 임신한 것도 이때 즈음이다.

김귀영은 1568년 5월에 예조판서가 되었다. 예조판서는 예악(禮樂)·제사·연향(宴享)·외교·학교·과거 등을 총괄 관장한 예조의 으뜸 벼슬이다. 따라서 허억봉이 근무하고 있던 장악원은 당연히 예조 소속이다.

김귀영이 예조 판서를 맡은 시기가 허억봉의 아들 허임이 출생한 것으로 추정되는 시기(1570년경) 직전이다.

김귀영이 예조판서에 재임 중 장악원 악사였던 허억봉은 그의 집을 자주 드나들었을 것이다. 그러던 중에 예조판서 집의 비(婢)와 만났던 것으로 추정된다.

상상해 볼 수 있는 여러 가지 인연과 연애과정이 있었을 것이다. 그리고 혼인을 하고 허임을 낳았다.

당시 사대부 집안에서는 종에게 노래나 춤을 가르치거나 거문고를 배우도록 한 경우가 많았다. 가비(歌婢)·금비(琴婢)·무비(舞婢)라고 불린 이들은 사대부의 풍류를 도왔다. 사대부들은 회갑 등의 잔치 때는 물론 평상시에도 악공들을

장악원은 예악(禮樂)·제사·연향(宴享) 등에서 음악을 담당한 국립기관이었다. 사진은 2009년 창경궁에서 열린 궁중음악 재연 모습.

집으로 불러 풍류를 즐겼다. 이때 초청 음악인에 더하여 집안의 사비들을 참여시켰다.

김귀영도 이런 모습으로 악가무(樂歌舞)를 즐겼다면 김귀영가의 가비(歌婢)나 금비(琴婢) 혹은 무비(舞婢) 중에서 허억봉을 사모하는 이가 있었을 것이라는 추리도 가능하다. 그 중에서 한 여비(女婢)가 허억봉과 인연이 닿은 것이다.

어느 날 이들에게 아름답고 멋진 날이 있었고, 얼마 후 그 여비는 아기를 밴 사실을 확인했을 것이다.

일반적으로 노비에게는 결혼이라고 하기보다는 동거라는 말이 더 적당했다. 대개 가난했기 때문에 잔치를 치를 수도

잔치에는 악가무(樂歌舞)가 따랐다. 악공들은 악사의 지휘에 따라서 연회에서 연주와 노래와 춤을 공연했다. 허억봉은 잔치에 초청되어 공연을 했다. 그림은 백헌 이경석의 아버지 이유간 등 당시 고관대작들의 모친들을 위한 잔치를 그린 경수연도.

조선시대 서울 전경(구한말 태평로 사진). 서울 서소문의 길가에 전시된 최석로 사진 중에서.

없었고, 주인집에서 특별한 예식을 해 줄 리도 없었다.

허억봉 부부도 가족과 친지들을 모시고 결혼식이라는 예식을 갖지는 못했을 가능성이 더 크다. 관노 출신의 가난한 악사가 어느 계집종과 혼인을 하는데 대외적으로 성대한 행사를 가졌을 것이라고 상상하기는 어렵다.

다만 가난하지만 대금으로 심금을 울리는 스타 연예인이었을 허억봉을 끔찍이도 사모한 여비(女婢)가 정성들여 마련한 둘만의 조촐한 잔칫상을 상상해 볼 수는 있다. 그리고 두 사람은 살림을 꾸렸을 것이다.

## 음악소리 들으며 명의가 탄생하다

태아는 머리를 아래쪽으로 향한다. 아기는 스스로 분만을 위해 움직인다. 먼저 크고 강인한 머리로 자궁경부를 압박해 열고 나간 뒤 몸을 비틀어 모체의 골반 뼈를 통과한다. 새로운 생명! 여기 또 작은 우주가 탄생했다. 출산은 큰 고통이 따르지만 세상의 모든 어머니들은 이를 견뎌낸다.

1570년 경 어느 날. 장악원 근처 한 민가에서 막 태어난 아기가 기운차게 울음을 터뜨렸다.

당시에 장악원은 지금의 태평로 근처에 있었다. 이곳 장악원은 성종의 명으로 한성부 서부 여경방(餘慶坊, 오늘날 중구 태평로), 태상시(太常寺) 동쪽의 민가를 철거하여 세웠다.

넓은 뜰이 있어서 문무백관들이 음악에 맞춰 왕에게 조하(朝賀)하는 의식을 연습하였다. 관원과 악사·악공·악생·영기(伶妓) 등 수천 명의 인원이 거처할 수 있었고 많은 악기를 보관할 창고까지도 마련되어 있었다.

임진왜란으로 건물이 불타 구리개(을지로 1가와 2가 사이)로 옮겨갈 때까지 이곳 태평관 근처에 조선 최고의 국립음악기관이 있었던 것이다.

장악원에는 관노출신의 악공, 양인출신의 가난한 악생들 등 여러 기공(妓工)들과 기녀들이 드나들었다. 갖가지 춤추는

박 : 전악이 지휘용
으로 쓰던 악기. 국
립국악원

모습을 볼 수 있었고, 주변에는 늘 악기연주 소리가 울려 퍼
지고 있었다.

허임은 바로 이곳 장악원 근처 민가에서 악기소리를 들으
며 태어나, 기공들의 노래를 듣고 춤추는 모습을 구경하며 자
랐다.

허임의 어린 시절 아버지 허억봉은 장악원에서 녹봉을 받
는 관원이었다. 그러나 3개월마다 교체되는 체아직이었다. 체
아직은 녹봉을 받기 위해 3개월에 한 번씩 취재(取才)라는 시
험에서 좋은 성적을 올려야 했다. 1년에 4차례 즉 1월, 4월,
7월, 10월의 취재에서 최고 우수자들을 성적순으로 합격시켰
다.9)

이들에게는 다음해 봄 여름 가을 겨울에 걸쳐 3개월씩만
차례로 녹봉이 주어졌다. 따라서 부단한 노력을 하지 않으면
그마저도 안 되었다.10)

허억봉은 국가적 행사에 나가서 대금도 불고, 학춤도 추었다. 그리고 사대부가의 각종 연회에 불려 다니며 연주도 했다. 나이가 들어서는 장악원의 원로 악사가 됐다. 하지만 관노출신이라는 이유로 늘 천대를 받았다.

조선 중기의 문신 양경우(梁慶遇)의 시문집에 "허억봉은 그 천함을 말하자면 관노지만 대금을 잘 불어서 매번 잔치 때마다 좋은 자리에까지 불려 나갔다"는 표현은 허억봉의 삶을 압축적으로 보여주는 대목이다.11)

악인(樂人)들이 장악원에서 유숙하며 교대 없이 장기 근무하는 것을 장번(長番)이라 한다. 장번으로 근무일수가 1200일이 차면 품계를 올려준다.

종9품 부전성(副典聲)에서 전성(정9품), 부전음(副典音), 전음, 부전율(副典律), 전율, 부전악을 거쳐 전악에 이를 수 있다. 그러나 모든 악인이 다 그렇게 될 수 있는 것은 아니다. 부전악의 수는 2명이고 전악은 1명이다. 전악은 정6품에 해당한다.12)

전악은 연주 연습을 지도하고 지휘하는 것은 물론이고, 연회 전체를 기획하고 진행하고 지휘하는 총감독 역할까지 했다. 따라서 행사가 정해지면 그에 따른 일체의 사항들이 전악의 연출에 의해 이루어진다.

공연에 들어가면 전악은 박(拍)이라는 악기를 잡고 악가무(樂歌舞)를 지휘한다. 박은 6조각의 얇고 긴 판목(板木)을 모아 한쪽 끝을 끈으로 꿰어 폈다 접었다 하며 소리를 낸다.

박은 조선시대 의례에서 수백 명 혹은 많을 땐 천 명이 넘는 인원을 총 지휘하는 기구로 쓰였다.

허억봉이 바로 이 박을 잡고 연회장을 돌아다녔다는 기록이 있다.

박은 음악연주의 지속과 단절을 좌우하는 신호체계였다. 박을 잡는 일은 음악과 춤과 의례의 전체적인 흐름을 한꺼번에 파악해야 가능했다. 따라서 집박(執拍)은 조선시대 악인 중에서 최고의 위치에 있는 사람이 맡았다.

허억봉이 박을 잡았다는 것은 마침내 전악이 되었다는 뜻이다.

전악은 10세 전후에 장악원에 들어와 30~40년을 악인으로 생활한 원로 악사 중에서 선발된다. 대략 50세 전후가 되는데 이들 전악은 한번 전악을 맡으면 특별한 사유가 없이는 계속한다. 수백 명의 악인들을 이끌고 연주해야 하는 만큼 대단한 경륜이 필요한 자리이다. 전악은 잡직으로 정6품에 해당한다.[13]

허억봉이 장악원에서 전악이 되기까지는 아무리 적게 잡아도 30년은 걸렸을 것이다.

관노였던 허억봉이 자질과 실력을 인정받아 전악이 된 것이다. 그리고 10년 동안 장악원에서 전악으로서 여러 기공들을 지휘하며 당대의 음악과 춤을 이끌었다.

장악원에서 이들이 연주하던 음악과 춤이 민속악과 함께
우리나라 전통음악의 큰 줄기를 이루어 이어오고 있다.

## 아비는 관노(官奴), 어미는 사비(私婢)

조선시대 문신 민인백(閔仁伯)은 그의 문집 『태천집(苔泉
集)』에서 허임에 대해 이렇게 기록하고 있다.

> 허임의 아비는 양양관노(襄陽官奴)이고 그 어미는 재
> 상 김귀영(金貴榮)[14]의 사비(婢私)이다. 침술을 배워
> 효험을 보여 광해군이 동궁으로 있을 때 그 간복(幹僕)
> 을 하였다. 즉위 후에는 '찔러 넣은 공훈'으로 봉군(封
> 君)에 이르렀다. 간람(奸濫)이 극심하다.
> 그 아비 억봉(億鳳)은 우의정 부원군에 추증되고, 어미
> 인 사비에게도 역시 정경부인에 봉해졌다. 조정에서 작
> 위를 내리는 데 오욕이 이를 데 없이 심하다.[15]

허임의 아버지는 양양의 관노였고, 어머니는 재상 김귀영
가의 종이었다는 이야기다. 이러한 출신상의 꼬리표는 허임의
전 생애에 걸쳐 멍에처럼 따라 다녔다.

허임의 아버지는 조선왕조실록에는 허억봉(許億逢)[16] 혹
은 허억복(許億福)[17]이라는 이름으로 기록되어 있다. 당시
사대부의 문집 여러 군데서는 허억봉의 '봉'자가 '봉황 봉

(鳳)'으로 기록되어 있다.

이들 기록들로 보아 허억봉은 관노(官奴) 출신의 악공(樂工)이었고, 그의 아내는 사비(私婢)였음이 분명하다.[18]

양반사대부가에서 허임을 관노출신이라고 비하하는데도 허임 자신이 저술한 『침구경험방』 서문의 끝에 스스로 '하양 허임(河陽許任)'이라고 서명하고 있다.

조선시대는 가문이 대단히 중시됐다. 그런데 허임은 관노의 자식이라고 홀대를 하는데도 뚜렷하게 자신이 하양(河陽) 허씨라는 사실을 밝혔다.

그런데 어떤 연유로 허임의 아버지는 관노가 되었을까?

허임 후손들이 소지하고 있는 족보가 사실이라면[19], 허임의 8대조와 7대조 무렵 조상들 중에서 사육신(死六臣) 등과

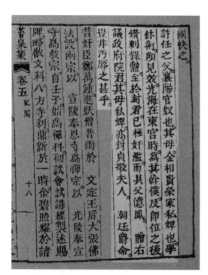

조선 중기의 문신 민인백(閔仁伯, 1552~1626)의 문집 『태천집(苔泉集)』 권5에 '허임은 관노의 아들인데 봉군에 이르렀다'는 글이 있다.

함께 단종복위를 도모하다가 세조에 의해 멸문(滅門)의 화를 당하는 과정에서 관노가 되었고, 그 신분이 이어졌다고 추론을 해 볼 수 있다.

그러나 허임의 조부 허종(許宗), 증조부 허전(許詮), 고조부 허증(許增), 5대조 허인(許仁) 등은 족보에 수록은 되어 있으나 이름 외에는 아무것도 알 수가 없다.

허억봉이 관노가 된 과정에는 또 다른 어떤 사건이 있었을 것이라고 추정할 수도 있다.[20]

하양 허씨 족보에는 허임의 아버지 허억봉은 허락(許珞)으로 표기되어 있다. 허억봉의 부인은 평양 박씨로 되어 있다.

허임의 어머니인 박씨가 어떻게 김귀영 가(家)의 종이 되었는지 알기는 거의 불가능하다.

## 노비는 또 노비를 낳던 시절

역사적으로 노비 발생 경로는 전쟁포로, 형벌, 인신매매, 상속, 채무, 증여 등이 있다. 우리나라는 후삼국시대까지만 하더라도 전쟁이 빈번하여 전쟁포로가 대량으로 발생했다. 이들을 노비화 함으로써 최하층 신분층을 구성했다. 그러나 고려 이후에는 특수한 경우를 제외하고는 전쟁으로 인한 노비의 발생은 현저히 줄어들었다.

대부분은 양민을 억눌러서 종으로 삼는 이른바 압량위천

(壓良爲賤)과 출생에 의해 노비층이 형성됐다. 출생에 의한 노비신분의 세습은 다른 방법과 달리 혼인을 통해 노비를 안정적으로 재생산했다.

세종대왕 시절 좌의정까지 했던 허조의 아들과 손자가 수양대군의 부당한 권력 장악에 저항하다 그 형벌로 친족들이 일제히 죽임을 당하거나 노비가 되었다. 이 때 많은 여인네들은 세조의 공신들에게 사비로 하사되기도 했다.

이렇게 연좌제에 의한 형벌로 노(奴)나 비(婢)가 된 경우는 세조에 저항, 단종복위를 꾀하던 사건에서 뿐만 아니라 조선시대 권력을 둘러싼 수많은 사건 가운데서도 비일비재하게 일어났던 일이다.

김귀영가의 사비였던 박씨도 조상 중에서 이 같은 사건에 연루가 되어 그 형벌로 노비가 된 후손일 수도 있다.

어떤 경우가 됐든 일반적으로 주인은 노비를 인간으로 보지 않고 사유물로 취급한다. 노비는 상전의 요구에 의해 자신의 재산은 물론 자녀까지도 뺏겨야 했다. 노비는 사환(使喚)이나 신공(身貢)의 의무만을 부과하고, 가축과 같은 재산으로 여겼다.

노비는 매매가 가능했고, 노비의 자식 수를 늘리는 일은 재산을 증식시키는 수단이었다.[21] 조선 초기에는 말 1필 가격이면 노비 2~3명을 구입할 수 있을 정도로 헐값일 때도 있었다.

농경을 하는데 노비가 많이 필요해져서 노비시세는 점차 강세를 보였다.[22] 대략 노비 1명은 말 한필 값으로 살 수 있었다. 노비의 거주지는 거의 주인집의 농사나 편의를 위해 정해진다.

노비들은 대체로 과중한 일에 시달리면서도 제대로 된 식사가 뒷받침되는 경우는 드물었다.

의복을 제대로 갖추어 입기도 어려웠고, 살림이라고는 의식주에 관계된 것을 빼고 거의 없었다. 게다가 주인집의 모든 잡일을 맡았으므로 어른은 물론이고 어린 아이들도 나무를 해 오거나 물을 긷는 등 힘겨운 일에 시달려야 했다.

솔거노비의 경우는 사실상 가족 개념이 희박해 독신의 노(奴)와 비(婢)가 절대다수였다. 젊고 예쁜 비(婢)는 상전의 노리개가 되는 경우가 허다했다.

이 때문에 비정상적인 남녀관계에 의한 자녀의 출산으로 노비문서에는 '부부지(父不知)'인 경우도 많았다. 아비를 모르는 노비라는 것이다.

여종들은 아비가 누군지도 모르는 아이를 낳아 자식도 그 집 종살이를 해야 했다. 주인과 주인의 아들이 번갈아 들어와 겁탈을 하여 아이를 임신하는 경우 아비가 주인인지 주인의 아들인지 알 수 없는 경우도 적지 않았다.

그러나 대부분은 아비가 누군지를 아이의 엄마는 안다. 아비를 모르는 것이 아니라, 아비가 모르는 척 하는 경우가 더 많았다고 할 수 있다.

양반 사대부 체면 때문에 모르는 척 하는 좀생이도 있고, 본부인의 눈치를 보느라 자기 자식을 자식이라고 하지 못하는 겁쟁이도 있었다.

허균이 쓴 홍길동전에서 길동이가 아비를 아비라고 부르지 못하는 것을 한탄하는 상황은 어미가 종이라는 이유로 아비가 자식취급을 않은 데서 생긴 비극이다. 집안 여종이 낳은 자식을 불쌍히 여겨 종을 첩으로 들이고, 그 자식을 챙기는 이는 그래도 최소한 사람의 꼴은 갖춘 양반이다.

노비에게는 비인간적인 측면을 부각시켜 별종으로 만들었다. 노비에게는 유교윤리의 적용범주에서 제외시키고 오로지 복종만을 강요했던 것이다.23)

조선 중기의 실학자 유형원은 자신의 저서인 『반계수록』에 노비에 대한 처우가 어떠했는지에 대해 다음과 같이 전하고 있다.

"사람들은 노비들이 굶주리고 추위에 떨고 곤궁하고 괴로워하는데도 도와주지 않는다. 오직 형법으로만 누르고 회초리와 몽둥이로 몰아붙이고 마소처럼 죽이고 한다."24)

극히 일부 예외적으로 나타나는 현상이기는 하나 노비주

(奴婢主)의 성향에 따라 노비를 인간으로 대우하려는 모습도 있었다. 임금이 백성들의 충성을 이끌어 내기 위하여 인정(仁政)을 베풀었듯이 상전도 노비의 봉사를 받기 위해 부역(賦役)이나 공물(貢物)을 면제해 주기도 하고, 특별히 충성한 경우는 노비신분에서 벗어나게 해 주기도 했다.

허억봉의 처(妻) 박씨의 상전이었던 김귀영은 유교적 명분론이 강한 사람이었다. 1565년(명종 20년) 10월 그는 폐정개혁안 12가지를 임금에게 건의했다. 문정왕후를 등에 업고 세도를 누린 윤원형 일파가 쫓겨난 시점에서 백성들을 잘 보살펴 주도록 해야 한다는 점도 강조했다.

임금이 백성들을 잘 보살펴야 한다는 이런 논리에 따라 김귀영은 자신의 집 가솔들을 대했고, 노비들도 가솔로 보았다. 그런데도 김귀영은 노비가 '까닭 없이' 양인이 될 수 없고, 양인이 천인과 결혼하는 것도 금지해야 한다고 생각했다.

김귀영은 이후백, 유희춘 등 당시 조정각료들과 함께 "천민과 양민의 신분제도는 엄격히 지켜져야 합니다."라며 양민과 천민의 혼인금지제도를 제안하기도 했다[25].

당시 노비의 결혼은 주인의 주요 관심사 중 하나였다. 노비는 주인의 재산으로써, 주인은 그 노동력을 지배하여 필요에 따라 사용하고자 하는 것이므로 노비의 이전은 곧 재산과 노동력의 이전이었다.

그런데 여종이 연애나 결혼하는 것은 대체로 자유로웠다.

여종의 경우 다른 집안의 사노(私奴)와 결혼을 하든, 관노나 양인과 혼인을 하든 그 자식은 어미(사비) 주인의 종이 되었기 때문이었다.

관노 허억봉과 사비 박씨를 부모로 둔 허임의 신분은 어떻게 되는 걸까?

## 이중의 천민 허임, 노비신분 벗어나기

조선시대엔 노비는 또 노비를 낳는다. 노비신분은 철저히 세습되었다. 아비가 양인이라도 어미가 사비(私婢)일 경우에는 천자수모법(賤者隨母法)에 의해 자식도 어미의 상전집 사노비가 되었다. 노비신분은 부모 중 한쪽이 천인이면 자식도 천인이 되는 법으로 자손 대대로 이어졌다. 이러한 방식은 노비증식의 수단으로 이용됐다.

노비의 자식들은 어릴 때 주인집 아이와 함께 놀다가 성장 과정에서 신분의 벽에 부딪혀 겪는 정신적 갈등은 육체적 시달림과 함께 크나큰 고통이었다.

노비주들은 노비의 재생산을 위해 여자노비를 양인이나 노비와 결합시켰다. 만일 주인이 첩으로 삼아 자녀를 낳게 되더라도 그 자식은 노비가 되었다.

외거노비(外居奴婢)인지 솔거노비(率居奴婢)인지에 따라 정도의 차이는 있지만 배우자의 선정도 주인집의 노비를 늘

릴 수 있는 방식으로 강요되기도 했다.

설령 남녀의 만남을 통해 노비가 가정을 이룬다고 하더라도 주인의 욕심이나 경제적인 이유로 언제든지 가족구성원이 헤어질 수도 있었다.

허억봉의 처는 사비(私婢)의 굴레를 벗어나지 못했을 것이다. 양인과 혼인했다고 신분이 달라지지는 않았다. 허임의 신분은 특별한 사유가 없는 한 김귀영의 사노(私奴)가 될 수밖에 없는 것이 당시의 노비제도였다. 이렇듯 조선시대 노비제도에 따르면 '허임은 김귀영가의 사노가 아니었을까'라는 의문을 제기할 수가 있다.

그런데 허임의 벼슬길을 비난하는 수많은 글 중에서 허임이 노(奴)였다는 표현은 없고, 다만 허임의 아버지가 관노였다는 사실만을 부각시킨다. 그리고 허임은 약관의 나이에 이미 허 교수라는 호칭이 붙은 6품의 관직을 하고 있었다.26)

허임이 선조의 편두통을 치료하고 일약 당상관으로 파격 승진이 됐을 때 비난이 쏟아졌지만 허임의 신분이 노비라고 주장하는 기록은 없다. 이로 봐서 허임은 아버지 대(代)에 이미 면천한 경우로 봐야할 것이다.

허억봉은 장악원에서 관직을 하고 있었지만 잡직이었다. 조선시대 잡직은 천민에게도 주어지는 직종이었다. 따라서 허억봉이 장악원에서 정6품 전악을 지낸 것만으로는 천민신분을 벗어났다고 볼 수는 없다. 허억봉이 양인으로 속량되는 과정이 있었다면 아마 명종 시절로 보인다.

장악원의 악공 가운데 공을 세우고 면천이 되고, 전악이 되는 경우가 종종 있었다.27) 허억봉은 1561년(명종 16년) 금합자보 제작에 참여하고, 재능을 인정받아 면천의 '몽은(蒙恩)'을 입었을 것으로 생각해 볼 수 있다.

이와 관련하여 허균의 스승 손곡 이달(蓀谷 李達)이 쓴 '악사 허억봉에게 주는 칠언절구'의 시에 허억봉이 '곡이 끝나자 눈물을 흘리며 선조(先朝)에 대해 이야기 한다'는 구절이 있다.28) '선조(先朝)'는 '먼저의 임금'이라는 뜻으로, 즉 명종을 나타내는 것이라 볼 수 있다. 허억봉이 임금에게 '눈물이 나도록 고마운 일'이 무엇일까? 그것은 아마 면천을 시켜준 일이라고 유추해 볼 수 있다.

허억봉은 면천이 되었다. 하지만 허임의 어머니는 사비(私婢)의 굴레를 벗어나지 못했을 것이다. 양인과 혼인했다고 신분이 달라지지는 않았다. 허임의 어머니가 사비이기 때문에 아버지가 면천을 했다고 하더라도 허임의 신분은 김귀영의 사노(私奴)가 될 수밖에 없는 것이 당시의 노비제도였다.

그런데 『경국대전』에는 아비가 관직을 하면 어미가 사비라도 자식은 보충대를 거쳐 양인이 될 수 있도록 하는 규정이 있었다. 보충대는 양반 특수층의 천첩(賤妾)이 낳은 자손이나 천인이 양인(良人)으로 될 때 입속(入屬)하는 병종(兵種)이다. 이들은 일반적으로 16세에 보충대에 들어가서 일정기간

『악학궤범』은 1493년 왕명
에 따라 제작된 악전(樂典)
이다. 장악원의 전악은 악학
궤범을 기준으로 음악을 지
휘했다.

근무를 마치면 면천(免賤)되면서 하급의 관직에 임명되는 특
전이 있었다.

　허임은 아버지 허억봉이 면천을 하고 장악원에서 잡직이
만 관직을 하고 있었다면 어머니가 사비였다고 하더라도 보
충대를 거쳐 양인으로 될 수 있었을 것이다. 양인의 경우는
장악원 잡직이라도 동반의 관직으로 인정해 주었기 때문이다.

　장악원의 6품 관료 허억봉과 김귀영가의 사비 사이에서 태
어난 허임은 16세에 보충대에 들어가서 1천일 동안의 근무를
마치고 양인이 되었을 것으로 추정해 볼 수 있다.

　그리고 어릴 때 익힌 의술로 취재(取才)에 응하여 전의감이
나 혜민서의 의관이 되었을 것이다.

## 혈맥을 고동치게 하는 5음과 12율려

　조선시대 장악원의 품계와 인원을 보면 전악이 되기까지는

오랜 기간, 여러 단계를 거쳐야 했다. 전악에 이르는 시험에는 악학궤범이 필수 과목이었다. 조선시대 성종 시절에 나온 『악학궤범』(樂學軌範)에는 음악이론, 의식절차, 악기, 노래, 춤, 복색, 의례물품 등이 집대성 되어 있다. 전악은 악학궤범의 모든 사항을 낱낱이 익혀야 했다.

허임은 『악학궤범』을 끼고 살다시피 하는 아버지 허억봉과 함께 장악원 근처에서 자랐다. 허임이 처음 접한 책들도 바로 악학궤범을 비롯한 음악과 관련한 내용이었을 것이다. 따라서 허임이 처음으로 친숙하게 접했던 학문도 아마 전통 음악이론이었다고 생각된다.

『악학궤범』의 서문은 "음악이 혈맥을 고동치게 하고 정신을 통하게 한다."는 말로 시작한다. 음악이 인간의 생명활동과도 직결된다는 이야기다.

> 악이란 하늘에서 나와 사람에게 붙인 것이요 허에서 발하여 자연에서 이루어지는 것이니 사람의 마음으로 하여금 느끼게 하여 혈맥을 고동치게 하고 정신을 유통케 하는 것이다.
> 느낀 바가 같지 않음에 따라 소리도 같지 않아서, 기쁜 마음을 느끼면 그 소리가 날려 흩어지고, 노한 마음을 느끼면 그 소리가 거세고, 슬픈 마음을 느끼면 그 소리가 애처롭고, 즐거운 마음을 느끼면 그 소리가 느긋하게 되는 것이니, 그 같지 않음을 합해서 하나로 만드는

**12율려 (6율+6려)와 12경 임맥 독맥 조견표**

| 양수 | 6율 | 지지 | 월 | 경락 | 음수 | 6려 | 지지 | 월 | 경락 |
|---|---|---|---|---|---|---|---|---|---|
| 1 | 황종 | 자 | 11월 | 수태음 폐경 | 2 | 대려 | 축 | 12월 | 수양명 대장경 |
| 3 | 태주 | 인 | 1월 | 족양명 위경 | 4 | 협종 | 묘 | 2월 | 족태음 비경 |
| 5 | 고선 | 진 | 3월 | 수소음 심경 | 6 | 중려 | 사 | 4월 | 수태양 소장경 |
| 7 | 유빈 | 오 | 5월 | 족태양 방광경 | 8 | 임종 | 미 | 6월 | 족소음 신경 |
| 9 | 이칙 | 신 | 7월 | 수궐음 심포경 | 10 | 남려 | 유 | 8월 | 수소양 삼초경 |
| 11 | 무역 | 술 | 9월 | 족소양 담경 | 12 | 응종 | 해 | 10월 | 족궐음 간경 |
| 독 맥 | | | | | 임 맥 | | | | |

동양음악에서는 오행에 배속된 오음이 인체의 오장에 바로 대응이 되고, 음악에서의 12율려는 인체의 기혈이 운행하는 통로인 12경락에 대응이 된다.〈건강하고 튼튼한『세상만들기』2004년 1월호 참조〉 허억봉이 체득하고 있던 음악 이론이 그의 아들 허임이 의학에 눈을 뜨는 데 중요한 기반이 됐을 것이다.

것은, 임금의 인도(引導)여하에 달렸다.

인도함에는 정과 사의 다름이 있으니 풍속의 성쇠 또한 여기에 달렸다. 이것이 악(樂)의 도가 백성을 다스리는 데 크게 관계되는 이유이다.

『악학궤범』에는 음악이론의 기초가 되는 율려격팔상생응기도설(隔八相生應氣圖設)에 관한 내용이 자세히 설명되어 있다.

동양의 음은 자연과 우주와 함께 다루어졌다. 가장 자연적인 음을 기준음, 혹은 중심음으로 만들려고 한 것이다.

사실 우주 삼라만상을 이루는 것은 파동이다. 음은 곧 파동을 나타낸다. 파동은 바람이다. 바람의 파동으로 소리가 나는 것이다. 악기를 풍물(風物)이라고 하는 것은 바람을 일으키는 물건이기 때문이다. 풍류(風流) 라는 것도 바람의 흐름, 즉 파

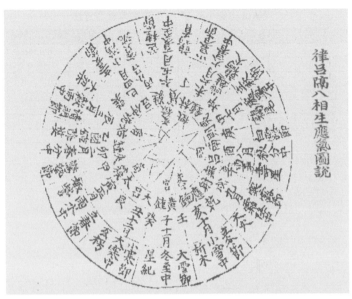

격팔상생응기도설 : 장악원 전악이 체득하여 활용한 악학궤범에는 동양의 철학을 바탕으로 한 5음 12율려의 음악이론이 체계적으로 기록되어 있다.

동을 즐기는 것이라 할 수 있다.

조선시대 서당 하면 바로 떠오르는 책 천자문에 율려조양(律呂調陽)이라는 구절이 있다. 풍류 률(律), 풍류 려(呂), 고를 조(調), 볕 양(陽). 양의 음률인 6률과 음의 음률인 6려로 음양이 조화를 이루도록 한다는 뜻이다.

천지자연의 음양조화를 사람이 가장 즐거워 춤추고 노래하는데 쓰이는 악기에 율려의 법칙을 정함으로써 아름답고 조화로운 소리를 내게 한다는 것이다.

동양음악의 핵심 이론은 5음과 12율려이다. 5음은 '궁(宮)

·상(商)·각(角)·치(徵)·우(羽)'를 말한다. 이를 오성(五聲) 또는 오성음계(五聲音階)라고도 한다.

12율려의 음계는 저음부터 황종(黃鐘)·대려(大呂)·태주(太簇)·협종(夾鐘)·고선(姑洗)·중려(仲呂)·유빈(蕤賓)·임종(林鐘)·이칙(夷則)·남려(南呂)·무역(無射)·응종(應鐘)의 순으로 되어 있다.

12율려는 다시 양에 해당하는 6율과 음에 해당하는 6려로 나뉜다. 양률은 황종 태주 고선 유빈 이칙 무역이고, 음려는 대려 협종 중려 임종 남려 응종이다.

『악학궤범』에는 천지자연의 이치와 음률을 표현한 그림이 있다. 조선시대 장악원에서는 이 우주의 이치에 따른 음악을 구현하고자 했다. 오음과 12율려는 우주 자연의 이치를 음악 이론으로 정립한 것이다.

황종에서 시작하여 응종까지 12단계 음의 기준을 정하는 일이 조선시대에는 국가적인 사업이었다. 음의 높낮이를 정하기 위해 만든 12개의 관이 율관이다.

이 관은 '삼분손익'이라는 계산방식으로 길이가 정해진다. 삼분의 1을 더하거나 빼서 율려를 정하는 '삼분손익'은 '격팔상생법'이라고 한다. 격팔상생법은 우주의 운행원리이다.

동양문화에서는 음양오행 12지로 나타낸 우주 자연의 이치는 그대로 생명체에도 적용했다. 전통음악의 이론체계는 동양의학의 체계와 완전히 닮은꼴이다.

동양의학의 고전인 『황제내경』 영추 객사(客邪)편에는 다음과 같은 표현이 있다.

하늘에는 오음(五音)이 있고 사람에게는 오장(五臟)이 있으며, 하늘에 육율(六律)이 있어서 사람에게 육부(六腑)가 있는 것이다. 이렇게 하늘과 사람은 서로 상응(相應)한다.

거문고의 현처럼 사람에게도 12줄이 있는데 12경맥이 그것이라는 것이다. 동양의학에서 인체는 천지자연의 이치를 닮은 소우주로 본다. 천지자연의 이치인 12율려가 인체에는 12경락에 상응하는 개념이다.

12경락은 침구의학의 핵심 개념이다. 오음이 오장에 영향을 미친다고 보았듯이, 12율려가 12경락에 반응하여 혈맥을 고동치게 하고, 정신을 유통시킨다고 생각할 수 있는 것이다.

평생 동안 허억봉이 체득하고 있던 우주의 이치에 따른 이런 음악에 대한 이해가 그의 아들 허임이 침뜸의학에 눈을 뜨는 데 중요한 기반이 됐을 것이다.

관노였던 아버지 허억봉은 음악계의 대부로 성장했다. 그는 나이가 들어서는 거문고에 능했다. 그는 거문고 줄을 연주하여 아름다운 선율을 만들어 냈다.

장악원 음악에 젖어서 자란 그의 아들 허임은 침과 뜸으로 인체의 경락을 다스리며 수많은 환자들을 치료하여 조선 침구술의 으뜸으로 꼽혔다.

16세기와 17세기를 걸쳐 이들 허씨 부자는 양반 사대부가에서 잡직이라고 천시하던 두 분야에서 일가를 이루게 된다.

# 제2장 전란의 현장에서

## 의원 집에서 일하면서 의술에 눈을 뜨다

허임은 언제 어떤 경로로 의술을 익히게 되었을까. 이에 대하여 허임은 자신이 의술을 익힌 과정을 『침구경험방(鍼灸經驗方)』의 서문에서 이렇게 전하고 있다.

> 어리석고 명민하지 못한 내가 어려서 부모의 병 때문에 의원의 집에서 일하면서, 오랫동안 노력하여 어렴풋이나마 의술에 눈을 떴다.

즉 허임의 어머니 혹은 아버지가 병이 나서 어느 의원에게 치료를 부탁했고, 진료비는 허임이 의원 집에서 잡일을 해 주는 것으로 대신한 것이다. 어린 나이의 허임은 그 의원 집에서 오랫동안 일을 해주며 남다른 재주와 노력으로 침구법 등 의술을 익혔다.

어린 허임은 아버지의 영향으로 음양오행과 12율려를 바탕을 한 역(易)의 이론에 익숙해져 있었다. 역의 이치를 알면 동양의학의 이론에 접근하기는 용이하다.

허임은 전악인 아버지의 영향으로 음악이론에 접근하여 역학(易學)을 익히고, 음양오행과 12경락을 중심으로 한 침구학의 기초를 터득할 수 있었을 것이다. 그러나 그것만으론 안 된다. 허임은 단순히 이론 습득에 의해서 명의가 된 것은 아니었다.

허임은 자신이 어렴풋이나마 의술에 눈을 뜬 것은 '오랫동안 노력하여' 체득한 결과라고 털어 놓고 있다. 음양오행에 따라 12경락 상의 경혈을 선정, 보(補)를 하거나 사(瀉)를 하는 이론은 쉽게 전해 받을 수 있었으나 몸으로 익히는 과정은 또 다른 노력이 필요했다.

허임은 『침구경험방』 서문에서 "경에 이르기를 법은 전해줄 수 있어도 솜씨는 전해줄 수 없다"라고 밝히고, "옛날부터 손을 사용하는 법이 상세하고 완벽하지 않은 것이 없으나 후인들이 그 뜻을 깨닫지 못하고 혈의 분촌만을 헤아리기에 힘써서 동맥(動脈)이 손에 응하는 것을 알지 못한다"라며 손을 사용한 술법의 체득을 강조하고 있다. 이는 스스로 섬세한 감각을 습득하는 과정이 있었다는 것을 말하는 것이기도 하다.

침구술에 눈을 뜬 허임은 주변에 있는 많은 어려운 환자를 치료하기 시작했다. 우선 장악원 주변의 악공들과 그들의 가족 및 친지들이 갖가지 고통을 호소하며 찾아왔다. 당시 장악원에서 일하는 사람들만도 1천여 명에 이르렀다. 이들에 대한 진료로 허임의 임상경험은 나날이 쌓여갔고, 의술의 깊이는 더해 갔다. 가난한 악인(樂人)들에게 허임의 침구술은 큰 환영을 받았을 것이다.

침과 뜸은 재료비가 거의 들이지 않고 대부분의 병을 치료할 수 있기 때문에 허임이 어린 나이부터 많은 환자를 치료할 수 있었다. 허임이 약으로 치료하는 법을 위주로 배웠다면 불가능한 일이었을 것이다. 당시 약재를 구하는 일은 양반 사대부들도 대단히 어려운 일이었다.

이즈음 허임은 군역을 마쳐야했다. 조선의 병역제도는 16세~60세까지의 양인(良人)이면 모두 정군이 되거나 군인의 비용을 충당하는 봉족이 되는 의무병제였다.

여기서 양인(良人)은 공인, 상인, 농민, 중인, 양반을 포함하고, 천민은 제외됐다. 즉 노비는 군역의 의무가 없었다. 현직 관리와 전직(前職) 3품 이상자도 군역을 면제받았다. 나머지 양반이나 중인, 상인, 공인 등은 잡색군(雜色軍)이란 특수군에 편입됐다. 하지만 이 잡색군은 거의 유명무실하고 훈련 또한 시간이 흐르면서 흐지부지하게 됐다.

여기에 또 보충대라는 특수군역이 있었다. 보충대는 양인과 천인 어디에도 포함하기 어려운 부류들을 처리하기 위해 만들어진 제도였다. 결국 보충대는 관료와 천첩 사이의 소생이 소속되었고, 군역을 마치고 나면 양인으로 되는 제도였다.

허임은 아버지 허억봉이 면천을 하고 장악원에서 잡직이지만 관직을 하고 있었다면 어머니가 사비였다고 하더라도 보충대를 거쳐 양인으로 될 수 있었을 것이다. 양인의 경우는 장악원의 잡직이라도 동반의 관직으로 인정해 주었기 때문이다.

즉, 장악원의 종6품 관료 허억봉과 김귀영가의 사비 사이에서 태어난 허임은 16세에 보충대에 들어가서 1천일의 근무를 마치고 종9품의 잡직(雜職)에 임명되었을 것이라고 추론해 볼 수 있다. 혹은 허임은 의술이 뛰어나 보충군을 거치지 않고 바로 의관이 되었을 수도 있다.

어찌되었던 허임은 자신이 익힌 의술로 전의감이나 혜민서의 의관이 되었을 것이다. 허임의 아버지인 악사 허억봉이 출퇴근을 하며 근무하던 장악원에서 그리 멀지 않은 곳에 혜민서가 있었다.

허임 생애의 전반기에 해당하는 혜민서나 전의감에서의 활동을 구체적으로 알 수는 없다. 분명한 것은 허임은 1595년에 이미 의학교수라고 불리고 있었다는 사실이다. 20대 중반에 허임은 의학교수로서 전의감이나 혜민서에서 생도들에게 침구를 가르치고, 지방을 순회하면서 의료를 지도했다.

구임(久任 : 임기에 구애 않고 장기간 근무하는 관원)과 교수와 훈도는 체아직(遞兒職)이 아니었다. 취재라는 시험을 거

혜민서. 1907년 사진 중에 일부만 나와 있다.

쳐 성적순으로 일정기간씩 번갈아 근무하며 녹봉을 받는 체
아직보다는 훨씬 안정된 관직이었다.

허임은 당시 침술이 뛰어난 자에게만 맡겨지는 의학교수를
한 것으로 미루어 이미 그의 침구술은 삼의사(三醫司)에서
인정할 만큼 우수했던 것을 알 수 있다.

또 허임은 "부모님의 병 때문에 의원 집에서 일하면서 의술
에 눈을 떴다"고 『침구경험방』 서문에서 스스로 밝힌 것으로
미루어 보아 허임은 전의감이나 혜민서의 의학생도로 침구학
을 배워서 침의가 된 것은 아닌 것은 확실하다.

그렇다면 허임에게 침구술을 가르쳐 준 스승은 누구일까?
그도 침과 뜸만으로 병을 고치는 침구의원이었을 것이다. 그
리고 어린 허임에게 침을 가르쳐 의술에 눈을 뜨게 한 정도라

면 그의 수준 또한 상당했을 것으로 추측된다.

　허임이 침을 배운 시절의 외과 명의들에 관한 기록을 살펴
보면 대략 다음과 같다.

　허균의 전기소설 『장산인전(張山人傳)』의 주인공 장한웅
은 3대에 걸친 양의(瘍醫) 집안 출신으로 소개됐다. 양의는
부스럼이나 종기를 치료하는 외과 의사를 말한다.

　장한웅은 실재했던 인물로 허임이 어린 시절 대단히 유명
했던 재야 의료인이었다. 장한웅은 내의원 수의(首醫)였던 양
예수의 스승이기도 하다. 양예수는 선조로부터 의서편찬의 명
을 받고 『동의보감』을 착수한 의원이기도 하다.

　『동의보감』의 인체관이 도가적 바탕을 깔고 있는 것은 도
가집안의 전통을 이은 장한웅으로부터 의학을 배운 양예수가
초를 잡았기 때문이라고 전해진다.

　허임이 어린 시절 서울 장안에 침구술이 뛰어난 사람으로
실록에서 전해지는 인물은 내의원 어의 이공기와 침의인 오
변을 들 수 있다.

　이공기는 탕약까지 다루는 어의였다. 오변은 내의원 침의
로 활동한 만큼 허임의 부모를 침으로 치료해 주고 허임에게
집안일을 거들도록 하며 침을 배우도록 했을 개연성도 있다.
장악원의 악사로서 궁궐을 드나들던 허임의 아버지와 내의원
침의인 오변이 친분이 있었을 수 있기 때문이다.

임진왜란 발발 이후 내의원에서 침의로서 두각을 나타낸 박춘무가 허임의 스승이지 않았을까 하는 추측도 가능하다. 나이 차이가 제법 많이 나는 박춘무와 허임이 자주 어울려 다닌 사실이 '두 사람이 사제관계가 아니었을까'라는 상상을 해보게 한다.

## 폄석에서 시작한 조선의술의 맥을 잇다

허임은 1595년 '치종교수(治腫敎授)'로 불렸다는 것은 처음엔 종기치료를 전문으로 하는 치종의(治腫醫)였다는 이야기다. 의학교수는 종6품의 관직이다. 이로 봐서 허임은 이미 그보다 적어도 수년 전, 20세를 전후하여 종9품의 의관으로 국가의료기관에 들어가 종기치료를 담당한 것으로 보인다.

허임은 종기치료에서 시작한 조선의술의 정통 맥을 이었다. 옛날부터 한반도에 사는 사람들은 종기가 많았다. 『황제내경』에는 다음과 같은 기록이 있다.

동쪽 지역은 천지가 시작되는 곳으로서 생선과 소금이 생산되는 지역이며 바다를 끼고 있다. 그곳 사람들은 물고기를 주로 먹고 짠 것을 좋아하는데, 모두 그곳에 사는 것을 편안하게 여기고, 그곳에서 나는 음식물을 즐긴다. 물고기는 사람으로 하여금 몸에 열이 나게 하

함경북도 웅기면 송평동 유적의 출토품. 1929년 및 1963년 5월 발굴조사. 돌침, 화살촉, 마제석기, 석부(石斧), 골침. 국립중앙박물관 진열품도감 제6집; 의학박사 김두종 저 『한국의학사』 27쪽 인용.

고, 소금은 혈(血)을 엉기게 하므로, 그곳 사람들은 모두 피부가 검고 주리가 성기며, 그들에게 발생하는 병은 대부분 옹양(癰瘍)인데, 그것을 치료할 때는 폄석(砭石 : 돌침)을 사용해야 한다. 그러므로 폄석은 동방에서 전래되었다.[29]

이에 의하면 조선 사람들은 옹양이 많아서 돌침으로 치료했다는 이야기다. 석기시대의 의료기구인 폄석을 조선에서 가장 먼저 사용했다는 이야기이고, 이 옹양을 치료하는 폄석술이 침술의 시작이 된다.

옹양은 곪으면서 생기는 각종의 종기를 말한다. 일반적으로 창양(瘡瘍)이나 창종(瘡腫)도 같은 의미로 쓰인다. 곪으면서 생기는 큰 부스럼인 악창(惡瘡), 등에 나는 종기인 등창 등을 포괄하는 의미이다.

고대에 옹양이라고 표현한 종기는 오늘날 사망률 최고를 기록하는 암(癌), 즉 악성 종양(腫瘍)과 나타나는 양상이 유사하다. 여러 개의 종기가 한꺼번에 많이 발생하는 다발성도 있고, 다수의 종기가 융합해서 병이 커지고 깊어지기도 한다.

암도 의학 용어로 악성 종양이라 불리는 것을 말하며, 종양이란 넓은 의미로 종기의 일종이다.

종기는 신체의 조직 속에 고름이 괴는 증세로, 붓거나 통증을 일으키고, 발열이나 오한 몸살 등 전신증세도 심하다. 처음에는 크게 붓다가 벌집과 같이 다수의 농포(膿疱)가 생기며, 나중에는 농포에서 고름이 나온다.

우리나라에서 종기는 근대까지도 대단히 성행했고, 그로 인해서 사망하는 경우도 많아서 종기치료를 잘 하는 사람이 명의로 알려졌다.

고려시대 침구술로 가장 유명한 명의로 꼽히는 이상로(李尙老)도 종기치료의 대가였다.

이상로는 종 4품의 벼슬을 하던 중서사인(中書舍人) 중부(仲孚)의 아들이었다. 그는 아버지가 승려 묘청(妙淸)과 잘 어울려 지낸다는 이유로 청주에 유배되었는데 이 때 이상로도 따라가 함께 생활했다. 장년이 되어서는 술꾼들과 어울려

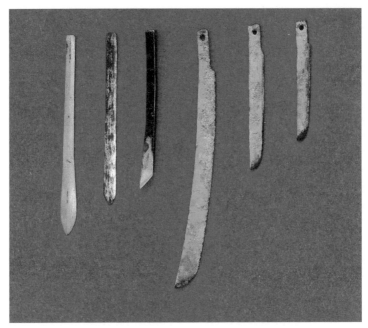

수술칼 : 고려, 길이 5.5cm~13cm, 연세대 의대 동은의학박물관

방랑생활을 일삼다가, 어떤 승려를 만나 의학과 방서(方書)를
전수받고 의사로 전업했다.

그는 후에 경사(京師, 현재의 개성)에 이르러 고관(高官)들
의 옹저(癰疽, 큰 종기)를 치료하여 세상에 명성이 알려지기
시작했다. 때마침 고려 18대 왕인 의종(毅宗, 1127년~1173
년)이 발에 난 종기가 잘 낫지 않았다. 왕은 이상로의 명성을
듣고 불러 치료하게 하였다. 그러자 시침(施鍼)한지 얼마 안
되어 바로 나았다고 한다.30)

허임이 살았던 조선시대에도 종기가 조선 사람들의 생명과 건강을 가장 일상적으로 위협하는 질환이었다.

조선의 역대 왕 중에서 문종, 성종, 효종, 정조가 종기가 원인이 되어 사망했다. 역대 왕들 중에 종기로 고생하지 않은 왕이 거의 없었고, 종기는 국사를 자주 중단케 하는 원인이 되기도 했다. 외국 사신을 접견하는 중요한 업무조차 종기 때문에 연기하는 기록들이 조선왕조실록 곳곳에 보인다.

임금조차도 이러한데 영양이나 위생상태가 열악한 백성들의 경우 그 종기발생의 빈도가 훨씬 높았음을 쉽게 짐작할 수 있다.[31]

조선시대에는 치종의가 침구의(鍼灸醫)와 별도의 전문업종으로 발전하기도 했다. 대체로 종기는 침구술에 능한 의사들이 침으로 찔러 치료했다.

조선 초기에는 종기치료만을 전문으로 담당한 의사를 국가 의료기관에 별도로 두지 않았다. 그러나 악창(惡瘡)이나 종기가 인명을 해치는 경우가 많아 종기를 비롯한 다양한 외상을 전문으로 치료할 수 있는 치종전문의사를 국가 의료기관에 배치할 필요가 있었다. 이들을 치종의(治腫醫)라고 불렀다.[32]

『경국대전』 예전(禮典)을 보면 의서에 능하지 않더라도 종기를 잘 치료하거나 여러 가지 병을 치료할 수 있는 의술을 가진 자들을 특별히 채용한다는 내용이 수록되어 있다.

중종 대에는 치종의와 함께 치종청(治腫廳)이라는 독립 기관이 설치됐다. 이후 설치와 폐지를 거듭하면서 조선 후기에 이르렀다. 치종의(治腫醫)는 전의감과 혜민서에 소속되어 있었다. 치종의 가운데 한 명은 치종교수(治腫敎授) 직을 담당했다.

허임보다 두어 세대 가량 앞서 살았던 임언국은 조선 명종 때의 사람이다. 그가 남긴 『치종비방』은 종래와 같은 고식적 침술에 의한 종양의 절개술에 그치지 않았다. 농양수술에 관한 현대 외과적 수법인 관혈적(觀血的) 절개요법(切開療法)을 많이 응용하고 있어 우리나라 외과의학의 새로운 경지를 개척한 책으로 높이 평가받고 있다.

임언국이 침술을 배우게 되는 계기는 허임과 유사하다. 임언국도 그의 모친이 아픈 것을 치료하는 과정에서 의술을 익히게 됐다.

임언국은 전라도 정읍 사람으로 천성이 지극히 효성스러웠다. 그의 어머니가 종창을 앓아 백약이 무효이던 차에 다행히 영은사(靈隱寺)라는 절의 한 노스님에게서 침술의 묘법을 전수받아 어머니의 병을 고치게 됐다. 그 뒤 그는 스스로 그 묘한 이치를 터득하여 종기 이외의 다른 질병들도 치료하는데 애를 썼다.

한번은 이웃을 지나다가 죽어서 염(殮)하려는 사람에게 침을 놓아 곧 소생시켰다. 조정에서 이를 듣고 역마로 서울에 불러 의복을 하사하고 관직을 주어 머물며 사람을 치료하도록 했다.

하지만 임언국은 여러 번 과거에 떨어져 병조에서 군직을 붙여 관직을 주었는데, 9품의 낮은 직위였다. 임언국은 직위에는 상관하지 않았으나 급여가 너무 적어 서울에서 생활할 수가 없게 되었다.

조정의 신하들은 임언국을 전의감의 치종교수직에 소속시켜, 생활을 할 수 있도록 해 주고 서울에 오래 머물면서 한편으로는 치료하고 한편으로는 가르칠 수 있도록 요청하였다. 그의 전의감 의학교수직 수락 여부는 확실치 않으나 마지막으로 종6품의 예빈시(禮賓寺) 주부(主簿)로 관직 생활을 마친 것으로 확인된다. 그동안 그가 살린 사람은 만여 명에 달하였다고 전한다.[33]

임언국의 치종기술을 수록한 『치종비방』이 처음 나왔을 땐 널리 전해지지 않았다. 그러던 중 전라도 관찰사로 취임한 안위(安瑋)가 이를 구해보고 실용적인 처방들을 널리 보급하기 위하여 전라도 금산군수 이억상에게 부탁, 1559년(명종 14)에 출판함으로써 세상에 전하게 되었다.

임언국의 치종술은 제도권에서 교육받은 치종치료법이 아니었다. 한 노인으로부터 침법을 전수 받고 그 묘술을 스스로 익힌 것이다. 이는 임언국 류의 치종술은 민간의술의 전수경로를 통한 것이라는 사실을 보여준다.

임언국의 이름이 널리 알려지자 조정에서 불러 올렸고, 효험이 우수하자 관직에 특채하였다. 이는 민간의료인들의 실력을 검증하여 제도권으로 수렴, 백성들의 질병치료에 활용하는 제도가 있었다는 것이다.

성종 16년(乙巳) 『경국대전』 예전(禮典)에 "의원은 방서에 통하지 못해도 창종(瘡腫) 및 제 악질(惡疾)을 능히 치료하여 성효(成效)가 가장 많은 자 한 사람을 매년 계문(啓聞)하여 특별히 서용하라"고 정한데 근거한 것이다.

임언국의 『치종비방』은 종기를 치료하기 위한 촌가(村家)의 실용의서로서 그 가치를 인정받아, 위민정책의 일환으로 간행됐다.

임언국은 종기를 다섯 가지로 분류하고 각각의 구체적인 치료법을 제시하였다. 마지막에 등창치료를 위한 절개법을 소개하였는데 이는 다양한 메스를 이용한 획기적인 외과 수술법이었다.

그의 치료법을 보면 종기 부위를 침으로 찔러 피고름을 빨아낸 후 소금물이나 토란고(土卵膏) 등을 붙여 독기를 빨아내는 방법이었다.

가령 얼굴에 생긴 경우 종기가 있는 해당 부위와 백회 · 척택혈에 침을 놓아 독을 빼고, 소금물로 종기 부위를 닦아내 열기를 가라앉힌 후에 토란고를 붙이도록 했다.

임언국의 등창 절개 기술은 치종의가 침구와 함께 외과 수

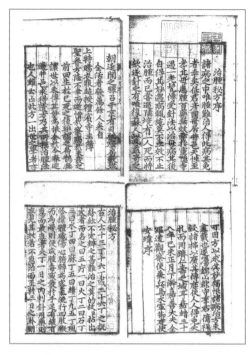

『치종비방』의　출판을 추진하면서 안위가 책머리에 쓴 서문에 임언국이 침술의 묘법을 배운 경위 등이 기록되어 있다.

술과 같은 기법을 사용했음을 잘 보여준다.

종기를 절개하는 방법은 먼저 종기의 크고 작음 깊고 얕음을 살핀 후 사방을 정하여 십자 모양으로 절개하여 피고름을 뽑아낸다. 종기의 독기가 얕으면 절개를 얕게 하고, 깊으면 깊이 절개한다.

임언국이 수술에 사용한 침은 그저 단순한 침이 아니라 일종의 수술칼로 보는 것이 합당하다. 가령 농침(膿鍼)은 피부를 절개하기 위한 칼 모양이며, 곡침(曲鍼)은 끝이 갈고리 모양으로 무엇인가를 긁어내는 도구였다.[34]

조선시대에는 종기가 보통 4~5개월이나 6~7개월이 지나야 차도가 있었고[35), 죽음에 이르는 경우도 많았다. 허임의 『침구경험방』에도 '창종' 부문에서 생사를 다투는 모습으로 종기치료가 묘사되고 있다.

> 회골증이 된 후에는 침으로 터트려도 이익이 없다. 그러나 반드시 죽을 것이라고 하여 아무것도 하지 않는 것 보다는 침으로 터뜨려 만일의 요행을 바라는 것이 낫다. 병자의 집안과 상의하여 확답을 받은 다음 침으로 찔러 터트려서 고름이 나오게 하는데 빠르지 않게 나오게 하여야 한다. 그렇지 않으면 위험하다.

치료시기를 놓쳐 이미 죽을 것이라는 진단이 나왔지만 그래도 환자 가족의 동의를 얻어 끝까지 치료를 해 보아야 하지 않겠는가라고 허임은 주문한다.

허임 침구술은 폄석으로 옹양을 치료하던 선사시대에서부터 임언국의 『치종비방』을 거쳐 온 정통 조선의술의 맥을 잇고 있는 것이다.

실제로 허임의 스승이 누구였는지는 알 수가 없지만 허임이 초창기에 치종의였다는 사실은 허임의 스승이 외과적 치료를 잘 하는 의원이었음을 시사한다. 그런데 당시 침의들은

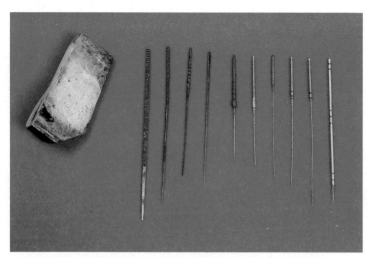

침숫돌 : 조선, 침 길이 5~9cm, 금속돌, 연세대 의대 동은의학박물관

대부분 외과적 치료에 능했다.

전쟁 중에는 외과에 능한 치종의 출신 침의들의 활동이 더욱 활발해진다.

## 임진왜란 현장에서 광해군을 치료하며

1592년(선조 25년) 4월13일 임진왜란이 발발했다. 이 보고가 서울에 전달이 된 것은 17일. 그리고 잇따라 패전 소식이 올라왔다.

4월28일 충주에서의 패전 보고가 이르자 선조는 대신과 대간을 불러 피난 이야기를 꺼냈다. 그때까지 죽음으로 한성을 지켜야 한다고 울부짖던 사람들도 피난파의 손을 들 수밖에 없었다.

이튿날 선조는 광해군을 세자로 책봉했다. 광해군이 적자가 아닌 후궁 공빈 김씨 소생인데다가 장남이 아닌 둘째 아들이라는 것 때문에 선조는 그동안 광해군을 세자로 책봉하는 것을 망설이고 또 망설였다. 전쟁이 일어나 조정이 어떻게 될지 모르는 판국이라 선조도 세자책봉을 더 이상 미룰 수가 없었다.

4월29일 백관들이 참여한 가운데 광해군 세자책봉식을 가졌다. 조선 조정이 피난길에 오르는 30일 새벽부터 온종일 비가 쏟아졌다.

새벽에 왕이 인정전에 나오니 백관들과 인마(人馬) 등이 대궐 뜰을 가득 메웠다. 왕과 동궁은 말을 타고, 중전 등은 뚜껑 있는 교자를 탔다. 홍제원(洪濟院)에 이르러 비가 심해지자 숙의(淑儀) 이하는 교자를 버리고 말을 탔다. 궁인(宮人)들은 모두 통곡하면서 걸어서 따라갔으며 종친과 호종하는 문무관은 그 수가 1백 명도 되지 않았다.

점심을 벽제관에서 먹는데 왕과 왕비의 반찬은 겨우 준비되었으나 동궁은 반찬도 없었다. 병조판서 김응남이 흙탕물 속을 분주히 뛰어다녔으나 여전히 어찌 해 볼 도리가 없었고, 경기관찰사 권징(權徵)은 무릎을 끼고 앉아 눈을 휘둥그레 뜬 채 어찌할 바를 몰랐다.36)

임금이 피난할 시간을 벌 수 있도록 조정은 한강에서 일본군의 북상을 저지하기로 작전을 세웠다. 조정은 서둘러 도성 수비 대책을 수립했다. 병조(兵曹)에서는 도성 안의 군사를 징발하기 시작했다.

5월2일 일본군이 한강에 도착하자 총지휘관인 김명원이 무기를 강물에 넣으라고 명령한 뒤 자신은 백성의 옷으로 갈아입고 도망쳤다. 김명원이 이탈하자 휘하의 군사들도 부대를 빠져나가기 시작했다.

일본군은 이렇다 할 저항 한 번 받지 않고 쉽게 한강을 건너 한양으로 진입했다. 전쟁이 일어난 지 20여 일 만에 도성은 일본군의 수중에 들어갔다.

임진왜란 발발 당시 선조는 북쪽으로 피난하던 중 평안도 박천에서 조정을 둘로 나누어 분조를 시행했다. 사태를 보아 선조는 중국 요동으로 떠나고, 광해군이 남아서 종묘와 사직을 보호하고 전투를 수행하게 하려고 했다.

이에 따라 1592년 6월부터 광해군은 분조를 이끌면서 평안도 황해도 강원도 등지를 돌며 민·관·군을 위로하고 의병 활동을 독려했다.

1593년 1월 조명연합군이 평양성을 탈환하는 과정에서 광해군은 조선정부를 대표하여 참여했다. 그해 4월부터 다시 위험을 무릅쓰고 백성들 속으로 들어가 민심을 수습하고 군민(軍民)을 격려하는 등 국난 타개에 온 힘을 기울였다.

광해군은 평안도를 순회하다가 8월 중순에 황해도로 들어 갔고, 8월20일부터는 해주에 머물렀다. 당시 전란의 현장을 누비던 광해군은 심신이 극도로 고달팠다.

선조는 광해군에게 여러 차례 왕위를 물려주겠으니 받으라 는 말을 한다. 광해군은 그 말의 정치적 의미를 꿰뚫고 있었 다. 선조가 양위를 하겠다고 한 말이 진심이 아니라 자신의 속마음을 떠 보려고 한다고 생각할 수밖에 없었다. 심각하게 조심스러웠다. 선조의 심기를 건드리지 않기 위해 고심을 해 야 했다.

1593년(선조26년) 9월3일 조선왕조실록에 따르면 이때 광 해군은 "목에 담종과 여러 증세가 다시 발작해서 쑤시고 아프 다"라고 고통을 호소하며, 심경을 토로했다.

"생각하건대 선위(禪位)의 명을 받은 이후로 밤낮없이 걱정이 되어서 음식이 목에 넘어가지 않은 지가 이미 반순(半旬)이 되어 정신이 가물거리고 기력이 탈진되 었는데, 오늘에 이르러서는 목에 담종과 여러 증세가 다시 발작해서 쑤시고 아픕니다. 지금 이런 때에 저의 몸이 병들어 아픈 것쯤이야 진실로 염려할 것이 못 되 므로 억지로라도 부축 받으면서 대궐에 나아가려고 결 심하였으나 도저히 움직일 수가 없어서 저의 뜻을 이룰 수가 없으니, 더욱 더 몸 둘 바를 몰라 민망하고 눈물이 흐르는 지극한 심정을 견딜 수가 없습니다."

허임이 광해군을 수행하며 침 치료를 시작한 때는 이 무렵 부터이다. 『광해군일기』에 따르면 허임은 1593년(선조 26년) 11월 해주에서 광해군의 침 치료에 참여했다. 허임이 가장 젊었을 때의 행적을 알 수 있는 기록이 『광해군일기』에 있다.

> 빈청이 아뢰기를, "허임(許任)을 녹훈하는 것이 마땅한지의 여부는, 그 당시의 일기를 상고해 보니 계사년(1593년) 11월7일 상께서 해주(海州)에 머물러 있으면서 침을 맞을 때 허임이 입시하였습니다. 같은 해 12월 22일 삼례역(參禮驛)에서 주둔해 있을 때 허임이 입직하였으며, 이 뒤로는 으레 3일 간격으로 입직하였습니다. 이것은 분명합니다. 그런데 거가(車駕)가 남쪽으로 내려갈 때 처음부터 수행한 일은 현록(懸錄)되어 있지 않습니다. … " 하니 답하기를, "허임은 서남쪽으로 행행할 때 공로가 아주 많았으니, 3등에 수록하는 것이 옳다"하였다.[37]

광해군은 목구멍이 아프고 붓는 병인 인후증으로 10월25일 에도 침을 맞았다.[38] 광해군의 인후증은 적어도 8월부터 시작해 11월 허임에게 침을 맞을 때까지 계속 됐다.

허임은 이어서 12월에는 삼례역(參禮驛)에서 3일 간격으로 광해군에게 침 치료를 시행했다. 허임은 늦어도 임진왜란 발발 다음해인 1593년 하반기부터 광해군과 동행한 것이다.

## 고난의 생명 피고름을 닦다

왜군이 쳐들어오자 한양의 수많은 사람들은 피난길에 올라 임진강을 넘어 개성 쪽을 향했다. 산골짜기에는 피난민들로 가득했다.

임진왜란 발발 당시 허임의 나이는 20대 초반. 종기치료에 능한 혜민서나 전의감 소속의 침의(치종의)였다. 허임은 임진왜란 발발 초기부터 광해군을 따르지는 않았다.

조선 조정은 상황이 다급해지자 삼의사(三醫司) 소속 의원들도 왜적에 대항해 도성을 지킬 군사에 편재코자 했다.

유성룡이 쓴 『징비록』에 따르면 "상황이 급해지자 방리(坊里)의 백성들과 공사천(公私賤)인 노복들, 서리(胥吏)와 삼의사(三醫司)의 소속 인원들도 뽑아서 성첩(城堞,)을 나누어 지키게 했는데, 지켜야 할 성첩은 3만이 넘었는데 성을 지키는 인원은 겨우 7천 명뿐이었고, 더구나 대부분 오합지졸이어서 모두 성벽을 넘어서 도주할 생각만 하고 있었다"라고 전하고 있다.

허임이 삼의사 소속의 의관이었을 것이라는 점에서 7천명의 '성첩 방위대'에 합류했을 가능성이 있다. 그러나 허임이 임진왜란 초기에 어디에 있었는지 정확히 알기는 어렵다. 나중에 황해도 해주에서 광해군을 만나 전장을 동행한 점과 성격 등으로 미루어 보아 청년 허임의 행적에 대한 역사적 상상을 해 볼 수 있다.

왜란 초기 수도권 주변의 전투 상황은 긴박했다.

도원수 김명원은 아무런 저항도 않고 한강방어선에서 도망을 쳤다. 조선군은 뿔뿔이 흩어졌다. 부원수 신각이 흩어진 장병들을 모아 양주의 해유령에서 왜군을 기습, 첫 승리를 거두었다. 그러나 임진강 방어선은 무너지고 왜군은 개성을 거쳐 평양으로 향했다. 또 한 갈래는 강원도와 함경도를 침공해 들어갔다. 왜적이 이르는 곳 마다 조총과 칼날에 조선의 병사들과 백성들이 피투성이가 되어 쓰러졌다.

연안성 전투를 이끌었던 의병장 이정암이 남긴 일기 『서정일록』에는 피난민들의 행적과 전란의 실상이 생생하게 들여다보인다. 왜적은 지척에서 쫓아오는데 이정암의 아들은 칼에 깊은 상처를 입어 도저히 같이 갈 수가 없었다. 숲에 땅을 파고 아들의 몸을 나무와 잎으로 덮어두고 나머지 가족들을 데리고 피난길을 재촉하는 이정암의 모습은 처절하다. 『서정일록』의 행간에서 허임 일가의 행적도 보이는 듯하다.

> 5월초4일 새벽녘에 아우와 통곡하며 작별한 뒤, 아들 준을 데리고 서문으로 나와 천마산(天磨山)에 들어가서 태안사(胎安寺) 동상실(東上室)에 자리를 정하여 쉬며 묵었다. 그러나 송도에 사는 사녀(士女, 남녀)로서

피난 온 사람들이 산골에 가득하여 심신이 편안치가 못하였다. 그러나 곳곳이 다 그러하니 어찌할 방도가 없다. …

5월14일 맑다. 송경(松京, 개성)에 머물다. 왜적은 임진강에서 급히 싸우며 물러가지 않고 유격병이 사방에서 나타나 불을 질러 태워버렸다. 성혼(成渾)과 이이 등의 집도 다 면할 수 없었으니 병화의 참상을 차마 말 할 수가 없구나. …

5월15일 비가 오다. 송경에 머물다. 어머님과 정험의 처자가 전포리로 거처를 옮겼다. 대낮에 들으니 왜적이 피퇴(避退)의 대책으로 병영의 벽을 불사르고 투서하여 강화를 하려한다 하며, 밤이 되자 또 들리는 소문으로는 영적(零賊)이 양화진(楊花津을) 건너서 양천(陽川)을 공격하여 함락하고 앞으로 조강(祖江)으로 향한다고 하니 근심과 번민을 어찌할꼬. …

5월16일 … 저녁에 둘째 아들 남이 유수에게 글을 전해왔다. 수일 전에 왜적을 만나 아내는 살해 되었으며 두 아들은 생사를 알 수 없고 자신도 10여 군데나 자상을 당했으나 요행히 아직 목숨만은 끊어지지 않아 낙하(洛下)로 옮겨 건너왔다고 했다.

듣기로 왜적이 임진에 이르렀다고 하는데 소식을 알지 못하여 주야로 우려가 된다. 이제 듣건데 왜적의 손에 다쳐서 완명(頑命, 모진 목숨)이라 아직 죽지는 않았다

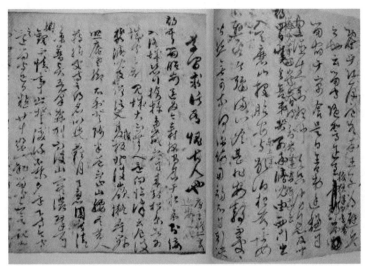
연안성 전투를 이끌었던 의병장 이정암이 남긴 일기 『서정일록』 원문

고 한다. 이렇게 가혹한 병화를 만났으니 통곡한들 무슨 소용이 있겠는가. …

5월17일 저녁에 아들 준에게 인마를 이끌고 낙하에 가게 하여 아들 남을 채연으로 데리고 왔다. …

5월18일 종 복세(卜世)가 채연에서 돌아와서 말하기를 아들 남이 자상(刺傷) 당한 곳은 많으나 기력으로 보아 살 수 있을 것 같다고 하며, 아들 위가 부(府)의 심약(審藥)을 데리고 채연으로 달려갔다.

5월20일 비가 오다. 송도에 머물다. … 왜적은 가평(加平), 포천(抱川) 등지로 흩어져 들어와서 피살된 사녀(土女, 남녀)의 수가 헤아릴 수 없을 정도였다고 한다. …

5월21일 흐리다. 조반을 들은 뒤에 전포리 촌가에 가니 내외 대소의 가족들이 모두 이곳에 모여 있다. 아들 남은 칼 맞은 자리를 싸매고 누워 있으나 측은해서 차마 볼 수가 없었다. 단 칼을 맞은 나머지 정신이 깨끗하지 못하여 혼미중인 것이 어떻게 보면 다행인지도 모르겠다. …

5월29일 소포리 촌가에 머물다. 식후에 들으니 건너편 전포리 촌사에 왜적이 와서 분탕질을 하며 횡행한다는 말이 들리자, 동리 사람들은 어찌할 바를 모르고 당황하여 어깨에 메거나 등에 짊어지고 달아났다. 노모께서는 또한 놀라서 쩔쩔 매시는지라, 부득이 아이들을 시켜서 노모를 부축하게 하여 소 등에 태우고 북면 산골로 가서 피난할 계획을 세웠다. … 유리하던 중에 여러 날을 쫓아다니다가 하루 아침에 서로 잃어버리게 되니 영영 헤어질지도 모르는 한을 차마 말로서 표현할 수가 없구나.

6월초1일 … 이른 아침에 아들 화를 시켜 먼저 늙으신 고모님과 아내, 딸 등을 데리고 노모가 계신 곳에 들어가니 아들 남(湳)은 왜적의 칼을 맞은 자리가 심해서 데리고 갈 수가 없는지라, 산록에 땅을 파고 몸을 감추게 한 다음, 나무와 잎으로 덮어서 가장(假葬)한 것 같이 하였다. 그리고 노비를 시켜서 지키게는 하였지만, 이 땅 속에서 고혼(孤魂)이 되고 말 것이니 일찍이 이와 같이 될 줄을 알았다면 차라리 파산(坡山)에서 왜 왜적에게 칼을 맞던 당초에 죽지 못했단 말인가. 생각이 여기에까지 미치자 애타게 통곡만 할 뿐이로다.

식후에 아들 준과 앞 등성이에 올라서서 적의 동태를 살펴보니 전포리의 민가는 차례로 불이 타고 있어 처참함을 차마 내려다 볼 수가 없었다. 마을 사람들의 전하는 말로는 왜적은 벌써 강을 건넜고, 서쪽 절간의 중들은 피하여 달아나고 있다고 한다. 바로 준이 모친이 계신 곳에 달려간즉 대소 가족들이 모두 산 속에 들어가서 숲속 곳곳에 숨어 있었다.

나는 생각하기를, 이 산은 큰 길에서 매우 가까운 곳이니 절대로 몸을 감출 수가 없을 것이라 판단하였다. 만약 적의 칼날을 만나면 우리 일가의 가족이 모두 산귀신이 되어 해골도 뿔뿔이 흩어져 달아날 것이니 누가 그것을 주워 모아 묻어줄 것인가. 차라리 연안(延安)으로 가서 배를 찾아 바다에 떠서 만에 하나라도 살길을 바라는 것만 같지 못할 것이라 생각했다.

그런데 연안에서 또 배를 얻지 못하면 해주(海州)에 있는 죽은 아우의 집에 가서 죽던지 살던지 하는 편이 옳겠다고 하니 모두들 그렇게 하는 것이 좋겠다고 하였다. 즉시 가족을 이끌고 산을 내려와서 산 밑 인가에 가서 쉬니 집주인은 백천도장(白川都將) 육평(陸平)이라는 사람이었다. …

7월초5일 화산에 머물다. 비가 뿌리다. 노복을 해주 및 연안에 보내서 탐문케 하였는데 돌아와서 말하기를 연안부사는 어제 남문 밖 촌가에서 자고 새벽이 되기가 무섭게 산속으로 숨었으며 마을 사람들은 왜적이 벽란도를 건넌다는 소식을 듣고 달아나 숨어 있어서 텅 비어 있고, 해주는 왜적이 지금도 머물고 있으며 재령(載寧)은 군사를 나누어 약탈을 자행해서 읍내가 떠나가는 것 같다고 한다. …

7월24일 개이다. 일찍이 출발하여 대교촌사(大橋村舍)에서 휴식을 취하는데 조정남 이하 수십인이 와서 모이더니 나에게 의병을 일으킬 것을 권하는지라 즉시 서약책에 성명을 기입토록하고 해주·평산·연안 3읍 사민(士民)에게 통문을 보내어 오는 27일 배천 능암사에서 회동하여 논의하자고 하였다. …

8월초4일 무구리에 머물다. 증산(甑山)에서 군사를 점검하고, 군사를 삼군으로 나누었다. 민인로 김응서 변렴을 별장으로 삼고 나누어 지휘하도록 하였다. 조종남이 왕세자(광해군)로부터 유지(有旨)를 가지고 돌아왔는데 나를 황해도 초토사(招討使)로 삼았다. 나의 본뜻은 단지 연안 배천 등 수개 주의 의사(義士)들과 함께 의병을 모아 영적(零賊)이나 막자는 것이었는데 뜻하지 않게 이러한 중임을 맡다보니 인기(人器)가 불합하여 어찌할 바를 모르겠다.…

8월27일 연안성에 머물다. … 평산 의병장의 보고에 따르면 수를 알 수 없을 정도로 많은 왜적이 해주에 머물다 연안으로 향한다고 하였다. …

8월28일 연안성에 머물다. 식후에 왜적 4천 여 기(騎)가 서면으로부터 들어와서 외남산(外南山) 및 서문(西門) 밖에 진을 치고 종일토록 조총을 쏘아대며 천지를 진동시켰으나 아군은 버티면서 종일 굳게 지키고 편전으로 10여명을 쏘았다. 적은 밤이 다하도록 물러가지 않았다. …

8월29일 연안성에 머물다. 왜적은 계속 공격을 하며 물러가지 않아서 종일 서로 싸웠다. 밤 4경(1시~3시)에 왜적은 사다리를 타고 급히 성의 서남쪽을 공격했다. 아군은 힘껏 싸우면서 나무와 돌로 난격을 가하니 죽은 자가 그 수를 헤아릴 수조차 없이 많았다. 그제서야 겨우 퇴각하였다.

9월초1일 포위된 연안성에 머물다. 왜적은 충차(衝車)로 성벽을 부수려고 했다. 아군은 비루에서 내려다보며 활을 쏘고 혹은 섶에 불을 질러 던져서 태우므로 적은 성 가까이 오지를 못하였다. …

9월초2일 해가 돋을 무렵에 적은 포위를 풀고 물러갔다. 남은 왜적도 무려 수천 명으로 배천을 향해 갔다. ….39)

이 일기를 쓴 이정암은 의병들과 함께 주야로 5일간 연안성에서 죽음을 각오하고 싸워 왜적을 물리쳤다.

임진왜란 당시 왜적은 해주를 주무대로 하여 황해도의 10개 읍을 그들의 수중에 넣고 있었다. 연안부(延安府)만이 온전하여 이정암이 이곳에 피난하여 있던 중에 왜적이 이곳까지 쳐들어 온 것이다. 연안대첩의 승리로 연안 이북 10여 읍이 일상을 회복할 수 있었고, 남북이 소통할 수 있는 통로가 마련되었다.

허임의 행적이 『조선왕조실록』에서 처음 확인되는 지역이 황해도 해주인 것을 감안하면 그 또한 이 지역의 전란 한 가운데 있었다는 것을 쉽게 짐작할 수 있다.

그는 생사의 갈림길에 있는 수많은 부상자를 접했을 것이고, 헤아릴 수 없는 주검을 목격했을 것이다.

전장에는 피비린내가 진동을 한다. 수많은 부상자들이 고통으로 신음을 한다. 총칼에 쓰러져 죽는 사람이 부지기수. 살아남은 사람들 중에는 한꺼번에 수백에서 많게는 수천 명이 상처를 입고 고통으로 아우성을 친다. 살점이 찢겨져 나간 곳이 곪아터진다. 환자는 대부분 외과적 처치를 필요로 하는 사람들이었다. 약재는 구할 겨를도 없다. 전쟁터에서는 외과 의원의 역할이 클 수밖에 없다.

수많은 침구의원들이 그랬듯이 허임 또한 전쟁터에서 의병과 관군과 민간인 부상자들을 수도 없이 치료했을 것이다. 일찍부터 의술에 눈을 떴고, 종기치료에 이골이 난 허임이다.

전쟁이 터지자 허임은 그 전장에 몸을 던질 수밖에 없었다.

총탄이나 칼, 화살 등으로 인한 '금창상'(金瘡傷)은 반드시 상처에서 피가 흐른다. 출혈이 과다하면 주요 장기의 기능이 마비되고, 혼수를 일으키거나 죽게 된다. 가벼울 경우는 피부만 손상되지만 심할 경우는 근육과 뼈는 물론 장부 등에도 치명적인 영향을 미친다.

둔탁한 무기에 맞아 생긴 좌상은 출혈이 없더라도 피부가 멍들어 부어오른다. 아픈 정도에 그치기도 하지만, 근육과 뼈가 손상되어 기능장애나 기형을 일으키기도 한다. 심한 경우는 내장파열이나 내출혈 등으로 생명이 위험에 처한다.

머리에 충격을 받아 뇌진탕이 일어나면 현훈(眩暈)·구토(嘔吐)·혼미(昏迷) 등이 발생한다. 상처가 난 경우는 일반적으로 화농(化膿)하여 조직이 괴사한다.

『산림경제』에는 총, 칼, 창, 화살 등에 의한 상해로 경각에 달린 목숨을 구급하는 여러 가지 처방을 제시하고 있다. 이 가운데는 『동의보감』의 처방을 인용해서 창자가 밖으로 나왔을 때의 대처법도 있다. 끊어진 창자의 양쪽 끝이 보이는 경우는 철실로 꿰매어 치료하는 법까지 소개한다. 실제로 전란 중에는 칼에 베여 창자가 튀어 나와 죽어가는 사람들이 무수히 많다.

외과의원에 해당하는 치종의 허임은 총탄이나 칼, 화살을 맞아 피를 흘리는 '금창상'(金瘡傷) 환자들을 수없이 접했을 것이다.

치종교수(治腫敎授)를 할 정도로 외과술에 능한 침구의원 허임이 임진왜란 당시에 전장에서 어떠한 역할을 했을지는 짐작할 수 있는 일이다.

1592년 임진왜란과 1597년의 정유재란을 겪으면서 전쟁부상자를 비롯한 외과적 치료를 요하는 환자가 급증했다.[40] 전쟁으로 창상과 같은 질병들을 치료하는데 필요한 약재를 구하기는 대단히 어려운 일이었다. 특히 전란 후의 국토 황폐화와 흉작으로 약재의 수확량은 격감했고, 있는 약재의 채집도 못하는 처지였다.[41] 이런 상황에서 약재 없이도 치료를 할 수 있는 침구술은 대단히 유효한 치료수단이 되었다.

## 충청도 공주와의 진한 인연

1593년 11월 다음 달은 윤달이었다. 광해군은 해주에서 개성을 거쳐 윤11월8일에 서울에 들렀다가 남쪽을 향했다. 윤11월19일 과천을 거쳐, 수원과 온양을 지나 12월1일 저녁에 공주에 이르렀다.[42]

광해군은 공주에서 13일경까지 머물렀다. 그리고 16일 전주로 가서 기민(飢民)들을 돌보는 등 민심을 수습한다.[43] 이곳에서 다시 허임의 행적이 나타난다. 허임은 12월22일 전주 인근에 있는 삼례역(參禮驛)에 주둔해 있을 때부터 광해군에게 3일 간격으로 침을 놓다.

광해군은 다시 공주로 돌아와 1594년 1월1일부터 2월21일까지 50여 일 동안 머물렀다.44) 이때 허임도 함께 머물며 군민(軍民)을 치료했을 것이다. 광해군은 그 후 홍주(지금의 홍성)로 갔다가 8월7일 또다시 공주로 이동한다.45) 광해군은 20일 공주를 출발해 8월25일 서울에 도착했다.

허임은 1593년 11월부터 1594년 8월까지는 광해군과 동행했다. 허임이 공주와 첫 인연을 맺게 된 것은 이때로 보인다. 광해군이 공주에 도합 80여 일 체류해 있었기 때문에 허임은 적어도 그 이상 머물러 있었을 것이다. 병을 고치는 의원인 허임이 공주지역에서 노년기를 보낼 인연을 맺기에 충분한 시간이다.

당시 조선은 기근이 극심하여 굶어죽는 사람들이 부지기수였다. 임진왜란의 반성문인 『징비록』에 기록된 유성룡의 회고는 처절하다.

> 언젠가 큰 비가 내린 날이었다. 굶주린 백성들이 밤중에 내 숙소 곁에서 신음소리를 내는데 차마 들을 수가 없었다. 아침에 주위를 살펴보니 굶어죽은 사람들이 즐비했다.

이러한 기근 양상은 공주도 마찬가지였다.

공주(公州)에서는 박축(朴軸)이라는 사람이 쌀을 내어 죽을 끓여 기민(飢民)을 구제하여 살려낸 사람이 3백여 명이나 되고, 정무경(鄭懋卿)은 콩을 삶아 주먹밥을 만들어 길거리의 굶주린 사람들에게 나누어 주어 구제했다. 이에 임금이 상을 내리도록 했다.[46]

## 정변 주도하는 침의와 왜적 방비하는 침의

광해군이 공주에 머물고 있던 1594년 1월 송유진이 반란을 일으켰다. 임진왜란의 혼란과 계유년의 대기근으로 백성들이 굶어 죽어가는 데도 관청의 징발과 징세는 더 심해졌다. 지방에 주둔한 명나라 군대는 자신들의 군량을 빨리 공급하라고 조선 조정에 재촉했다. 그 부담과 피해는 그대로 백성들에게 전가됐다. 기근은 극도로 심해졌다.

송유진은 굶주리는 백성과 병졸을 모아 천안·직산 등지를 근거지로 하여 지리산·계룡산 일대에까지 세력을 폈다. 무리가 2천여 명에 달했다. 이들은 당시 서울의 수비가 허술함을 보고 이를 습격할 계획을 세웠다. 아산·평택의 병기를 약탈하여 1594년 정월보름날 서울에 진군하기로 한 것이다. 그러나 직산에서 충청병사 변양준에 의해 송유진과 그 일파가 체포됐다.

1594년(선조 27년) 1월25일. 송유진이 대궐 마당으로 끌려 들어왔다. 선조가 직접 "형신(刑訊)하면 죽을까 염려되니 압슬(壓膝)로 철저히 신문하여 흉모의 절차와 내응인(內應人)을 일일이 추문하라"며 국문했다.

> "역적모의는 오원종과 홍근이 하였습니다. 원종이 나에게 '군사 1천 명을 데리고 경성을 포위하고 서서 3일간 통곡하면 임금이 반드시 허물을 고칠 것이다.' 하였고 조보(朝報)와 기타 문서를 원종이 매양 가지고 와서 보여주었습니다. 정월2일 이번에 중국 사신이 가지고 온 칙서(勅書)도 가지고 와서 '중국에서도 우리나라를 그르다고 한다.' 하였습니다."47)

오원종이 역적모의를 먼저 주도했다는 것이다. 뜻밖에 오원종이라는 사람은 침의(鍼醫)였다. 그는 나이 41세로 용인(龍仁)에서 나서 자랐고 서울에 와서 침업(鍼業)으로 생활하였다. 침구의술로 각계에 인맥이 뻗어 있던 오원종이 조정의 문서들을 입수하여 정변(政變)을 계획할 수 있었다는 것이다.
오원종은 이날 압슬형을 하였으나 자복하지 않았다. 낙형(烙刑)을 더 하였는데도 견뎌냈다.

> "죄인에게 압슬형을 가하면 장(杖)을 참지 못하는 경우가 많은데 이 역적처럼 참아 내는 자는 아직 있지 않았습니다. 매우 흉악합니다."48)

혼일강리역대국도지도(混一疆理歷代國都之圖, 1402년 조선에서 제작된 세계지도) 중에서 조선 부분. 허임은 1593년 가을 해주에서 광해군을 침치료한 이후, 광해군을 따라 한양을 거쳐서 공주에 도착했다. 그리고 공주에 근거지를 두고 전주와 홍주(홍성) 등지로 다니며 전란의 상흔을 치유했다.

이날 추국과정에서 오원종은 선조를 몰아내고 광해군을 왕으로 세우려고 했다는 사실이 드러났다.

오원종이 매양 "공물(貢物)을 당초 경감시키지 않았으면 모르지만 이미 경감하였다가 도로 받아들이니 백성을 속인 것이 너무 심하여 백성들의 원망이 더욱 많아졌다. 마땅히 홍근 등과 함께 군사를 거느리고 상경(上京)하여 성을 포위하고서 3일간 통곡한 다음, 동궁(東宮)을 세우면 백성들에게 유리할 것이다."라고 하였습니다.[49]

선조를 몰아내고 동궁인 광해군을 왕으로 세우려고 했다는 것이다. 광해군이 전혀 관여되지 않은 민란이지만 이 같은 내용은 광해군을 곤혹스럽게 만들었다.

임진왜란 중 침의들의 행적은 다양했다. 허임과 같이 광해군을 수행하며 전장을 다니는 침의도 있었고, 선조를 몰아내고 광해군을 왕으로 세우려고 정변(政變)을 주모하는 침의도 있었던 셈이다.

침의(鍼醫)인 심발은 1596년(선조 29년) 1월12일 호남지역의 군사적 방비책을 상소한 바 있다.[50]

심발은 원래 전생주부(典牲主簿)였다. 조선시대 나라의 제사에 쓸 짐승을 기르는 일을 맡아본 관청이 전생서(典牲署)

였는데, 이곳의 일을 맡아 보는 종6품의 벼슬이 전생주부였다.

호남 출신인 그는 일찍이 침구술를 배웠다. 임진왜란 중에는 전장에서 의병이나 관군 등의 병사들을 치료한 것으로 보인다. 치료하면서 들은 정보를 가지고 전황을 읽고 나름대로 전략과 전술도 세웠다. 호남의 침의인 심발은 이런 과정에서 '왜적 방비책'을 마련해 상소했다.

심발은 1596년(선조 29년) 5월11일 임금에게 침을 놓을 때 박춘무·김영국 등의 침의들과 나란히 참여한 것으로 조선왕조실록에 기록되어 있다.

## 의학교수 순회근무, 전쟁의 참상을 보다

임진왜란 시기 허임의 행적은 전국에 걸쳐 있다. 실록을 해석하면 1593년과 94년에 허임은 황해도 해주, 충청도 공주, 전라도 삼례에서 활동한 것으로 나타나 있다. 그리고 1595년 10월에 다시 충청도 임천에서 의학교수로 활동하는 기록이 오희문의 일기 『쇄미록』에서 포착된다.

종6품의 의학교수는 1년을 기한으로 도 단위에 파견되어 지역을 순행하면서 지역의 의생들과 의녀들을 교육하고, 관민들을 치료하는 일을 담당하였다. 도 단위에 한 명이 파견되기 때문에 의학교수는 전역을 다녀야했다. 의학교수 허임의 활동무대가 1595년경에는 충청도가 된 것이다.

나중에 광해군 집권시절 허임이 전라도 나주에 가 있는데 왕이 불러도 서울에 오지 않는다는 이야기가 광해군일기에 수록되어 있다. 나주도 의학교수로 파견되어 활동하는 과정에서 연을 맺은 지역으로 보인다. 허임은 충청도에 이어 전라도 지역에서도 활동한 것으로 볼 수 있다.

허임이 각 지역을 순회하면서 목격하고 대처해야 했던 상황은 전쟁으로 인한 각종의 상처와 질병으로부터 생명과 건강을 지켜내는 일이었다.

1597년 왜적이 다시 쳐들어왔다. 정유재란이다.

생지옥 같은 전장의 현장을 기록한 사람은 종군(從軍) 의원으로 따라온 일본의 스님이었다. 안양사(安養寺)라는 절의 주지였던 경념(慶念, 일본 이름으로 케이넨)이라는 스님은 일본 우스끼성 성주의 부탁을 받고 1597년 6월24일부터 1598년 2월2일 사이에 의원으로 종군했다.

그는 이 기간 동안 전쟁의 참상을 『일일기(日日記)』로 남겼다. 전라도 남원에서 벌어진 남원성전투의 현장기록만 봐도 전란의 참상이 어떠했는지를 가히 짐작할 수 있다.

1597년 8월5일 집집마다 불을 질러 연기가 솟는 것을 보고 내 자신의 일같이 생각되어 다음과 같이 읊는다. '

정유재란 때 왜군을 따라온 종군승(從軍僧) 의원(醫員) 케이넨이 남긴 '조선일일기' 원본.

적국인 전라도라고 하지만 검붉게 치솟아 오르는 연기는 마치 이런 상황을 분노하고 있는 것처럼 보이는 구나'

8월6일 들도 산도, 섬도 죄다 불태우고, 사람을 쳐 죽인다. 그리고 산 사람은 금속 줄과 대나무 통으로 목을 묶어서 끌어간다. 어버이 되는 사람은 자식 걱정에 탄식하고, 자식은 부모를 찾아 헤매는 비참한 모습을 난생처음 보게 되었다. '들도 산도 불 지르는데 혈안이 된 무사들의 소리가 시끄럽고, 마치 아수라장을 방불케 하는 비참한 광경이구나.'

8월8일 조선 아이들은 잡아 묶고, 그 부모는 쳐 죽여 갈라놓으니, 다시는 볼 수가 없게 된다. 남은 부모 자식의 공포와 탄식은 마치 지옥의 귀신이 공격해 오는 때와 같이 공포와 서러움 속에서 몸을 떨고 있다. '애처롭구나. 네 마리의 새가 어미와 이별하며 둥지를 날아갈 때의 심정이 이와 같은 것이겠지. 떨어지는 모자의 탄식을 보아도 미루어 짐작할 수 있다.'

8월15일 성의 공격 준비가 시작되어 내일 새벽에는 공격해 들어간다고 한다. 돌벽의 가장자리에 딱 붙어서 벌써 해가 기울어 저녁 무렵이 되니. 모든 진에서 쏘는 대포와 화살에 생각지 않던 사람이 죽어 넘어지는 것을 보고 이렇게 읊어본다. '적의 성을 향해 쏘는 대포와 화살에 뜻밖의 사람이 죽는구나' …

8월16일 성내의 사람들은 남녀노소 할 것 없이 모두 죽여서 생포한 사람이 없다. …

8월18일 성안으로 진을 이동하다 날이 밝아 성 주위를 돌아보니 길바닥 위에 죽은 자가 모래알처럼 널려 있다. 눈 뜨고 볼 수 없는 처참한 상황이다. '남원성을 나와서 거닐어 보니 차마 눈뜨고 볼 수 없는 상태의 비참한 모습이구나.'

8월21일 남원 전투에서 부상자가 많이 생겨 여기저기에서 약을 요구하는 사람들이 끊이지 않는다. 또한 왕진(往診)을 요구하는 사람도 많다. 너무 딱하고 괴로워서, '저마다 고통에 겨워하는 병자들로 가득하구나. 이런 경우, 내 몸 하나도 감당할 수 없어 한탄스럽다.'

8월28일 한밤중에 이 곳 진막에서 철수하여 충청도로의 출전이란다. … 여기 전주를 떠나가면서 가는 도중의 벽촌에서 남녀를 불문하고 죽이고 있는 참상은 차마 두 눈으로 볼 수 없는 처참한 모습이었다. '길을 가는 중에 칼에 베어 죽는 사람의 모습이여 오지(五肢)가 제대로 붙어 있는 것이 없을 정도구나.'51)

9월4일 충청도에 들어가 가옥들을 보니 불에 타고 심하게 부서진 집들뿐이다. …

전쟁으로 인한 백성들의 상황은 너무나 참혹했다.

종군(從軍) 의원으로 따라온 일본의 승려 케이넨이 겪은 이 참담한 광경은 조선의 종군 침의였던 허임의 눈에도 또 다른 각도에서 그대로 비춰졌을 것이다.

임진왜란 시기 전국을 다니며 의술을 펼치던 허임은 처참한 상황에 대처해야 했다. 한 가닥의 숨이라도 붙어 있는 사람은 어떤 방법으로든 살리고자 손을 썼다.

죽음이 눈앞에 어른거리는 상황에서 생명의 소중함은 더욱 뼈저리게 느껴진다. 고통 속에 사경을 헤매는 아이나 부모 곁에서 울부짖는 이들 앞에서 인술(仁術)의 깊이는 더해진다.

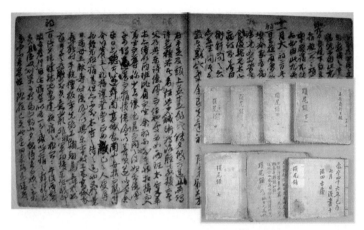

『쇄미록』은 오희문이 1591년(선조 24)부터 1601년 2월까지 9년 3개월 간 총 7책으로 된 수필본 일기이다. 국보 1096호로 지정되어 있다.

## "침 맞는 일은 허 교수에게 물어보라"

1595년 10월 허임은 침의(鍼醫) 박춘무가 태수로 있는 충청도 임천을 방문했다. 전란이 끝나지 않은 상황이라 정국은 어수선했다. 당시 허임은 의학교수였다.

허임은 지방을 순회하며 지방의 의생들과 의녀들에게 침구를 가르쳤다. 마침 내의원 침의인 박춘무가 태수로 있는 임천은 허임이 의견을 나누며 환자를 돌보고 머물러 있는 곳이었다.

오희문이라는 양반사대부가 피난 중에 쓴 일기 『쇄미록』에 허임의 모습이 기록되어 있다. 이 기록에는 임진년의 왜란

이 발발하기 전 아버지 허억봉이 전악으로 살아가던 모습도 생생하게 묘사되어 있다. 『쇄미록』에 나타난 허임의 태도는 대단히 당당한 모습이었다.

지난밤에 눈이 내리더니 아침에 일어나보니 지붕이 모두 하얗다. 바람 기운도 몹시 차가운데 나무도 없어 싸늘한 밤에 앓는 아이가 있으나 울타리를 만들 길은 없고 곤궁하기가 또한 박두하니 탄식한들 어찌하랴?
단아(端兒)는 여전히 고통스러워하여 조금도 덜한 형세가 없이 밤새 신음하니 몹시 걱정스럽다.
식사 후에 태수(太守. 朴春茂)를 관청으로 가서 보았으나 시끄러워서 조용히 이야기 하지 못했다.
다만 딸의 병세를 물었더니 날더러 아헌(衙軒)으로 가서 허교수(許敎授)를 보고 물어보라고 하고, 또한 침을 맞게 하라고 한다.
이에 즉시 의녀(醫女) 복지(福之)를 불러서 그 점혈(點穴)을 배우게 하고, 나는 즉시 먼저 돌아오고 복녀(福女)는 따라 오게 했다.
침으로 그 좌우 손 15여 곳에 놓게 하고 저녁밥을 먹여 보냈다.
소위 허교수(許敎授)란, 그 이름은 임(任)이니, 침술(鍼術)을 배워서 종기를 고치는 교수(敎授)가 되었다고 한다. 그 아버지는 곧 전악(典樂) 허억봉(許億鳳)이다.

임(任)은 처신하기를 양반같이 해서 태수(太守)의 자제(子弟)들까지도 역시 양반으로 그를 대접하여 어깨를 나란히 하고 앉는다. 나는 그런 것도 모르고 서로 읍(揖)하고 들어가서 마주 앉아 존칭(尊稱)을 쓰는데 조금도 사양하는 빛이 없더니, 물러나와 복지(福之)에게 물어보고 나서야 비로소 그가 억봉(億鳳)의 아들임을 알았으니, 너무 지나치다, 몹시 분하다.

억봉(億鳳)은 대금을 잘 불어서 나도 평일에 역시 남고성(南高城; 尚文)의 집에서 대금 소리를 들은 일이 있었다. 남(南)은 매양 그를 불러다가 대금을 들었는데, 이제 빈주(賓主)의 예를 행하고 읍양(揖讓)하고 당(堂)에 올라서 마치 나와 대등한 사람처럼 대했으니 욕을 당한 것이 가볍지 않다. 더욱 몹시 분하다.

다만 또한 태수(太守)의 대접이 지나치다는 것을 모른 때문이다.

또 지난번에 어머니를 위해서 헌수(獻壽)할 때 억봉(億鳳)이 전악(典樂)으로 기공(妓工)을 데리고 남고성(南高城)의 집에 와서 학춤을 추었는데 그 때 손에 박달나무 판을 들고서 여러 기공(妓工)의 앞에 서서 공정(公庭)에서 훨훨 춤을 추었으니, 그 아들의 사람됨을 알만하다.

생각건대 난리를 치른 후에 군공(軍功)으로 해서 동반(東班)의 직함을 제수 받은 것인지 모르겠다.52)

이 양반의 일기에서 허임의 면모가 잘 나타나 있다. 허임은 20대 중반 정도였지만 외관 수령으로 나온 박춘무가 허 교수라고 부른다. 그리고 환자치료를 의뢰하는 사람들에게 허교수에게 가서 물어보라고 추천한다.

임진왜란이 발발하기 전에 서울에서 살던 오희문은 허임이 자신이 알고 있는 악사 허억봉의 아들이라는 사실을 나중에 알고, 허임의 당당한 처신에 분해하고 있다.

## 의녀(醫女)도 마의(馬醫)도 침놓는 사람

임진왜란과 정유재란 당시 상황을 기록한 『쇄미록』을 남긴 오희문은 어려운 피난 생활 중에도 종을 부리는 양반가문이었다.

그는 1591년부터 전라도 장수, 충청도 예산 임천, 황해도 평강을 전전하다 다시 서울에 도착한 1601년까지 만 9년 3개월의 생활을 일기로 남겼다.

이 오희문의 일기 『쇄미록』에는 의약생활과 관련한 218개 기사 가운데 약을 이용한 기사는 47개, 침을 이용한 기사는 43개이다. 이 가운데 종에게 약을 이용하는 기사는 하나도 없다.53) 약재 구하기가 어려웠기 때문에 종에게 쓰기에는 너무 귀했던 것이다. 종에게 침을 놓았다는 기사는 6건 포함되어 있다.

1593년 11월25일 계집종 강춘이 사지에 종기가 나서 맘대로 움직이지 못하는데, 들으니 침의가 멀지 않은 곳에 있다고 하므로 종과 말을 보내 불러다가 침 수십 대를 맞게 하고 보냈다. 의원의 이름은 이기종(李起宗)이라고 부장(部將)이 말했다.

　오희문이 충청도 임천에서 사는 중에 종에게 침을 맞게 하는데 이 때 침을 놓은 의원은 이기종이었다. 이기종은 임천에서 멀지 않은 곳에 사는 충청도 침의였다.

　『쇄미록』에는 의원이 모두 13명 보이는데 그중에서 의원 5명, 침의 3명, 마의 4명, 의녀 1명, 종기의 1명, 의생 1명이 포함되어 있다.54) 이들 중에서 침의 외에도 의녀와 마의, 종기의(腫氣醫)가 모두 침을 다루는 사람들이었다.

　1595년 1월18일 임천에 새로 부임한 태수 박진국이 오른쪽 어깨와 다리 아래가 부어서 태수가 침을 맞았는데 침을 놓은 사람은 남궁영(南宮泳)이었다. 그는 '자못 침술을 아는 자'로 소개되어 있다. 병 고칠 약은 김준이라는 의관에게 물었다. 지역에 부임하는 태수들은 침의와 약의 등의 의원들을 늘 주변에 가까이 거느리고 있었다.

　오희문은 의관 김준과 어울렸다. 1595년 6월23일에는 김준이 오희문의 집에서 묵게 되었는데 마침 오희문의 처가 오른팔이 불편한 것을 알고 침을 맞도록 권했다. 김준은 "임천군

여의원(女醫員) 복지(福之)로 하여금 경혈을 정하고 침을 놓도록 하겠다"고 말했다.

복지는 임천 관아 소속의 여종이었다. 그런데 그를 의관이 추천했다. 복지는 침술을 배우는 중이었다.

6월28일 오희문은 "딸 단아의 부증(浮症)이 차도가 없어 아침에 태수에게 편지를 보내 여의원(女醫員)을 불러 보였더니 비로 인해 습기가 많아서 파종(破腫)할 수가 없다고 했는데, 관청 노복(奴僕) 복지의 배우는 침으로 종기를 고쳤다"고 기록하고 있다. 복지가 배우는 침으로 종기를 치료한 것이다.

오희문은 11월9일 선물로 들어온 생은어 두 두릅을 고을 태수 박춘무에게 보내면서 의녀 복지에게도 은어 두 두릅과 생치 한 마리를 보냈다. 오희문 어머니의 손에 난 종기를 고쳤기 때문이었다.

이때는 허임이 임천 관청을 드나들 때였다. 복지는 허임에게 침술을 배우기도 했다. 11월1일 오희문이 임천태수 박춘무의 관청을 방문했을 때 허임은 의녀 복지에게 혈자리를 가르쳐 주고 침을 놓도록 했다.

관청 소속 여비(女婢) 복지는 의녀가 됐다. 의녀들의 중요한 임무 중 하나가 침을 놓는 일이었다. 부녀들의 몸에 외간 남자들의 손길이 닿는 것을 극도로 금했던 당시 여인들에게 침을 놓는 일은 대부분 의녀의 몫이었다.

오희문의 『쇄미록』에 등장하는 침놓는 사람들 중에 마의

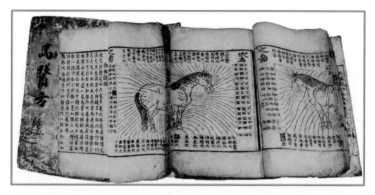

마의방(馬醫方) : 말의 경혈도, 조선, 종이, 마사박물관. 광해 8년(1616년) 4월에 의주에서 말과 소의 질병을 치료하기 위해 간행했다.

(馬醫)가 있다.

말은 당시 가장 중요한 교통수단이었다. 말의 경혈도가 포함이 된 마의방(馬醫方)이라는 책이 따로 출판이 될 정도로 마의술은 요긴했다.

『쇄미록』에는 말이 다리를 절뚝거리거나 병이 들어 물건 운송 등에 애로를 겪는 모습이 여러 차례 기록되어 있다.

1594년 6월19일 『쇄미록』에는 오희문이 임천 태수에게 편지를 보내서 말 고치는 관노(官奴) 근수(斤守)를 보내달라고 하여 말의 저는 다리에 침을 놓게 했다는 기사가 있다. 마의는 모두 천한 신분으로 마의술을 배워서 시술을 했다. 대부분 침으로 치료를 하는 모습이다. 1595년 7월 오희문의 짐 싣는 말의 등에 종기가 가득하다는 기사가 있고, 몇 차례 마의(馬醫)를 불러 절뚝거리는 말에 침을 놓게 하고 술대접을 하는 모습이 묘사되어 있다.

인마동경(人馬同經)이라는 말이 있다. 사람과 말은 경락이 같아서 사람을 치료하는 경락을 따라서 말을 치료하면 효과가 있다는 이야기다. 병을 고치고 생명을 살리는데 침술은 다양하게 활용되었다.

# 제3장 침의(鍼醫)가 있었네

## 조선왕조실록에 등장하는 침의(鍼醫)

16세기 말 17세기 초에는 거듭된 전란의 영향으로 침구에 대한 관심은 크게 높아졌다. 전란은 각종 외과영역의 질환을 증가시킬 수밖에 없다. 이에 따른 의학적 수요의 많은 부분은 침구영역이었다. 즉 침의의 몫이 되었다.

당시 요구되는 침의의 역할은 매우 폭넓은 것이었다. 각종의 창양(瘡瘍) 질환을 비롯해 외과질환이나 응급증상 등 백성들의 갖가지 절박한 상황에 대처해야만 했다.55)

조선왕조실록을 기록하는 사관들은 명종 시절까지는 '침의'를 거의 기록하지 않았다. 실록에 침의(鍼醫)의 이름이 본격적으로 나타나기 시작한 것은 선조시절부터이다. 1586년(선조 19년) 10월1일 실록에 처음 등장하는 침의는 오변(吳忭)이다.

오시(午時)에 중전의 인후증(咽喉症)이 위중하자, 의약
(議藥)할 일로 어의(御醫) 모두를 대전에 들어오라 명
하였는데, 침의(針醫) 오변도 들어왔다.[56]

중전의 병 치료를 의논하기 위해 어의를 모두 불렀는데, 침
의가 한 사람 끼어 있었다는 기록이다.

『선조실록』에서 임금이 침을 맞는 장면은 선조 16년(1583)
8월4일 "상(上)이 팔이 아파 침을 맞다"는 기록이 처음이다.
누가 침을 놨는지는 알 수 없다.

다음이 1589년(선조 22년) 4월10일에 침을 맞는데, 침을
놓은 사람은 전 현감 김윤세(金尹世)라고 되어 있다.[57] 4월
13일 "상(上)이 두 차례 침을 맞았다"는 기사[58]가 있지만 김
윤세가 침의라는 기록은 없다. 그는 신령현감을 지낸 인물로,
의관이 아니라 양반 사대부 중에서 침놓는 법을 아는 사람으
로 추측된다.[59]

침의는 임진왜란 전까지 내의원에서 뚜렷한 지위를 가지고
역할을 하지는 못한 것으로 보인다.

침과 뜸은 주로 일반 백성들이 활용을 했다. 약물은 대체로
구하기가 어려웠다. 양반 사대부들이 사용할 수 있었을 뿐 가
난한 백성들은 엄두를 내기 어려웠다. 고위관료일수록 치료
시 침구의 활용도가 매우 낮았다. 약물은 양반의 치료법으로
인식되었고, 침과 뜸과 굿은 상민(常民)들의 치료법으로 취급

됐다.60) 양반들이 침구치료를 선호하지 않는 경향은 이들이 주도하는 조정과 내의원에서도 같은 양상으로 나타났다. 약의(藥醫)들이 내의원의 주도권을 가지고 있었기 때문에 임금의 치료는 주로 약물에 의존해 왔다. 따라서 임금의 치료에 침의들의 위상은 낮았다.

『조선왕조실록』에서 본격적으로 침의가 등장하는 시기는 임진왜란 이후이다. 이는 임진왜란 중에 외과의술의 발달과 무관하지 않다. 또 병약했던 선조가 임진왜란을 겪으면서 병이 더욱 깊어진 것도 한 몫을 했다.

양반 사대부층이 침구술을 대하는 태도도 전반적으로 달라지기 시작한다. 전쟁 기간 중의 기록에서 침구술에 대한 기사가 급증한다.

임진왜란 발발 후 처음 나타나는 내의원 침의의 이름은 박춘무·김영국·정희생·심발 등이다. 이들이 허임 보다 약간 앞서 내의원에서 활동한 침의들이다.

> 1595년(선조28년) 4월13일 진시(辰時)에 상(上)이 별전(別殿)의 편방(便房)에 나와 의관(醫官) 허준 · 이연록 · 이공기 · 박춘무 · 김영국 · 정희생(鄭希生) 등을 인견하고 침구(鍼灸) 치료를 받았는데, 약방도제조(藥房都提調) 김응남, 제조 홍진(洪進), 부제조 오억령(吳億齡) 등이 입시하였다.61)

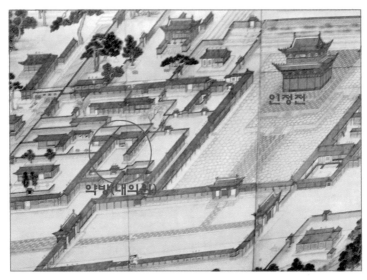

창덕궁의 전경을 그린 동궐도 중에 내의원이 약방(藥房)이라는 문패로 나타나
있다.

이러한 기사에서 기록하는 순서는 서열을 나타낸다. 어의
허준·이연록·이공기 등과 침의 박춘무·김영국·정희생이 입시한
중에 선조가 침을 맞는다.62) 즉 어의가 침의보다 서열이 앞선
것을 알 수 있다. 어찌됐든 의관으로 침의의 이름이 거론된
것은 침구술의 비중이 그만큼 높아졌다는 의미다.

임금이 침을 맞는 횟수도 늘어났다. 그해 7월28일부터 8월
8일까지 3일 간격으로 다섯 차례 선조가 별전에 나가 침을
맞았다.63)

조선왕조실록에 침의들의 이름이 다시 거론되는 때는 1596
년 5월11일. 어의 양예수 · 허준 · 이공기와 함께 침의 박춘무

·심발(沈發)·김영국이 입시하여 침을 놓는다.

선조는 "전에 머리가 아프지 않은 날이 없었는데 지난 가을에 침을 맞은 뒤부터 아픈 증세는 덜한 듯하다"고 하면서 침술의 효과를 인정했다. 아직 낫지 않는 귀울림 증상, 손과 다리의 통증을 치료하기 위해 다시 침의들에게서 침을 맞고자 한 것이다.

그 후 선조는 몇 차례 더 침을 맞았다.64) 내의원에서 침의의 위상이 점차 자리를 잡아가고 있음을 알 수 있다.

1597년(선조 30년) 4월14일 『선조실록』의 기사는 당시 침의가 임금에게 침을 놓는 장면을 상세히 묘사하고 있다. 이 기록은 임금의 치료현장을 생생하게 중계하여 당시 침의들의 침구법을 자세히 알 수 있도록 한다.

> 사시(巳時)에 상(上)이 별전(別殿)에 나아갔다.
> 이명증(耳鳴症) 때문에 면부(面部)의 청궁(聽宮)·예풍(翳風), 수부(手部)의 외관(外關)·중저(中渚)·후계(後谿)·완골(腕骨)·합곡(合谷), 족부(足部)의 대계(大谿)·협계(俠谿) 등 각각 두 혈(穴)에 침을 맞았다.
> 편허증(偏虛症) 때문에 수부의 견우(肩髃)·곡지(曲池)·통리(通里)와 족부의 삼리(三里) 등 각각 두 혈에 침을 맞았다.
> 겨드랑이 밑에 기류주증(氣流注症)이 있어서 족부의

곤륜(崑崙)·양릉천(陽陵泉)·승산(承山) 등 각각 두 혈에 침을 맞았다.

도제조 김응남(金應南), 제조 홍진(洪進), 부제조 오억령(吳億齡), 의관(醫官) 양예수(楊禮壽)·허준(許浚)·이공기(李公沂)와 침의(針醫) 5명이 입시했다.

상(上)이 이르기를 "창문이 모두 닫혀 어두워서 침을 놓기가 불편하다면 열어도 괜찮다"하니, 의관 등이 아뢰기를 "열어 놓으면 침을 놓을 때에 명쾌하겠습니다." 하고, 드디어 한 칸의 창문을 열었다.

응남이 아뢰기를 "신들이 여러 의관과 밖에서 상의한 바에 의하면 요사이 날씨가 더워지고 있어서 침을 맞기에 온당치 못하다고 하여 아랫사람들의 의견이 모두 놓고 싶어 하지 않습니다."하니, 상(上)이 이르기를 "나의 생각은 기어코 맞고 싶다"하였다.

홍진이 아뢰기를 "의방(醫方)에 침을 놓을 때는 뜸을 뜨지 않고 뜸을 뜰 때는 침을 놓지 않는다고 하였는데 이번에 침과 뜸을 함께 실시하는 것은 온당치 못합니다."하니, 상(上)이 이르기를 "겨드랑 밑에 기류증이 있어서 한쪽이 너무 허(虛)하니 반드시 쑥김[艾氣]을 들이는 처방이 좋을 것 같다"하였다.

응남이 아뢰기를 "뜸뜨는 법에 반드시 50장(壯)이나 1백 장을 떠서 다 짓무른 뒤에 그만둔다고 하였으니, 이는 결코 할 수 없습니다. 기어코 뜨시겠다면 차라리 잠시 쑥김만 들이게 하는 것이 좋겠습니다"하니, 상(上)이 이르기를 "한 번의 쑥김을 들이는 것으로 효과를 볼 수 있겠는가"하였다.

응남이 아뢰기를 "신이 의관 정사민(鄭士敏)의 말을 듣건대, 우각(牛角)으로 뜨는 뜸은 한 번만으로도 효과를 본 자가 있다고 하였고, 신도 가슴을 앓는 자가 한 번의 뜸으로 효과를 얻는 것을 보았습니다. 기필코 많이 떠야 효과가 있는 것은 아닙니다."라고 했다.

상(上)이 이르기를 "침을 놓은 뒤에 뜸을 뜨는가?"하자, 의관들이 아뢰기를 "먼저 침으로 통기(通氣)를 하고 나서 쑥김을 들이는 것이 좋습니다. 그러나 경락(經絡)에 이미 침을 놓고 나서 또 쑥김을 들인다면 이미 열기가 있게 되는데, 이 뒤에 또 침을 놓고 뜸을 뜬다면 반드시 손상이 있을 것입니다. 침을 다 놓은 뒤 맨 마지막에 우각으로 뜨고 쑥김을 들이는 것이 어떠하겠습니까? 이 방법을 외간에서 사람들이 많이 쓴다고 합니다."하니, 상(上)이 이르기를 "침의가 의논하여 하라"했다.

침의들이 아뢰기를 "침을 놓고 또 뜸을 뜨고 또 침을 놓는다면 도리어 손상이 있을 것이니, 침을 다 놓은 뒤에 뜸을 뜨는 것이 좋겠습니다."했다. 상(上)이 이르기를 "그렇다면 그렇게 하라. 그리고 오른손의 굴신(屈伸)하는 곳에 어떤 기운이 이따금 내려 잠깐 사이에도 있다

없다 하고 또 당길 적도 있다. 오른편 겨드랑 밑에 기가
도는 듯하고 오른편 무릎이 늘 시리고 아픈데 대체로
오른편이 더욱 심하다. 그리고 이따금 벌레가 기어가는
것 같은 증상이 있고 온몸에 땀이 나지 않아도 이쪽은
땀이 나는데 또 추위를 견디지 못할 적도 있다"하니, 의
관들이 아뢰기를 "이는 풍기(風氣)입니다. 그러나 더러
는 습담(濕痰)이 소양경(少陽經)에 잠복해 있어서 그
러기도 합니다"하였다.

상(上)이 아래 부위에 침을 맞을 적에는 병풍을 앞에 가
리라고 명하였다.

억령 등이 아뢰기를 "전부터 침을 맞으실 적에는 신이
늘 입참(入參)하여 왔습니다. 이번에는 어떻게 하여야
되겠습니까"하니, 상(上)이 이르기를 "이번에는 전과
다르다. 발을 벗고 앉아서 재신(宰臣)을 접견하기가 미
안하다"하였다.

다시 아뢰기를 "근시(近侍)의 반열에 있으면서 침을 맞
으실 적에 입시하지 못한다는 것은 매우 미안합니다"하
니, 상(上)이 이르기를 "병풍 밖에 있으면 된다. 들어오
지 않아도 괜찮다"하고, 아래 부위에 침을 맞은 뒤에 병
풍을 걷으라고 명하였다.

상(上)이 이르기를 "침을 맞을 적에 아픈 줄도 모르고
또 피도 나지 않았으니, 이러고도 효과를 볼 수 있겠는
가"하니, 의관이 아뢰기를 "통기만 하였을 따름입니다"

하였다.

상(上)이 이르기를, "오른편과 왼편을 일시에 점혈(點穴)하고서 침을 놓았는가?"하니, 의관이 아뢰기를, "오른편의 허한 곳에 침을 놓으면 더욱 허해지기 때문에 오늘은 왼편에만 침을 놓았습니다. 오른편은 다음 날에 놓는 것이 어떠하겠습니까?"하자, 상(上)이 이르기를 "헤아려서 하라"하였다.

침놓기를 마친 뒤에 약방제조(藥房提調) 및 의관들이 차례로 나갔고, 왕세자는 문안 때문에 들어와 머물러 모시다가 침을 마친 뒤에 동궁(東宮)으로 돌아갔다.

이날 선조의 침구치료에 참여한 사람은 도제조, 제조, 부제조 등의 내의원 관료와 의관 양예수·허준·이공기와 침의(針醫) 5명이다. 침을 놓고 뜸을 뜨는 일에 내의원의 관료와 어의들이 주로 의견을 개진했다. 환자인 선조도 의학에 대한 상당한 지식을 가지고 의견을 피력하고 있다.

의관 3명의 이름 다음에 '침의(針醫) 5명이 입시했다'라고 기록되어 있고 이름은 없었다. 선조는 "침의가 의논하여 하라"며 침의들의 능동적인 참여를 유도했다. 이에 따라 이들 침의들도 적극적으로 의견을 개진했다. 침의 5명 가운데서 서열 1위는 박춘무였다.

1597년 4월14일의 침 시술이 있은 지 7일 후인 4월21일, 충청도 임천의 군수로 있는 박춘무를 서울에서 가까운 경기

도 내의 지방 관직으로 바꾸어 배치해 달라는 청을 내의원에
서 올렸다.

> 내의원(內醫院)이 아뢰기를, "임천군수(林川郡守) 박
> 춘무(朴春茂)는 침술이 정미롭고 자세하여 전부터 대
> 전(大殿)·동궁(東宮)께서 침을 맞을 적에는 외방에 있
> 어도 으레 불러왔습니다. 그런데 본군은 서울과 거리
> 가 아주 멀어서 동궁께서 또 침을 맞으시려면 형편상
> 본군에서 속히 올라오기가 어렵습니다. 경기의 한적한
> 고을로 바꾸도록 명하여 오가는데 따른 폐단을 덜어주
> 는 것이 어떠하겠습니까?"하니, 아뢴 대로 승급하여 제
> 수하라고 하였다.65)

박춘무의 침술 실력이 대단히 뛰어난데 먼 지역에서 근무
하고 있으니 가까운 곳으로 근무지를 옮기도록 해달라는 내
의원의 건의였다. 이에 선조는 승급까지 시켜 한양 주변으로
근무지를 옮기도록 명했다. 이러한 선조의 조치에 대해 실록
을 기록한 사관은 이날 다음과 같은 논평을 추가 했다.

> 사관은 논한다. 박춘무는 하나의 침술로 기용되었다.
> 전에 수령이 되었을 적에도 이미 걸맞지 않다는 비난이
> 있었는데, 이제 인천이라는 큰 고을을 제수한 것은 더
> 욱 걸맞지 않다.

위에서 침을 맞는 그 일 때문에 임천이 멀다고 한다면 경관(京官)으로 바꾸어 차정하는 것이 뭐가 어려워서 기어코 임민(臨民)의 직을 제수하려 하는가? 옛날에는 관직을 위하여 사람을 가렸기 때문에 관직에 적격자를 얻었는데 오늘날은 사람을 위하여 관직을 가리기 때문에 그 병폐를 받는다. 안타깝다. 집정(執政) 대신으로 약방제조가 되어 있으면서 이러한 계품(啓稟)을 하다니!

조정 사대부들은 의원들이 승진을 하거나 지방관 제수를 하는 것에 대해 늘 못마땅하게 여겼다. 사관의 논평은 사대부들의 뜻을 대변한 것으로 볼 수 있다.

이런 시각에도 불구하고 4월23일 박춘무는 일단 인천부사(仁川府使)에 임명된다. 그러나 4월28일 다시 다른 사람이 인천부사에 임명된 것으로 보아 박춘무의 인천부사 임명은 조정 관료들의 반대로 성사되지 못한 듯하다.

1598년(선조 31년) 3월 들어서도 임금의 한기(寒氣)는 여전하며 왼쪽 다리에 통증이 있고 부기가 있었다. 3일 내의원 도제조 이원익 등의 관원들이 왕에게 침 맞기를 권했다.[66]

선조는 7일 "나의 병이 오래도록 낫지 않아 약을 먹어도 효험이 없다"며 병세가 호전될 때까지 세자(광해군)로 하여금 중국 장수를 접대하는 일 등 군무까지 대행하게 했다.

3월12일에 약방 관원이 왕의 병에 대한 처방을 아뢰며 약을 권했으나 "약은 짓지 말라"고 거절하고, "날씨가 따스해지기를 기다려 침을 맞는 것이 좋겠으며 이 밖에는 달리 할만한 일이 없다. 불로단은 서툰 의원이 자기 마음대로 첨가해 넣어서는 안 된다"라며 단호하게 침을 맞고자 했다.

## 박춘무와 허임의 무단출타

임진왜란 시기부터 내의원에서 제일 먼저 침의로 두각을 나타낸 박춘무는 허임과 매우 절친한 사이였다. 1595년 10월에 허임이 임천을 방문했을 때 그 곳 태수로 근무하던 침의(鍼醫) 박춘무가 허임을 허 교수라고 부르며 깊이 신뢰하는 모습이 『쇄미록』에서 포착된 바 있다.

전의감의 의학교수였던 허임은 1598년 9월22일 처음으로 『선조실록』에서 내의원 침의로 등장한다. 이때 허임의 나이는 20대 후반 정도였다.

내의원 침의는 침과 뜸에 대해서 최고 수준에 이른 의원 중에서 선발됐다. 허임은 30세도 안 된 나이에 이미 침구술이 조선에서 가장 높은 수준급으로 인정되고 있었던 것이다.

『선조실록』에 따르면 내의원에서 "허임과 박춘무가 무단으로 어디엔가 나가 있으니 죄를 물어야 한다"고 보고한다.67)

내의원 도제조(都提調) 등 관원들이 온수목욕을 금하고 탕약을 권했다. 그러나 선조는 "목욕하고 침구(針灸)하는 일을 금하는 것은 의관들이 으레 하는 말이니, 저들의 말은 듣지 않는 것이 옳겠다."며 탕약을 주로 하는 의관들의 말을 신뢰하지 않으려는 태도를 드러냈다. 그리고 "우각구(牛角灸)는 하지 않을 수 없으니 날을 가려 하도록 하라"는 뜻을 피력했다.

선조의 이 말에서 나타나는 또 하나의 사실은 의관들 즉, 약을 주로 하는 어의들이 임금의 침구진료를 종종 금해 온 것을 알 수 있다.

선조는 이날 기어이 침구진료를 원했다. 그런데 이날 박춘무와 허임은 어디론가 떠나고 서울에 있지를 않았다. 내의원 관원들은 즉각 일러바친다.

> "우각구는 날을 가려 들여보내려 하나 침의 중에 박춘무(朴春茂)·허임(許任)이 모두 무단히 출타 중에 있습니다. 중대한 택일(擇日)이므로 반드시 널리 의논하여야 하니 다른 침의들이 모두 모이기를 기다려서 의계(議啓)하는 것이 타당하겠습니다. 박춘무·허임은 우선 추고하고 현재 가 있는 곳의 관원에게 재촉하여 올려 보내도록 하는 것이 어떻겠습니까?"

내의원 침의인 이들 박춘무와 허임이 가 있었던 곳이 어디였을까? 두 사람의 유명 침의들은 자주 어울려 다녔던 듯하다. 당시 이들은 뛰어난 침구술로 곳곳에서 신묘한 치료 효과를 보이며 환자들을 진료하고 다니기도 했을 것이다.

박춘무와 허임이 불려왔다. 10월5일 침구진료에 대한 의논을 거친 뒤 선조는 점심 때 침을 맞았다.

뜻밖에도 이날 선조는 도승지 신식(申湜)에게 "내가 세자 및 의관(醫官)과 함께 침실(寢室)에서 침을 맞으려고 하니, 승지와 사관(史官)은 입시하지 말라"고 했다. 도승지는 "임금께서 거동하실 때에는 사관이 반드시 따르는 법입니다"라며 임금의 침구시술 현장을 지켜볼 수 있도록 해야 한다고 거듭 강조했다. 그러나 선조는 "설령 입시한다 하여도 앉을 만한 자리가 없으니 입시하지 말라"며 물리쳤다.

도승지 신식이 세 번이나 다시 아뢰었으나 모두 윤허하지 않았다. 하는 수 없이 임금이 침을 맞는 동안 도승지와 사관 등 4명의 조정 관료들은 침실 내정(內庭)에 들어가 엎드려 있었다.

세자 광해군과 내의원 어의들이 지켜보는 가운데 침의 박춘무 허임 등이 혈을 정하고 임금에게 침을 놓는다. 지극히 사적인 영역에 속하는 침구진료에서 조정 관료들을 배제시킨 장면이다. 침을 맞는 과정에서도 임금과 조정 관료들과의 팽팽한 긴장이 흐른다. 임금에게 가장 근접한 사람은 침의였다.

선조는 9일에도 점심시간에 침을 맞았다.[68) 이 때 박춘무와 허임이 함께 내의원 침의로 선조에게 침구진료를 했다.

일주 일 뒤인 10  15   박춘무가                    .

    "들어가서 임금을 진찰하고 침을 놓고

뜸질하여 효력이 있었으므로 이 명이 있었다."고 논평을 붙였다. 이는 이 때 침을 놓고 뜸질을 하는데 박춘무가 주도적인 역할을 했음을 보여준다.

그러나 의술이 정(精)하기로 유명했던 박춘무는 그 뒤 『선조실록』에서 더 이상 나타나지 않는다. 침의 허임이 뒤를 이었다.

## "병 속히 고치는 데는 침뜸이 으뜸"

조선시대 침구의(鍼灸醫)가 전문업종으로 제도권 내에서 자리를 잡은 것은 조선 초기였다.

1433년(세종15년) 6월1일 중추원사로서 전의제조(典醫提調)를 맡고 있던 황자후(黃子厚)가 세종대왕에게 '침구(鍼灸)를 전문으로 하는 업종'을 창설할 것을 건의했다. 황자후(黃子厚)는 의약(醫藥)에 밝아 항상 전의감 제조로 있었다.69)

"병을 속히 고치는 데는 침과 뜸만한 것이 없습니다. 의원으로서 침놓고 뜸뜨는 구멍을 밝게 알면, 한 푼의 약도 쓰지 않고 모든 병을 고칠 것입니다. 지금부터 중국의 의술을 익히는 법에 의하여 각각 전문(專門)을 세우고 주종소(鑄鍾所)로 하여금 구리로 사람을 만들게 하여, 점혈법(點穴法)에 의하여 재주를 시험하면, 의원을

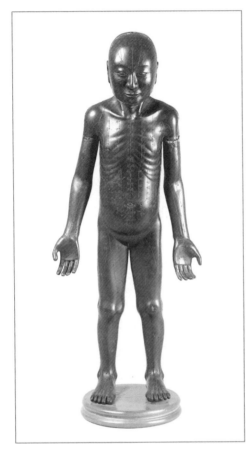

동인(銅人) : 조선. 높이 86cm, 청동. 국립고궁박물관 소장. 인간의 전신에 흐르는 경혈을 음각선으로 전후면과 사지두부 등에 선으로 새기고, 이 각 선상에 음점으로 경혈을 뚜렷이 나타낸 작품이다.
침을 놓는 자리를 정확히 표현한 것으로 우리나라 유일한 동인이다. 궁중의 내의원에서 사용하던 것으로 보인다.
세종 때 황자후는 침구전문업종 설치를 건의하면서 주종소에서 동으로 사람을 만들어 혈자리를 익히도록 하자며 침구교육방법을 제시한 바 있다.

취재(取才)하는 법이 또한 확실할 것입니다."70)


    그 후 5년 뒤 1438년(세종20년) 3월16일에 매년 침구전문생을 3인씩 채용하여 삼의사(三醫司)인 내의원과 전의감과 혜민국에 1명씩 배치하도록 했다. 조선의 제도권 내에서 처음으로 침구전문업종이 독립 분과된 것이다.

침구의는 1442년(세종 24년) 2월15일에는 제생원(濟生院)을 혁파하여 침구전문생들을 혜민서와 제생원에 분속(分屬)시키고, 매년 취재(取才) 때 삼의사의 의원들에게도 모두 침구경(鍼灸經)을 시험보게 했다. 그만큼 침구술의 중요성을 인식한 것이다.

삼의사는 조선시대 제도권 의료기관의 중심이었다. 내의원은 어약(御藥)을 관장하는 관서로서 국왕의 문안과 입진(入診) 등을 행하는 대궐안의 의약(醫藥)을 맡은 관청이다. 주로 의약 기술면을 담당했던 것으로 궁중의 종합병원과 같은 것이라 할 수 있다71).

건국 초부터 설치된 전의감은 의료정책수행의 중심기관이었다. 정부소관 각 관서의 의약에 관계되는 것을 관장하고 또 신하에게 약품을 하사하는 일을 맡았다. 전염병 대처, 기민(飢民)의 구료(救療), 각 도에 심약(審藥)을 파견하는 일, 사체의 검시(檢屍)까지 의료행정 일반을 관장하는 기구였다. 의학교육과 의과취재(醫科取才) 등의 사무도 전의감에서 맡았다.72)

혜민서는 약을 전매(典賣)하고 서민을 구료(救療)하기 위하여 설치된 관서였다. 한편 의녀(醫女)를 양성하는 일도 담당해 침술 등을 가르치기도 했다.

세종 때 이같이 제도권의 여러 기관에 침구전문생을 채용

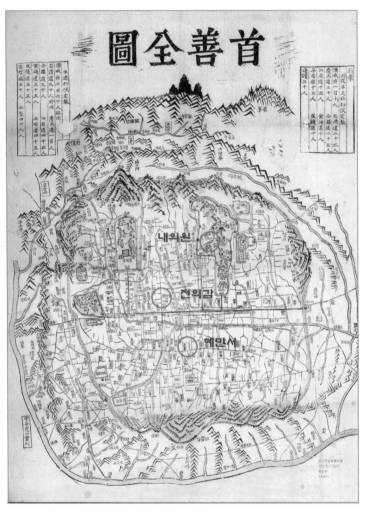

침구의(鍼灸醫) 뽑아 삼의사(三醫司)에 배치 : 세종 20년(1438년) 매년 침구 전문생을 3인씩 채용하여 삼의사(三醫司)에 1명씩 배치했다. 조선의 삼의사는 내의원(內醫院) 전의감(典醫監) 혜민서(惠民署)로서 국가 의료 전반을 관장하는 중앙의료기구이다.
수선전도 – 목판본. 조선 19세기, 김정호, 서울역사박물관.

하여 골고루 배치를 한 것이다. 그러나 이 제도는 얼마 후 폐지됐다.

단종 즉위년(1452년) 5월에 임원준(任元濬)의 건의에 따라 침구전문법이 부활됐었으나, 세조 때에 다시 이 전문별 취재가 폐지됐다.

그 후 1472년 성종은 의학권장(醫學權裝) 10조를 정하는 중에 침구전문의를 따로 설치할 것을 명하였다. 침구의(鍼灸醫)만은 그 필요성이 인정되어 침구전문법을 별도로 설치, 침구의를 따로 선발하여 삼의사에 배치하게 된 것이다.

1474년에는 중국의 침구서인 『신응경』을 간행하면서 한계희(1423년~1482년)가 서문에서 침구의 우수성을 적극 피력했다.

> 침뜸처방은 돈을 들여가며 멀리서 구하는 수고를 안 해도 되며, … 준비하기 쉽고 휴대하기도 편하며, 빈부귀천이나 병의 완급에 관계없이 적합지 않을 때가 없고, 하물며 효과에 있어서도 약으로는 기대할 수 없는 바가 있어 그 신묘함을 다 말할 수가 없다.

침뜸치료의 간편성과 경제성, 치료효과의 탁월성 등 장점을 잘 나타낸 말이다. 바로 이러한 이유로 침뜸은 어느 시대를 불문하고 대부분 환영을 받았다. 일반 백성들에게는 물론

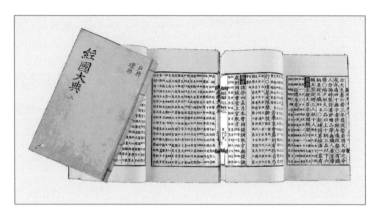

| 과별<br>科別 | 강별 講別 | 강 서 講 書 |
|---|---|---|
| 의원<br>醫員 | 송(誦)<br>[배강(背講)] | 찬도맥(纂圖脈) 동인경(銅人經) 50세 이상이면 배강(背講)함 |
| | 임문(臨文) | 창진집(瘡疹集) 직지방(直指方) 구급방(救急方) 부인대전(婦人大全) 득효방(得效方) 화제방(和劑方) 본초(本草) 자생경(資生經) 태산집요(胎産集要) 십사경발휘(十四經發揮) |
| 침구의<br>鍼灸醫 | 송(誦) | 찬도맥(纂圖脈) 화제지남(和劑指南) 동인경(銅人經) |
| | 임문(臨文) | 직지맥(直指脈) 침경지남(針經指南) 자오유주(子午流注) 옥룡가(玉龍歌) 자생경(資生經) 외과정요(外科精要) 십사경발휘(十四經發揮) 침경적영집(針經摘英集) |

조선 초 세종20년(1438년) 매년 침구전문생을 3인씩 채용하여 삼의사(三醫司)에 1명씩 배치하던 침구전문업종 제도는 폐치를 거듭하다 성종 3년(1472년) 침구의(鍼灸醫)만은 그 필요성이 인정되어 다시 침구전문법을 별설(別設)해 시행됐다. 이 제도는 경국대전에 명시되어 자리를 잡아 1746년(영조 22년) 속대전, 1785년(정조 9년)의 대전통편(大典通編) 및 1865년(고종 2년)의 대전회통(大典會通) 등에도 그대로 이어졌다. 일반적으로 침구의는 침의라고 불렀다. 이 제도에 따라 침의는 구한말까지 조선의 정통 의료인으로 중요한 일익을 담당했다.

이요 왕실이나 관료들에게도 꼭 필요한 치료수단이었던 것이다.

1485년 마침내 약 1세기에 걸쳐 완성한 조선 최고의 법전 『경국대전』의 의과취재(의과고시 또는 의과시험)에 침구분야와 약제분야의 취재를 분리한다고 기록하고, 침구를 분리·독립할 것을 법으로 규정하여 시행하기에 이르렀다. 이에 따라 『경국대전』에 의과 시험에서 침구의 취재를 위한 별도의 과목이 선정되었다.[73]

침구전문업종의 창설 이후 침구분야는 전문영역으로 정착하면서 크게 발전했다. 특히 17세기에는 조선의학사 중에서도 침구의학이 괄목할 정도로 발달한 시기다.

당시 침구의는 일반적으로 침의(鍼醫)라고 불리어졌다. 침의는 제도화된 의료체계 내에서 활동한 정통 의료인이었다. 그들 중에는 내의원의 관할 하에 활동하는 경우도 있었고, 의무(醫務)와 관련된 직책으로부터 지방관에 이르기까지 관직을 맡기도 하였다. 그들은 결코 아웃사이더적인 존재가 아니었다.[74]

조선의 지식인들도 침구치료의 유용성과 침구의의 필요성은 늘 인정했다. 하지만 관료들은 학문적으로 침구에 대해 연구했지만, 직접적인 침시술에는 소극적이었고, 제도적인 육성과 배려는 부족했던 것으로 보인다.

이는 침구와 같이 기술적 측면이 강한 분야에 대해 소홀히 여기는 경향을 보여주는 것이기도 하다. 특히 종기를 째고 피고름을 닦아야 하는 치종 중심의 조선침술은 당시 사회적 경향으로는 천한 행위로 취급되기 일쑤였다.

## 유성룡 "우매한 아낙네라도 침뜸하도록 할 터"

임진왜란을 거치면서 침구에 대한 인식은 크게 달라져 왕실에서도 자주 쓰였고, 양반사대부들 사이에서도 그 활용이 대단히 빈번해졌다. 그리고 침과 뜸을 잘 이용하면 백성들의 고통을 더는데 크게 유용할 것이라는 인식이 지식인들 사이에서도 더욱 널리 퍼져갔다.

임진왜란의 한 가운데서 전쟁의 참화를 겪은 조선의 고위 관리 유성룡이 침구서를 집필한 시기도 이때쯤이다. 1600년(선조 33년) 유성룡은 '의학입문'이라는 명나라 의서의 침구편 부분을 정리하여 '침구요결(鍼灸要訣)'이라는 책을 저술했다.

조정에서 영의정까지 지낸 그는 이 책의 서문에서 "침과 뜸은 효험이 빠르니 향리(鄕里) 사람으로 침놓는 법을 거칠게 이해하고 있는 사람이라도 처방을 살펴 혈자리를 구하면 스스로 가히 병을 치료할 수 있어 번거롭지 않아도 된다"라며 침뜸의 실용성을 높이 평가했다.

그는 서문에서 또 자신이 엮은 침구요결에 대해 "각 경락

(經絡)을 분류하고, 혈(穴) 자리 아래에 치료법을 두어 보는 사람으로 하여금 한번 보기만 하면 깨닫게 하여 달리 찾을 필요가 없게 하였다"라고 소개하고, "장차 언해로 번역해 내어 우매한 아낙네라도 가히 이해할 수 있도록 하겠다"라며 침뜸을 백성들의 생활의술로 자리 잡도록 하려는 뜻을 피력했다.

가까이 몸에서 사물의 이치를 취하면 백물(百物)은 모두 갖추어진다. 오장육부 12경락 365혈로부터 위로 천지음양(天地陰陽)의 운(運)과 더불어 꼭 맞아 떨어져 빈틈이 없으니, 조화(造化)의 묘(妙)에 마음으로 통하여 삼재(三才)를 통관(洞觀)하는 자가 아니면 그 누가 능히 알 수 있겠는가? 의학의 도(道)가 지극한 것이다. 근세 중원에 『의학입문(醫學入門)』이라는 책이 있는데 『소문(素問)』과 『난경(難經)』을 깊이 있게 연구하여 제가(諸家)의 학설을 절충한 것이다.

그러나 그 약물을 사용하여 병을 치료하는 처방이 복잡다단하고 변화무궁하여 읽는 이가 이것을 얻어도 저것을 잃고 밖을 엿보아도 안을 놓치니 비록 정신이 피곤할 정도로 집중하여 읽어도 쉽게 그 울타리를 알 수가 없거늘 하물며 그 깊은 뜻에 있어서랴.

나는 어린 시절부터 병이 많았는데 이 책을 얻고 수 년 동안 열람해보고 일찍이 매우 기뻐하지 않음이 없었고 일찍이 분명하지 않다고 느끼지 않음이 없었다. 무릇

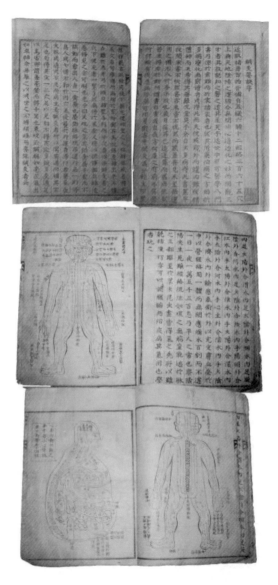

유성룡이 1600년에 지은 『침구요결』은 1901년에야 후손들
에 의해 간행됐다. 자료사진: 연세대학교 의과대학 동은의학
박물관 제공.

나의 소견이 지극해지지 않아서 운용(運用)의 벼리가 나의 손에 들어오지 않은 연고 때문이다.

세월이 흘러 더디어짐에 닥쳐서 구병(舊病)이 여전히 고통스러워 이에 힘을 얻지 못하니 이른바 책은 책이고 나는 나일뿐이라, 또한 어찌 유익함이 있겠는가?

작년에 하촌(河村)에 기거할 때 많은 질병이 있었지만 치료할만한 의약(醫藥)이 없어서 다시 책(『의학입문』을 말함) 중에 있는 「침구편(針灸篇)」을 보니, 경락(經絡)을 나누어 되어 있는 주치(主治)가 모두 상세히 실려 있었다. 그 효험 얻는 것이 혹 하약(下藥)보다는 더욱 빠르니 향리(鄕里) 사람으로 침놓는 법을 거칠게 이해하고 있는 사람이라도 처방을 살펴 혈자리를 구하면 스스로 가히 병을 치료할 수 있어서 가루약을 삶는 일로 번거롭지 않아도 된다.

그 설을 돌아 보건데 잡출(雜出)이 근심되는데 노년의 정력으로 참고하기 어려워 이에 한가한 날에 각 경(經)을 유취(類聚)하여 혈(穴)을 나누어 혈(穴)의 아래에 치법(治法)을 두어 보는 사람으로 하여금 한번 보기만 하면 깨닫게 하여 달리 찾을 필요가 없게 하였고 또한 장차 언해로 번역해 내어 우매한 아낙네라도 가히 이해할 수 있도록 하겠다.[75]

애민정신이 가득한 유성룡의 침구요결은 아쉽게도 당대에

널리 전해지지는 못했다. 이 책은 300년이 지난 1901년에 후손인 유오영(柳伍榮)에 의해 인쇄되었다.

## 일세에 이름을 날리는 침의들

허임이 허준과 나란히 선조를 치료하는 모습이 나타나는 때는 1601년(선조 34년) 봄. 허임의 나이는 30대 초반에 접어들었고, 허준은 60대에 이른 노련한 내의원 수의(首醫)였다.

3월24일 내의원 도제조 김명원과 제조 유근, 부제조 윤돈이 선조에게 진료계획을 아뢴다.

> "내일 주상께서 침을 맞으셔야 합니다. 신들이 다시 의관들과 반복해서 상의해 보니 반드시 먼저 여러 차례 침을 맞아 경맥(經脈)을 통하게 한 뒤에, 허한(虛寒)과 사기(邪氣)가 모이는 곳을 보아서 그곳에다 우각구(牛角灸)를 떠서 진기(眞氣)를 보충해야 한다고 합니다. 병을 치료하는 처방의 차례가 그러하니 내일은 먼저 침만 맞으시는 것이 어떻겠습니까?76)

아뢴 대로 하라는 승낙을 받고 다음날인 25일 선조가 편전에서 침을 맞았다.77) 왕세자 광해군이 입시하고, 내의원 제조 김명원 유근, 부제조 윤돈도 둘러섰다.

어의인 허준 이공기가 함께 입시한 가운데 침의 김영국과 허임이 침을 놓는다. 2시간 정도나 걸렸다. 둘러 앉아 있던 제조 유근이 방귀를 뀌었다. 임금의 지척에서 감히 방귀를 뀐 것이다. 사관은 이 사실까지 빠트리지 않고 사초에 적고 "이는 위인이 경솔한 소치이다"라고 실록에 논평까지 덧붙여 넣었다. 오전 10시 전후가 되어서야 침구진료가 끝났다. 선조는 진료에 참여한 관계자들에게 수고들 했으니 술을 하사하라고 명했다.

선조는 이날부터 4월10일까지 이틀에 한 차례씩 7차례 침을 맞았다. 침의 허임과 김영국은 임금의 침 시술에 줄곧 참여했다.

또 한사람의 유명 침의인 남영이 이 때 합류한다. 실록은 3월29일 선조가 침을 맞을 때 "침의 유학(幼學) 남영(南嶸)도 입시했다"라고 기록하고 있다.[78] '유학(幼學)'은 벼슬하지 않은 유생이란 뜻이다.

남영(1548년~1616년)의 본관은 의령(宜寧)으로 유생 출신의 침의였다. 그는 군수(郡守) 남숙의 손자로 양반가문 출신이었다. 경상도 상주에서 태어난 그는 1604년 선조를 치료한 공으로 허임과 나란히 당상관이 되고, 1606년에는 양성(陽城, 현재 안성군 양성면)의 현감(縣監)이 되었다. 남영은 1616년(광해군 8년)에 세상을 떠날 때까지 침구의원으로 허

경북 상주 은척에 있는 침의 남영의 묘. 묘갈명(墓碣銘)은 '동창이 밝았느냐 ~'라는 시조로 유명한 남구만이 1707년에 썼다.

임과 같은 시대를 살아간 인물이다.

선조의 침 치료에 처음 참여했을 때 남영의 나이는 50대 초반이었다. 1548년(명종 3년) 출생으로 허임 보다는 나이가 20세 이상이 많았다.

4월10일 내의원 도제조 김명원과 제조 유근, 부제조 윤돈이 그간의 진료경과를 선조에게 보고를 한다. 처음에 계획한 대로 먼저 여러 차례 침을 맞아 경맥을 통하게 한 뒤에, 허한(虛寒)과 사기(邪氣)가 모이는 곳을 보아서 그곳에다 우각구를 떠서 진기(眞氣)를 보충한다는 진료방침에 따라 이제는 뜸을 떠야할 때가 됐다.

"오늘 뜸을 뜬 혈에 대하여 의관들과 다시 반복해서 의논하였습니다. 성후(聖候)의 우측으로 내려오는 기(氣)가 모두 발의 소양 경맥(少陽經脈) 속에 있는데, 어제 계품한 삼리혈(三里穴)은 요긴한 혈이기는 하지만, 그것은 발의 양명 경맥(陽明經脈)이지 소양 경맥의 혈이 아니므로 이 혈을 빼고 그 대신 소양 경맥의 풍시혈(風市穴)에 뜸을 뜨는 것이 합당하며, 또 우협(右脅)으로 내려오는 부분도 소양 경맥이므로 그 중에서 한 혈을 취하면 이곳이 바로 아시혈입니다. 아울러 쑥 기운이 들도록 뜸을 떠서 상하의 경맥이 통하도록 하는 것이 합당하겠기에 감히 아룁니다."79)

내의원 제조와 부제조 등은 의관이 아니다. 그러나 임금에게 보고하는 모습을 보면 이들 조정 관료들도 경혈과 경락 등 침구학에 상당한 지식이 있었음을 알 수 있다.

임금의 병을 놓고 의관들이 여러 차례 논의하여 어느 자리에 뜸을 할 것인지를 정한 뒤 환자인 선조에게 알려주고 의견을 묻는다. 그렇게 해도 좋다는 승낙을 받고 침의들과 다시 뜸을 몇 장 떠야 할지에 대해 의논했다. 내의원 제조가 선조에게 보고한 바에 따르면 쑥 심지를 만들어 사전에 시험을 해 보기도 했음을 알 수 있다.

"신들이 삼가 하교를 듣고 침의(鍼醫)들과 상의한 결과,

성상께서 맞으신 침이 이미 7차례나 되어 혈의 수효가 매우 많은 데다 성후(聖候)에 본래 허열(虛熱)이 있으셨기 때문에 이로 인하여 허열이 더할까 항상 염려되었습니다. 그래서 전에 그 점을 참작해서 쑥뜸의 수효를 7장으로 할 것을 아뢰었던 것입니다.

대체로 작구(灼灸)는 쑥심지[艾炷]가 매우 작지만, 우각구(牛角灸)는 쑥심지가 매우 크기 때문에 피부는 타지 않으면서도 뜨거운 기운은 배나 더합니다.

근일 시험하여 보니, 3~5장 정도에서도 쑥 기운이 피부에 스며드는 것을 느꼈습니다. 이러한 것으로 헤아려보면 절대 7장 이상은 안 될 것입니다. 더구나 6곳에 뜨는 수효를 모두 합하면 42장이니 그 수효가 역시 많습니다. 우선 전에 의논드린 대로 각각 7장씩만 뜨는 것이 합당하겠습니다. 감히 아룁니다."[80]

선조의 승낙을 받은 뒤 뜸을 떴다. 며칠 뒤 내의원에서 임금을 찾아 "성상께서 7차례의 침을 맞으시고 또 7장의 뜸을 뜨셨으니, 상의 옥체가 무리하셨을 것입니다. 매우 걱정되어 문안드립니다"라고 여쭙자 선조는 "평안하다"고 답했다.

보름간에 걸친 침구진료과정에서 직접 임금에게 침구시술을 한 사람은 침의 남영과 김영국과 허임이었다.

가을이 되자 선조는 오른쪽 팔꿈치 관절에 시고 당겨지는 증세가 생겼다. 9월11일 약방 도제조 김명원, 제조 구사맹,

승지 김시헌이 선조에게 침을 맞고 뜸을 할 것을 권했다.

> "신들이 의관(醫官) 및 침의(針醫)와 상의한 결과, 성상
> 의 오른쪽 팔꿈치 관절에 시고 당겨지는 증세가 있는
> 것은 분명히 차고 습한 기운이 다 사라지지 않고 관절
> 사이에 스며 있어서 그런 것이니, 아시혈(阿是穴)에 침
> 을 맞고 다음날 쑥뜸을 하면 필시 효험을 빨리 볼 수 있
> 다고 하였습니다. 감히 아룁니다."81)

선조는 즉각 "그렇다면 침을 맞겠다"고 답했다.

선조는 침을 맞고, 다음날인 13일 먼저 곡지혈(曲池穴)과
아시혈 두 곳에 7장씩 뜸을 떴다. 바로 증상의 호전이 있었던
듯 선조는 더 이상 불편함을 호소하지 않았다.

그로부터 9개월이 지난 1602년 6월12일. 선조가 내의원 의
관과 관료들에게 야단을 친다.

김영국·허임·박인령 등과 같이 침을 잘 놓아 일세를 울리
는 사람들을 고향에 물러가 있도록 한 것에 대해 책임을 강력
히 추궁했다.

> "모든 의관(醫官)은 서울에 모여서 상하의 병을 구제하
> 여야 하는데, 의관 김영국 · 허임 · 박인령(朴人苓) 등
> 은 모두 침을 잘 놓는다고 일세를 울리는 사람들로서
> 임의로 고향에 물러가 있으나 불러 모을 생각을 하지

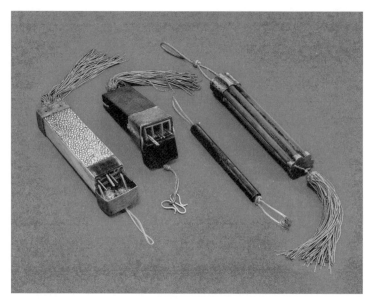

침통 : 조선. 15cm 직경 2.5cm, 나무. 연세대학교 의과대학 동은의학박물관.

않으니 설사 위에서 뜻밖에 침을 쓸 일이라도 있게 되
면 어떻게 할 것인가? 내의(內醫)와 제조 등은 그 직책
을 다하였다고 말할 수 있겠는가. 약방(藥房)에 말하
라."82)

임금의 입으로 김영국 · 허임 · 박인령(朴人苓)이 모두 침으
로 일세를 울리는 사람들이라고 표현했다. 이들 명의들이 임
의로 고향에 물러가 있다는 것이다.
김영국은 김제가 고향이니 거기에 가 있었을 것이다.
그런데 허임은 서울에서 태어났으니 한양에 없으면 어디로

가 있었을까? 그리고 그 곳에서 무엇을 했을까?

조선왕조실록에는 임금의 일거수일투족이 대부분 기록되어 있으니 허임을 비롯한 침구의원들이 임금을 진료한 활동도 상세히 남아 있다.

하지만 그 외에 허임이 환자를 치료한 기록은 그리 많이 남아 있지 않다. 조정 사대부들을 진료한 기록이 양반가의 문집에서 간혹 발견될 뿐이다. 남아 있는 기록만으로 보면 허임이 마치 내의원에서 임금과 일부 사대부가만을 진료한 것으로 보일 수 있다.

16세기 후반에서 17세기 전반에 왕실의료에서 침의가 차지하는 비중은 갈수록 높아갔고, 허임도 중요한 일익을 담당한 것은 사실이다. 하지만 허임의 역할이 거기에 머무르지 않았다는 것은 조금만 미루어 짐작을 해 봐도 상상할 수 있다.

기록으로 남아 있지 않은 부분을 그려내는 일은 순전히 독자들의 몫이다. 침구로 병을 치료하는데 가장 뛰어난 유명 침구의원 허임이 임금을 치료하지 않은 기간의 행적은 역사적 상상력에 맡길 수밖에 없다.

분명한 것은 허임은 가는 곳마다 침구로 환자를 치료했다는 것이다. 침 몇 개와 뜸쑥만 있으면 갖가지 종류의 질병을 치료할 수 있으니 침구의원이 머무는 곳이 바로 종합의료기관이었을 것이다.

그때그때 필요한 약재를 각각 구해야 병을 치료할 수 있는 약물전문의원과는 그 기동성이 달랐다. 침구의원은 전국 어디로든 왕진이 자유로웠다.

## 일본 사신행차에 침의(鍼醫)가 동행하다

조선 중기부터 후기까지 내의원 침의들을 기록한 '내침의 선생안'이 있다. 이 명단에 선조가 침을 잘 놓아 일세에 이름이 난 것으로 표현하고 있는 박인령(朴仁苓)이 첫 번째로 기록되어 있다.

나주가 본관인 박인령은 박인전(朴仁荃)과 나란히 내의원 침의로 활동한 것으로 소개되어 있다. 둘은 형제 사이인 것으로 보인다. 박인령과 박인전은 둘 다 전의감 치종교수를 거쳐 내의원 침의로 근무한 경력이 있는 사람들이다.

박인령은 토목과 영선을 담당하는 기관인 선공시(繕工寺)의 종6품관 선공주부(繕工主簿), 박인전은 동부주부(東部主簿)를 역임하기도 했다.83)

임진왜란 때 왕을 호종한 공신으로 1604년 녹훈한 이들의 명단인 호성원종공신녹권(扈聖原從功臣錄券)에서 박인전은 의학교수로, 박인령은 인의(仁義)의 벼슬로 기록되어 있다.84) 인의(仁義)라는 벼슬은 의식 때 식순에 따라 구령을 외치는 일을 맡아보던 종6품 문관벼슬이다.

1606년(선조 39년) 10월16일 일본으로 떠나는 회답사(回

答使) 여우길은 임금에게 침의 박인전을 데리고 가겠다고 요청했다. 임진왜란 뒤 처음으로 일본으로 가는 사절단이었다.

"해외에 가면 풍토에 익숙하지 않아서 허다한 원역(員役)이 병이 나는 경우가 반드시 없으리라고 보장할 수 없으니, 침의(鍼醫)·약의(藥醫)는 극진히 가려야 할 듯합니다. 한 관사(官司)에서 두 사람을 함께 데려가기 어렵다면, 침의(鍼醫)는 중요하므로 박인전(朴仁荃)을 계청한 대로 데려가고 약의(藥醫)는 또한 혜민서(惠民署)를 시켜 관례에 따르지 말고 극진히 가려서 차정(差定)하게 해야 하겠습니다."85)

이 요청에 따라 다음날인 10월17일 침의 박인전이 일본 사신행차에 동행하기로 결정했다. 임진왜란 이후 조선과 일본의 침술교류가 다시 시작됐다. 당시 일본에서 조선의 사신을 맞이하는 사람들 중에 다수가 의원들이었기 때문에 침의 박인전의 방문은 큰 환영을 받았을 것이다.

허임과 한 시대를 같이 한 또 한 명의 침의가 김영국이다. 김영국은 1543년 경 김제의 김적석(金積碩)의 아들로 태어났다. 김영국은 20대 중반에 종9품의 전의감 참봉86)이었다. 그는 전의감 재직시절 유희춘의 약 심부름을 자주 했다.

조선 중기의 문신 유희춘이 쓴 『미암일기(眉巖日記)』에

전의감(典醫監) 터 : 종로구 견지동 397번지 (조계사 앞) 구한말에는 우리나라 최초의 근대적 우정행정을 보던 우정총국 관아로 쓰여 현재는 우정박물관이 들어있다.

따르면 1568년 3월26일 전의감 의원 김영국이  대공천포환(大工天疱丸)을 만들어 가거나 문안인사를 하러 유희춘을 방문한 적이 있는 것으로 기록되어 있다. 그는 약값으로 쌀을 받아 가거나 부채 등의 선물을 받아가기도 했다.

그는 침술이 뛰어나 내의원 침의로 발탁됐다. 그 후 김영국은 1604년 청양현감에 부임하기도 하고,[87] 광해군 5년(1613년) 그의 나이 70세에 이른 때에도 6품의 벼슬을 하며 침의로 활동한 사실이 확인된다.[88] 김영국은 허임보다 나이가 무려 26~27세가 많았다.

# 『소설 동의보감』엔 침의가 딱 한번

허임이 어렸을 때 이미 허준은 대단한 명의였다. 1575년의 『선조실록』에서 "명의(名醫) 안광익과 허준이 들어가서 상의 맥(脈)을 진찰했다"는 기록이 있다. 그 때 허임은 이제 예닐곱 살 된 어린 아이였다.

허임이 부모의 병을 치료해 준 의원의 집에서 심부름을 해 주며 의술에 눈을 떠 갈 무렵 허준에 관한 이야기를 들었을 것이다. 허임이 들은 허준에 관한 이야기는 어떠한 내용이었을까?

소설과 드라마에 의해 알려진 허준에 관한 이야기는 완전히 허구이다. 역사적 사실을 완전히 무시하고 지어낸 인물이다. 사람들은 가상의 인물 허준을 역사적 인물로 착각을 하고 있다.

『소설 동의보감』의 재미를 한껏 더해주는 기본구도는 허준의 스승 유의태와 내의원 수의인 양예수 간의 의술 대결과 허준의 감동적인 인술이다. 이야기는 이를 축으로 구성되어 있다. 그 중심에는 의술이 있고, 그 의술의 핵심은 침술이다.

그런데 이 『소설 동의보감』의 주인공인 허준은 역사상의 실제한 허준과는 완전히 다른 인물이라고 할 수 있다. 거의 동명이인이라고 할 정도다.

허준의 스승으로 등장한 유의태도 물론 허구의 인물이다.

선조 때가 아니라 100년 쯤 후 숙종 때 경남 산청에서 유명한 의원 이었던 유이태(劉爾泰 또는 劉以泰)를 모델로 삼은 것으로 추측된다. 유의태와 그 아들 유도지도 소설 속에만 존재하는 가공인물이다.

역사상 실재했던 허준과 양예수는 조선 중기 조선 최고의 명의로 알려진 인물이어서 실제로 이들의 침술 실력이 과연 어느 정도였을까 궁금해진다.

그런데 그들의 침술을 알아볼 수 있는 자료는 어느 곳에도 없다. 실제 역사속의 양예수와 허준은 모두 침술의 명의가 아니었다. 16세기의 조선은 이미 침구는 전문영역으로 제도화되어 크게 발전하고 있었다. 더구나 전의감 내의원 혜민서 등 중앙의료기관에서는 침의를 별도로 선발하여 근무시키는 제도가 실행되고 있었다.

'침의'라는 말이 『소설 동의보감』에 딱 한번 등장한다. 유의태가 내의원 취재(取才)에 합격하고 돌아온 아들 유도지에게 내의원에 대해 언급하면서 한마디 하는 가운데 침의의 성명이 거론된다.

'천하에 내노라 하는 의원들만 모인 곳'을 설명하면서 유의태의 입을 통해 어의(御醫) 양예수, 상약(尙藥) 이봉정(李奉貞), 침의(鍼醫) 김윤헌(金允獻), 그 밖에 남응명 정희생 박춘무 김영국 등 당시 내의원 근무자들로 거론한다.

이들은 모두 역사 속에 실존했던 인물들이다. 그런데 김윤

헌 남응명은 실록에 등장하는 의원들이기는 하지만, 침의는
아니었다. 조선 중기부터 후기까지 내의원의 어의와 침의와
의약동참(議藥同參)을 기록한 『태의원 선생안』에 보면 김윤
헌 남응명은 내침의가 아니라 그냥 내의원의 의원으로만 기
록되어 있다.

　박춘무 김영국은 다 침술에 대단히 능한 내의원의 침의들
로 활동한 것이 분명하다. 박춘무는 침이 정미롭고 자세하기
로 정평이 난 사람으로 실록에서 전한다. 김영국은 허준 등
내의들이 입시한 가운데 다른 침의들과 함께 임금을 침으로
치료한 유명한 침의였다. 실록에서 선조의 침구시술에 입시하
는 의원명단에 박춘무 · 김영국의 뒤이어 이름이 나오는 정희
생도 침의였다.

　『소설 동의보감』의 시대적 배경은 임진왜란 직전까지이
다. 단 한차례 언급한 정희생 박춘무 김영국은 임진왜란이 발
발한 뒤에 내의원에서 두각을 드러낸 침의들이었다.

　『소설 동의보감』의 필자가 조선시대의 침의에 대해 정확
하지는 않지만, 그 존재에 대해서는 분명히 알고 있었다는 흔
적이다. 그러나 어떤 이유에서인지 소설의 저자 이은성은 '침
의'라는 말을 더 이상 거론하지 않았다. 물론 『소설 동의보
감』에는 침술의 대가인 허임의 이름은 단 한 차례도 등장하
지 않는다.

　『소설 동의보감』 전편에 흐르는 침술의 위치를 생각하면

침의의 존재에 대해 충분히 주목했을 법도 한데 더 이상 '침의'에 대한 이야기는 등장하지 않는다. 그리고 소설 말미에 허준을 혜민서 침구과에 근무하는 의원으로 만들어 버린다.

내의원 중에서 침을 잘 놓은 사람이 있을 수도 있다. 그러나 기록상에 나타난 사람은 이공기 정도이다. 그는 침의는 아니지만 침폄술(針砭術)에 능하다는 표현이 『선조실록』에 한 차례 나온다. 소설 속에서 이공기는 허준과 함께 내의원 의원이 되어 활동하는 것으로 묘사되어 있다.

『소설 동의보감』에서 유의태의 친구이자 당대의 명의로 묘사한 안광익도 실제 역사에서는 침의가 아니었다. 그런데 그도 침술의 대가로 부각시켜 놨다.

『소설 동의보감』에서 유의태의 친구 안광익은 해부를 하기 위해 무덤 속에서 시신을 파도록 하는 상황까지 설정을 한다. 당시의 정서로 시신을 훼손하는 일은 절대적인 금기사항이었다.

실제로 임진왜란 당시에 시신을 해부한 사람으로 거론되는 사람은 전유형(全有亨)이다. 괴산(槐山)의 유생이었던 전유형은 임진왜란이 일어나자 조헌(趙憲)과 함께 의병을 일으켜 전공을 세우고 1594년 청안현감(淸安縣監)이 되었고, 1605년 정시문과에 장원, 광해군 때 형조참판을 지낸 인물이다. 그는 1624년 이괄의 난이 일어나자 반란군과 내통한다는 무고를 받아 성철(成哲) 등 37명과 함께 참형되었다.

17세기 실학자 이익의 『성호사설』에 전유형이 임진왜란 때 시체 3구를 해부해 '오장도(五臟圖)'를 남겼지만 시신훼손의 재앙으로 비명횡사했다는 세간의 이야기가 전해진다.

임진왜란이라는 전시상황에서는 칼을 휘두르면 내장이 쏟아져 나오고, 머리와 몸통과 사지가 따로 돌아다니는 경우도 허다했을 것이다.

그런데 『소설 동의보감』의 시대적 배경은 임진왜란 이전이다. 왜 저자 이은성은 인체해부에 깊은 관심을 보였을까? 그것은 소설적 재미를 만들어 내기 위하여 침술을 소재로 삼았고, 침술 이야기를 보다 드라마틱하게 엮어 가고자 인체해부라는 허구를 설정한 것이다. 사람을 치료하는 침술의 대가가 되려면 인체를 속속들이 들여다 볼 정도가 되어야 한다는 가정을 한다.

소위 '구침지회'(九針之會)를 설정한 것도 이런 이유 때문이다. 허준의 스승으로 설정한 유의태와 어의 양예수와의 침술경쟁은 살아있는 닭에다 아홉 가지의 침을 침 머리가 보이지 않게 찔러 넣는 게임으로 설정했다. '닭의 내장과 근육 등 각 기능을 거의 들여다보듯이 하지 않고는 불가능한 경지'라면서 몇 개를 찔러 넣느냐에 따라서 의술의 경지가 어느 정도인지를 가늠한다는 것이다.

『내경(內經)』에는 침을 9종으로 분류해 소개하고 있는데 이를 고대구침(古代九鍼)이라 한다. 구침의 모양은 시대나 만드는 사람에 따라 조금씩 그 형태가 달랐을 것으로 여겨지지만 대체로 그 사용법에 따라 나누어 보면 3종으로 구분할 수 있다. 자입(刺入)하는 침은 원리침 호침 장침 대침이고, 자입하지 않고 압박하거나 마찰하는 침이 원침 시침이고, 참침 봉침 피침은 피부를 절개하거나 사혈 또는 배농(排膿)하는 침이다.

『소설 동의보감』에서는 닭에다 다섯 침까지 찔러 넣으면 범의(凡醫), 여섯이 교의(巧醫), 일곱이 명의(名醫), 여덟이 대의(大醫), 아홉이 태의(太醫)라고 설정을 했다. '구침지회'는 역사적 사실과는 관계없는 하나의 소설적 장치이다. 소설 속에서 유의태가 병든 자신의 몸을 내놓고, 허준으로 하여금 신체해부를 하게 한 것도 같은 맥락이다. 인체에 대한 해부학적 이해의 정도를 침술의 실력과 연계시키려고 한 것이다.

사실 조선시대엔 침과 뜸이 아니면 인술로서 의술을 베푸는 일이 대단히 어려웠다.

약물은 대체로 양반의 치료법이었다. 약재를 구하는 일이 쉬운 일이 아니다. 특히 지방에서는 약물부족이 더욱 심했다. 16세기 문집이나 일기에 나타난 향촌에서의 약물 이용은 약재시장이 활성화되어 손쉽게 약재를 구하던 조선후기의 상황과는 전혀 다른 모습이었다. 양반 사대부들의 경우도 상호부조를 통해서나 약을 얻을 정도였으므로 대부분의 일반 백성들은 병이 나면 약재가 필요 없는 침구나 무당의 굿판에 의존할 수밖에 없었다.

침뜸을 일약 고급의술로 등극시킨 사람들은 허준이나 양예수 같은 약의(藥醫)들이 아니었다. 주로 종기치료에서 의술을 시작한 침의들이었고, 침술 대가였던 허임의 『침구경험방』이 침뜸술을 고급의술이면서도 대중적 의술로 만들었다.

## 고위 관료에겐 약물(藥物)이 넘쳐

향약에 대한 연구가 많이 이루어졌으나 조선 후기 약재의 유통망이 형성되기 전까지 지방과 일반 백성들 사이에서는 제대로 약재를 구해서 처방하는 일은 대단히 어려운 일이었다.

1668년 네덜란드 사람 하멜이 조선에 표류하여 쓴 『난선 제주도 난파기 부 - 조선국기』에 조선 사람들의 의료생활에 대한 다음과 같은 기록이 들어 있다.

"그들은 병이 들 때엔 자국산 약초를 복용했는데 보통 백성들은 그것을 알지 못하고, 모든 의원은 거의 상류 인간에 쓰인다. 그리하여 의원을 쓸 형편이 못 되는 빈민들은 그 대신 맹인(판수, 맹인점쟁이), 복자(卜者, 점쟁이)를 쓰곤 한다."

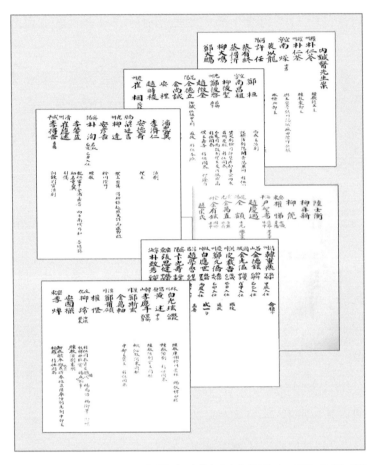

「태의원 선생안」附 兩廳 중 「내침의 선생안」(아세아문화사 1997. 2.18. 『창진집 외 1종』) : 조선 세조 때부터 후기 철종 때까지 내의원 근무자 명단이 「태의원 선생안」「내침의 선생안」「의약동참 선생안」으로 기록이 남아 있다. 이 중 「내침의 선생안」에는 202명의 내침의가 기록되어 있다. 이들 중 대다수는 의원과거시험을 거치지 않고 침구(鍼灸)의 명의로 이름이 나서 천거되어 내의원 침의가 된 사람들이었다. 대부분이 과거시험을 거쳐 내의원에 발탁된 「태의원 선생안」의 387명의 내의원의 경우와는 정반대의 양상이다. 과거시험을 보지 않은 내의원 침의가 이렇게 많은 것은 민간에서 오랜 임상경험을 통해 몸으로 습득하는 침술의 특징을 나타내는 것이기도 하다.

가난한 백성들과 천인들 사이에서 약은 너무 멀었던 것이다. 약재 사용의 양반 편중은 16세기엔 더욱 심했다. 중앙의 고위관료는 약물(藥物)과 의원들을 마음대로 부릴 수 있었다. 고위 관료일수록 약물을 선호했고, 침이나 뜸, 굿 같은 것이 상민(常民)들의 치료법으로 인식되었던 것이다.

조선 중기의 고위관료 유희춘이 쓴 『미암일기』에는 30여 명의 의원의 이름이 보인다. 1567년부터 1577년까지의 일기에 나타난 이들 의원들 중에 약의(藥醫)가 23명, 침의(鍼醫)가 1명, 의녀(醫女) 3명, 마의(馬醫) 3명이다. 이름이 표기 되지는 않았지만 종기의(腫氣醫)와 의생의 존재도 나타난다.[89]

미암일기에 등장하는 의원들은 대부분이 약의이고, 침의와 침술의 존재는 미미하다. 미암일기의 수많은 의약 관련 기사 중에서 침술과 침의에 대한 기사는 한 손에 꼽힐 정도로 드물다.

1568년 6월23일 미암일기에 유희춘의 처가 설종을 앓아 의녀(醫女)인 선복이 와서 침을 놓았다는 기록이 있다. 또 유희춘의 딸이 면종(面腫)을 앓아 의녀 선복을 불러 침을 놓았다는 기사가 1568년 9월26일과 10월11일 자에 나타나 있다. 딸의 면종은 의원들에게 부탁하여 약물 치료를 하였으나 잘 낫지를 않았는데 의녀가 고쳤다는 것이다.

1573년 3월2일과 3일자 일기에 고기라는 침 잘 놓는 자가 등장하고, 그해 7월9일자에 종기의(腫氣醫)가 이름을 기록하지 않은 채 한 차례 나타난다.

유희춘 본인은 침구를 한 번도 시술받지 않았다. 대부분 약물에 의존했다. 당시만 해도 유희춘과 같이 약재를 쉽게 구할 수 있었던 고위관료일수록 침뜸 활용도는 대단히 낮았다. 대부분의 사람들은 가능하면 침뜸 보다는 약물치료를 선호했던 것으로 보인다. 당시 약재는 주로 선물(膳物) 형태로 주고 받았다. 약령시가 활성화되고, 약재의 전국적 유통망이 형성되어 돈으로 약물(藥物) 구입이 쉬워진 때는 조선 후기에 들어서다.

『미암일기』를 쓴 유희춘은 20대 중반에 과거에 급제하여 중앙의 관직에 머물다 명종 때 윤원형에 의해 제주도에 유배되어 18년 동안 유배생활을 했다. 1567년 선조가 즉위하자 사면되어 성균관 직강(直講) 겸 지제교(知製教)에 다시 등용되었다. 이어 대사성·부제학·전라도관찰사·대사헌 등을 역임하고, 1575년(선조 8년) 이조참판을 지내다가 선조에게 사직을 청하기 위해 서울에 올라와 머물다가 사망했다.

중앙 권력의 요직을 두루 거친 유희춘의 주변에는 많은 의원들이 있었다. 약재 구득(求得)이 쉬웠던 유희춘은 자신과 자신의 가족을 위한 약물을 챙기는 것에 머무르지 않고 주변 친지들에게까지 약을 보내는 경우도 잦았다. 유희춘은 개인 사이에 상납과 하사로 약재의 구득이 이루어지거나, 중앙의 의약기관이나 지방의 관아 등지에서 약재를 제공 받았다. 허준에게도 10여 차례 약재를 받았다.

당시에는 내의원 전의감 혜민서 외에 의정부 병조 예조 도총부 충훈부 중추부 등에도 약방이 설치되어 의원들이 소속되어 있었다. 유희춘의 집에는 양예수 허준 김언봉 이공기 등의 의원들이 그의 집을 드나들었고, 도총부 의원, 예조 의원, 성균관 월령의, 중추부 약방, 훈련원 의원, 혜민서 의원 등 각 관서 소속 의원들도 유희춘과 관계를 맺었다.

『미암일기』에 허준이 유희춘을 찾아간 기록은 1568년 2월20일 처음 나타난다. 허준의 나이는 29세였다. 그 후 허준은 여러 차례 유희춘을 방문했다. 약물을 제공하기도 하고, 인사차 방문하면서 책을 바치기도 했다. 유희춘의 가까운 지인인 나사침의 중풍진맥, 자신의 면종과 처의 설종 진료도 허준에게 맡겼다. 유희춘은 자신과 지인들의 병이나 약재에 대해 허준과 의논하면서 그의 의술을 높이 평가했다. 침구(鍼灸)는 이야기의 소재가 아니었다.

유희춘은 1569년 윤 6월9일 이조판서에게 허준을 내의원 의관으로 천거하는 편지를 썼다. 마침내 내의원 의관이 되었다.

허준이 내의원에서 활동을 시작하기 전이든 이후에든 침술을 배웠다거나, 침을 놓다는 사실에 대한 기록은 찾을 수가 없다.

# 역사 속의 허준은 약으로 승부했다

　역사 속의 허준은 주로 약재로 병을 다스리는 의원이었다. 그러나 『소설 동의보감』에서는 그를 처음부터 침술의 명의로 키워나간다.

　허준이 처음 스승 유의태를 만나는 장면에서 침통을 든 유의태의 아들이 등장한다. 그리고 그 아들에게 침술을 가르치는 장면이 나타난다. 침술을 전수해 주려는 아들보다 허준의 침술이 더 빠르게 성장하고 있음을 깨달으면서 유의태는 허준을 대감댁 마나님의 중풍치료에 왕진을 보낸다. 소설 속 허준은 중풍 걸린 마나님의 진료 마지막 단계에서 목욕재계하고 백회 음교 풍부 중봉 등의 경혈자리에 침을 놓음으로써 결정적으로 중풍을 치료한다.

　그러나 실제 역사 속에서 허준은 중풍에 어떻게 대처했을까?

　16세기 조선의 사회상을 알려주는 좋은 자료로 역사학자들의 주요 연구대상이 되고 있는 유희춘의 『미암일기』에 허준의 행적이 자주 보인다. 『미암일기』는 조선중기의 문신인 유희춘이 유배되었다가 선조가 즉위하면서 사면된 1567년부터 그가 죽기 직전인 1577년까지 11년간 기록한 일기이다. 이 시기 유희춘은 허준과 가까이 지냈다. 허준의 젊은 시절이었다. 유희춘은 허준을 내의원에 천거한 인물이기도 하다. 유희춘의 이 일기에는 허준이 진료한 병, 내린 처방, 진료한 인물, 약을 조제하고 약재를 관리하는 모습 등이 십여 차례 나타난다.

첫 번 사례가 중풍치료이다. 유희춘이 잘 아는 나사침(羅士忱)이라는 첨정(僉正)이 밤에 측간(화장실)에 갔다가 갑자기 악기(惡氣)를 맞고 기절했다가 한참 만에 깨어났다. 겨우 작은 소리로 말을 하고, 왼쪽이 돌아가고 팔이 불인(不仁, 마비)해진 것이다. 침구의원이었다면 바로 침뜸치료로 대처할 상황이다. 그런데 허준은 "기가 허해져서 중풍이 된 것"이라며 침구치료가 아니라 "강활산이 가장 묘하다"며 약처방을 내린다. 허준은 치료가 가능하다고 했지만 나사침(羅士忱)은 이튿날 세상을 떠나고 말았다.

『미암일기』에 기록된 허준의 임상사례 두 번째는 유희춘 부인의 설종(舌腫, 혀에 난 종기) 치료에 관한 것이다. 유희춘은 의녀를 불러서 백회혈에 침을 놓아서 피를 뽑도록 했다. 여기서도 침은 허준의 몫이 아니었다. 허준을 불러서는 무슨 약을 쓸 것인지를 의논했다. 허준은 웅담을 처방했다. 유희춘의 딸이 무당을 불러 굿을 하자고 어머니에게 권했으나 "어찌 병이 목구멍에 있는데 무당을 부를 것이냐"며 부인은 거부했다. 병은 다음날부터 호전되어 나았다.

세번째 사례는 유희춘의 면종(面腫, 얼굴에 난 종기)에 대한 처방이다. 1569년 6월29일 허준은 유희춘의 얼굴 종기를 지렁이 즙으로 치료했다. 며칠 후 유희춘은 허준을 내의원에 천거했다.

그리고 단편적인 임상사례는 더 있지만 침치료에 대한 이야기는 찾을 수가 없다. '신혼(申昏)의 병에 관한 거론' '송순환의 병을 본 일' '나덕명의 약재 의논' '소토사(小兎絲)의 환약 의논' '유희춘 부인이 먹을 오수유환(吳茱萸丸) 상의' '나중부의 아들 습병(濕病) 약인 위령탕을 지어주고 그 값으로 백미 받은 일' '송군직 약 의논' '이황원(二黃元 ) 8냥를 지어 유희춘 집 방문' '광룡(光龍)의 병에 평위원(平胃元)에 맥문동 가하고 청폐음(淸肺飮) 등의 약으로 처방한 일' 등 다 약에 관한 이야기뿐이다.

내의원에 들어간 허준은 1590년 왕자와 공주, 옹주 등의 두창(痘瘡, 천연두)을 치료하여 일약 대단한 명의로 발돋움했다.

세자 광해군이 두창에 걸렸다. 내의원 의관들이 모두 잘못하다가는 오히려 화를 입을 것을 두려워하여 아무도 나서지 못하고 있는 상황이었다. 이때 허준이 나가서 두창을 치료한다. 실패했다면 엄한 곤욕을 치룰 상황이었다. 그러나 허준은 그 모험에 성공을 거두었다. 그 대가로 그는 당하관에서 당상관으로 올랐다. 그 후에 공주와 옹주의 두창도 치료했다. 허준이 침을 들었다는 기록은 어디에도 없다.

오히려 조선왕조실록의 기록에서 허준은 "소신은 침놓는

법을 모릅니다"라고 분명히 밝히고 있는 것이다.

허준이 침을 잘 놓은 것으로 잘 못 알려진 것은 아마도 수의(首醫)로서 선조 임금이 침을 맞을 때 항상 입시한 것을 침을 직접 놓은 것으로 오해한 데서 비롯된 듯하다. 입시(入侍)란 대궐에 들어가 임금을 뵙던 일을 말하는 것일 뿐이다.

## "소신 허준은 침놓는 법을 모릅니다."

선조는 어렸을 때부터 병약했다. 자주 병증에 시달렸고, 증세가 나타나면 잘 낫지를 않았다.

1603년 초가을부터 선조에게 나타난 주 증상은 인후증(咽喉症)이었다. 9월26일 내의원의 관원이 선조에게 하는 말에 의하면 선조는 감기가 걸려 기침도 하고 있었다.

> "근일 옥후(玉候)가 화평하지 않아 약을 들고 조섭하신지 이미 순(旬)이 지났는데, 감기의 증세는 풀린듯하나 맥도(脈度)는 아직 화평하지 않으며 기침이 밤에는 그치지 않고 눈이 어지러운 증세도 다 낫지 않으셨으니, 신들의 구구한 근심을 무어라 말할 수 없습니다."90)

나을듯하던 선조의 병은 좀처럼 차도를 보이지 않았다. 선조는 약물을 거의 입에 달고 살다시피 했으나 뚜렷한 효과를 보지 못하고 해를 넘겼다.

1604년 여름이 되자 선조는 목소리가 제대로 나지 않는 실음증(失音症)까지 더해졌다.

약방이 아뢰기를 "무더위에 비가 내려 후덥지근한데 성후의 조섭(調攝)이 어떠하신지 모르겠습니다. 인후증(咽喉症)과 실음증(失音症)이 오전에도 전혀 차도가 없으십니까? 요사이 약물(藥物)을 자주 바꾸고 있어 전일(專一)하게 하는 효과가 없을까 싶어 신들은 더욱 민망하고 염려스럽기에 감히 와서 문안합니다"하니, 답하기를 "전과 같으니 문안하지 말라"하였다.91)

7월2일 내의원 관원이 어의(御醫)가 아니지만 의술에 능한 사람 둘을 추천했다. 그러나 선조는 수의 허준 등 기존 의관에게 깊은 신뢰를 보내고 있었다.

"반년 동안 병을 앓으면서 날마다 두세 가지 약을 먹다 보니 봄과 여름 동안 마주 대한 것이 약로(藥爐)뿐이었다. 그러나 아직도 효험을 보지 못하니, 아마도 그 약이 증세에 맞는 것이 아니고 의관들도 같은 약만을 쓰려고 하는 듯하므로 각각 소견을 써서 아뢰게 한 것이다. … 〈중략〉… 허준(許浚)의 경우는 제서(諸書)에 널리 통달하여 약을 쓰는 데에 노련하고, 이명원(李命源)도 노숙한 의관이므로 범상한 솜씨가 아닐 듯한데, 이들이 어찌 감히 망령되이 생각했겠는가."92)

1604년 50세에 이른 선조는 여름이 지나고 가을에 막 접어든 음력 8월8일. 별전에 나아가 영의정 윤승훈, 좌의정 유영경, 우의정 기자헌 등 삼정승을 불러들여 자신의 병세와 시국에 대해서 의논하는 자리에서 자신의 병세를 자세히 피력했다.

"조정의 일은 대신(大臣)이 있으므로 믿고 근심하지 않는다. 내 병은 지금까지 낫지 않아서 목소리가 트이기도 하고 막히기도 하는데 무슨 약을 써도 효험이 없으니, 나도 근심스럽고 답답하다"93)

선조의 병이 가을이 깊어 가는데도 낫지를 않고 증상이 심해지자 9월 하순에 접어들면서 침을 맞기 시작했다. 9월22일 침을 맞았고, 23일에도 오전에 침을 맞았다. 허임을 비롯한 침의들은 밤에도 창덕궁의 정문인 돈화문 밖에서 비상대기를 하고 있었다.

허준은 침을 놓지는 못하지만 침의들에게 선조의 증상에 대한 침뜸요법을 어떻게 하면 좋을지에 대해 수시로 자문을 구하고 있었다. 특히 허임에게서 여러 가지 임상침구술에 대해 전해 듣고 있었다.

허임은 허준에게 '경맥(經脈)을 이끌어낸 뒤에 아시혈(阿是穴)에 침을 놓을 수 있다.'는 이야기를 조리 있게 설명해 주었다. 60대에 이른 허준은 30대의 새파랗게 젊은 허임의 침구술 강론에 귀를 열고 들었다. 긴박한 상황에서 허준은 허임의 침술에 기대를 걸었다.

걱정하던 일이 벌어지고야 말았다. 9월23일 한밤중 선조가 편두통 발작을 일으켰다. 통증치료에 침술이 대단히 효과적이라는 사실을 침의들을 통해 들은 바 있던 허준은 즉시 허임을 비롯한 내의원 침의들을 불러 들였다.

어의 허준은 선조를 대면하여 침을 맞을 것을 권하고 있었고, 침의 허임은 합문(閤門)에 대기했다. 조선시대 최고의 의학자인 허준과 침술과 뜸법에 제일인자로 성장하는 허임이 동시에 등장하여 선조의 편두통을 치료하는 장면이 『선조실록』에 생생하게 묘사되어 있다.

> 초저녁에 상(上)이 앓아 오던 편두통(偏頭痛)이 갑작스럽게 발작하였다.
> 직숙(直宿)하는 의관(醫官)에게 전교하여 침을 맞으려 하였다.
> 입직(入直)하고 있던 승지가 아뢰기를, "의관들만 단독으로 입시(入侍)하는 것은 온당치 못하니 입직한 승지 및 사관(史官)이 함께 입시하는 것이 어떻겠습니까" 하

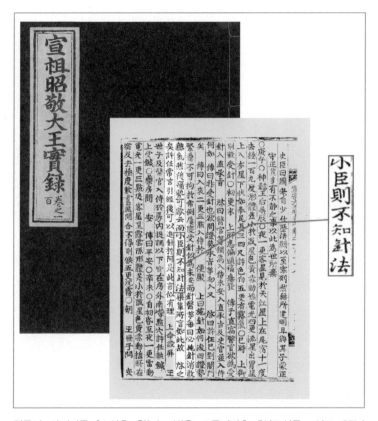

허준이 아뢰기를 "소신은 침놓는 법을 모릅니다." :『선조실록』 선조 37년 (1604년) 9월23일 허준은 왕이 침을 맞는 것에 동의하면서도 "소신은 침놓는 법을 알지 못 한다"고 말하며, 허임에게 침을 맞을 것을 권한다.

니, 전교하기를, "침을 맞으려는 것이 아니라 증세를 물으려는 것이니, 승지 등은 입시하지 말라"하였다.

또 아뢰기를, "허임이 이미 합문(閤門)에 와 있습니다" 하니, 들여보내라고 전교하였다. 2경(更) 3점(點)에 편전(便殿)으로 들어가 입시하였다.

상(上)이 이르기를, "침을 놓는 것이 어떻겠는가"하니, 허준이 아뢰기를, "증세가 긴급하니 상례에 구애받을 수는 없습니다. 여러 차례 침을 맞으시는 것이 미안하기는 합니다마는, 침의(針醫)들은 항상 말하기를 '반드시 침을 놓아 열기(熱氣)를 해소시킨 다음에야 통증이 감소된다'고 합니다. 소신(小臣)은 침놓는 법을 알지 못합니다마는 그들의 말이 이러하기 때문에 아뢰는 것입니다. 허임도 평소에 말하기를 '경맥(經脈)을 이끌어낸 뒤에 아시혈(阿是穴)에 침을 놓을 수 있다'고 했는데, 이 말이 일리가 있는 듯합니다."하였다.

상(上)이 병풍을 치라고 명하였는데, 왕세자 및 의관은 방안에 입시하고 제조(提調) 이하는 모두 방 밖에 있었다.

남영이 혈(穴)을 정하고 허임이 침을 들었다. 상(上)이 침을 맞았다.94)

허준이 "소신은 침놓는 법을 모릅니다"라고 한 것은 단지 겸양해서 한 말은 아니다. 허준은 침놓는 것에 대해서 허임과 침의들의 말을 인용하면서 임금에게 의견을 전하고 있다. 허준은 침의들의 의견에 귀 기울이고 있었고, 침의들과의 역할 분담에 대해 익숙한 모습이다. 대략 60대 중반에 이른 허준과 30대의 허임이지만 허준은 침의 허임의 이론을 존중하고 신뢰를 나타내고 있다.

이 일이 있은 직후 선조는 며칠 동안 침을 연이어 맞았다. 그 후에도 선조는 종종 침을 맞았다. 윤 9월이 지나고 10월23일 선조는 편두통을 침으로 치료할 당시의 관계자들에게 대대적인 포상의 지시를 내린다. 잘 낫지도 않고 날짜만 끌던 선조의 편두통이 침의 허임과 남영의 침술로 병세가 잡힌 것이다.

어의 허준에게는 좋은 말 1필을 하사하고, 침의 허임과 남영에게는 한 자급을 더하도록 했다. 그리고 6품의 허임과 7품의 남영을 동시에 3품의 당상관(堂上官)으로 파격 승진시켰다.95)

이러한 파격 승진은 당시의 정가에 파문을 일으켰다. 실록을 기록한 사관부터 비난의 논평을 달고 있다.

> 허임(許任)·남영(南嶸)은 모두 6~7품의 관원으로서 하찮은 수고를 인연하여 갑자기 당상으로 승진하였으니 관작의 참람됨이 여기에 이르러 극에 달하였다.96)

사헌부에서는 잇달아 허임과 남영의 통정대부 승진을 고치라고 상소를 했다. 그러나 선조는 "번거롭게 논하지 말라"며 일언지하에 거절해 버렸다.97) 침구의 효능에 대한 임금의 신뢰는 급격히 높아졌다.

# "침혈 정하는 일에 어의는 간섭 말라"

1605년(선조 38년) 선조는 손등에 부기가 있었다. 8월4일 선조는 어떻게든 침의가 서울 근처에 머물러 있도록 하여 자신과 사대부는 물론 서민들의 병까지도 치료도록 하는 것이 좋겠다는 뜻을 강력히 피력했다.

> "침의(鍼醫)가 서울 근처에 머물러 있으면 내 병을 치료할 뿐만 아니라 사대부와 서민들의 병까지도 다 치료할 수 있을 것인데 먼 지방 사람이므로 서울에 머물기가 매우 어려운 형편이다. 그가 용렬하여 수령 등의 관직을 제수하지는 못하더라도 그를 서울에 머물도록 조처하지 않는 것은 매우 온당치 못하다. 우선 서울에 머물러 있게 하는 것이 좋겠다."98)

선조가 침의 남영(南嶸)을 가까이 두고 침을 맞을 수 있도록 하라고 했으나 영의정 유영경은 "남영의 노모(老母)가 남쪽에 있으니 억지로 서울에 머물러 있게 할 수는 없습니다"라며 권하지 않았다.

선조는 침을 맞고 뜸을 뜨면 나아질듯 한데 약만 권하고 있는 내의원의 조처가 못마땅했다.

11월3일 영의정 유영경이 "풍습(風濕) 치료하는 약을 일전에 들였는데 효과를 보셨습니까?"라는 문안에 선조는 "부기

침 : 조선. 금속, 길이 10.5cm, 한양대학교 박물관.

(浮氣)가 간혹 있는데 왼손이 오른손보다 심하다. 겨울 동안
에는 약을 복용하고 있다가 따스한 봄이 되기를 기다려 침구
(鍼灸)를 가할 생각이다"라며 침뜸치료에 크게 기대를 걸고
있었다.

그리고 이날 약물처방에 대해 노골적인 불만을 드러냈다.
선조는 "내가 필요 없는 약을 복용한 것이 이제 해를 넘기게
되었다"고 말하고, "이 약을 복용하여 효과가 없으면 또 다른
약을 복용하곤 할 따름이다"라고 푸념을 한다.[99] 수의(首醫)
였던 허준의 약 처방에 대한 의문을 나타낸 것이기도 하다.

이와는 대조적으로 선조의 침구(鍼灸)에 대한 기대는 점점

높아졌다. 선조는 한겨울인 11월22일 침을 맞았으나 본격적인 침구진료는 이듬해 늦은 봄에 이루어졌다.

1606년 4월21일 선조는 더 늦기 전에 침을 놓을 것을 재촉했다.

> "날씨가 점점 더워지는데 하지(夏至)를 지나고 나면 침을 놓을 수 없을 테니, 며칠 동안 조리하고 나서 빨리 침을 맞았으면 한다."

1606년 4월25일 선조는 침을 맞고 싶다고 하면서 침의가 간섭을 받지 않고 혈을 정하도록 하라고 강조한다.

> "귓속이 크게 울리니 침을 맞을 때 한꺼번에 맞고 싶다. 혈(穴)을 의논하는 일은 침의(鍼醫)가 전담해서 하도록 하라. 우리나라의 일은 의논이 많다. 만약 침의가 간섭을 받아 그 기술을 모두 발휘하지 못하면 효과를 보기가 쉽지 않을 테니, 약방은 알아서 하라"[100]

내의원에서 침의보다는 어의들이 서열이 위라는 이유로 침의들이 혈을 정하는데 간섭하는 일이 많았다. 선조는 이러한 행태를 경계한 것이다.

선조는 이후 4월26일부터 5월10일까지 2~3일 간격으로 침을 맞는다. 시간은 오전 10시 전후, 장소는 별전. 왕세자와 내의원 도제조 유영경, 제조 허욱을 비롯하여 부제조, 기사관(記事官) 등의 관료들이 늘 함께 참여했다.

의관으로는 어의(御醫) 허준 · 조흥남 · 이명원이 입시했고, 침의(鍼醫)는 남영 · 허임 · 김영국이 참여하여 침과 뜸을 놓았다.101) 8일의 기록에는 사시에 침을 맞고, 약 4시간 후인 미시에 뜸을 떴다. 뜸자리는 손가락의 속혈(屬穴)인 외관(外關)의 2혈, 손가락 사이 좌우에 각 3혈, 대공골(大空骨)의 2혈, 중괴(中魁)의 2혈, 오호(五虎) 오른쪽의 1혈로 모두 17장(壯)이었다.

이 때 선조에 대한 침구진료는 주로 통증치료를 요청했던 듯하다. 5월22일에는 선조가 왼편이 시고 아파서 침을 맞았다. 온천수(溫泉水)에 담근 후에 다리에서부터 어깨와 귀밑까지 기운이 오르내리며 시고 아프다고 했다.

5월23일 선조는 급히 침을 맞고 쑥뜸을 뜨고자 했다. 선조는 이때 "침술은 침의에게 물어서 그에게 기술을 다하게 해야지 다른 의원이 간섭하게 해서는 안 된다"고 또 한 번 강조한다.

> "특별히 말할 만한 증세는 없는데 아마 습냉(濕冷)한 기운에 저촉되어 다시 일어난 듯하다. 급히 침을 맞고 쑥뜸을 뜨고자 한다. 기(氣)가 오래가면 치료하기가 어려울 것이다. 침술은 침의에게 물어서 그에게 기술을

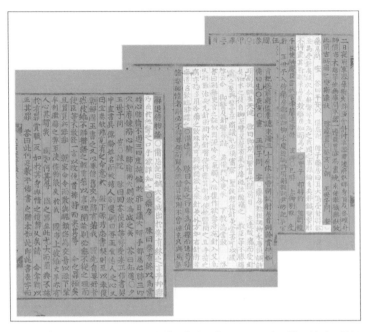

"침혈은 침의가 알아서 하도록 하라" : 『선조실록』 1606년 4월25일과 5월23일, 1607년 9월5일의 기록에 선조는 침의들의 일에 다른 의원들이 간섭하지 않도록 주의를 주는 모습이 잇달아 기록되어 있다.

다하게 해야지 다른 의원이 간섭하게 해서는 안 된다. 또 손가락의 병 역시 냉약(冷藥)을 많이 복용한 소치인 듯하여 매우 염려된다. 가을에 가서 침구 치료를 집중적으로 받고자 하니, 외방에 침술을 지닌 자가 있으면 빠짐없이 불러다가 수시로 의논하라"102)

선조는 찬 약을 너무 많이 써서 손가락에 문제가 생겼다고 생각하고 있었다. 그는 가을에 다시 제대로 준비를 해서 침을 집중적으로 맞겠다고 명을 내리고, 침술에 뛰어난 자가 있으면 불러들여 의논해 두라고 했다.

선조는 가을 들어 침구진료 하는 날을 정했다. 9월3일 선조는 신하들이 임금에게 오래 살기를 바라는 뜻으로 베푸는 상수연(上壽宴)을 연기하여 침을 맞은 뒤에 열라고 하명했다.

> "침을 맞은 뒤에는 조리해야 할 것이니, 10월 안에는 (상수연을) 하기 어려운 형세이다. 대저 거행하면 그만이지 조속에 얽매일 수는 없는 것이다. 이미 겨울철이어서 날씨가 춥고 해도 짧으니, 내년 봄에 하는 것이 마땅하겠다."[103]

날씨가 추워지기 전에 상수연을 해야 한다는 신하들의 의견까지 물리치고 침 맞는 일에 공을 들였다.

9월14일 선조는 침을 맞았다. 이때 침의로 남영·허임·김영국 외에 유계룡(柳季龍)도 입시했다.

선조는 지난 5월 "외방에 침술을 지닌 자가 있으면 빠짐없이 불러다가 수시로 의논하라"고 지시한 하명에 따라 추가로 찾아낸 침의가 유계룡이다. 유계룡은 맥(脈)을 잘 보기로 유명했다.

선조는 20일까지 이틀 간격으로 침을 맞았다. 임금의 진료에서 약물이 밀려나고 침구진료가 확고히 자리를 잡았다. 이 과정에는 남영과 허임과 김영국이라는 침의가 뚜렷한 역할을 했다.

선조는 이듬해인 1607년 가을에도 8월29일부터 9월19일까지 2~4일 간격으로 침을 맞았다.[104] 이 때 선조는 침을 놓는 자리를 일일이 기억하고 있었다. 9월4일 침혈의 수가 줄어들었다. 그러자 다음날 선조는 누구의 의견으로 침혈의 수를 줄였는지 확인하라고 말했다.

> "침혈(鍼穴)을 감하는 것은 채유종(蔡有終)의 말에서 나온 것인가, 아니면 다른 어의의 입에서 나온 것인가? 자세히 알고자 한다"[105]

내의원 관원이 곧 알아보고 보고했다.

> "채유종이 '언제나 심유(心腧)와 폐유(肺腧)는 서너 번 밖에 침을 놓지 못한다.'고 하였으므로 어제 침혈을 의논할 때 수부(手部) 중에 심폐에 속한 3, 4혈은 마련한 대로 하고 심유와 폐유 양혈(兩穴)은 감하고자 한 것입니다"[106]

선조는 침혈을 정하는 것은 침의가 해야 한다는 소신을 확고히 가지고 있었다. 선조는 자칫 침구에 대해 잘 알지도 못하는 어의가 침혈을 정한 것이 아닌가 하는 우려를 거듭했다.

채유종(1561년~1606년)은 당시 신의(神醫)로 알려진 유명한 침의였다.107) 충청도 음성에서 태어난 그는 임진왜란 때 의병장으로 활동하기도 했다.

그의 아들 채득기 또한 침구술로 뛰어나 내의원 침의로 활동했다.108) 채득기는 훗날 허임 등의 의술과 함께 편찬된 『사의경험방』의 원저자 중 한 사람이기도 하다.

## 허준에게는 일침이구(一鍼二灸)가 없었다

동양의 전통의학에서 질병을 치료하는 방법으로 제일 먼저 침을 사용하고 두번째로 뜸요법을 시행하고 마지막으로 약을 처방하는 것이 순서로 알려져 있다. 이런 원칙을 일침이구삼약(一鍼二灸三藥)이라는 말로 표현한다.

침이 급성적이고 돌발적인 질환에 효과가 좋다면 뜸은 만성적인 질병에 허약증이 있을 때 많이 응용된다는 뜻이다. 이를 두고 일침기사회생(一鍼起死回生) 이구만병능치(二灸萬病能治)라고 표현하기도 한다.

적어도 허준은 이 동양전통의학에서의 질병치료 원칙, 일침이구를 적용하지 않았다.

선조는 9월 이후 약을 줄곧 복용했지만 선조의 병은 갑자기 악화됐다. 10월9일 선조가 새벽에 기가 막히면서 넘어졌다. 왕세자가 수레에서 내려 급히 달려가 입시하였다. 내의원 도제조, 제조, 부제조와 기사관(記事官) 3명 등도 들어갔다. 의관은 어의 허준과 조흥남, 이명원이 입시하고, 내관과 약을 가진 의관들이 침실 밖에 둘러섰다. 선조는 일어나지 못하고 의식이 돌아오지 않았다.

침을 놓을 것인지 뜸을 뜰 것인지 약을 처방할지를 결정하는 일은 수의(首醫)인 허준의 몫이었다. 임금이 기가 막혀 넘어져 위급한 상황에서도 침의들의 모습은 보이지 않았다.

허준은 약물을 처방했다.

청심원(淸心元), 소합원(蘇合元), 강즙(薑汁), 죽력(竹瀝), 계자황(鷄子黃), 구미청심원(九味淸心元), 조협말(皂莢末), 진미음(陳米飮) 등의 약을 번갈아 올렸다. 선조는 안정된 후에야 정신이 들어 "이 어찌된 일인가, 어찌된 일인가"라며 소리를 질렀다.109)

이날 오후에 다시 선조의 호흡이 가빠졌다. 선조가 오래도록 깨어나지 못하자 다시 청심원, 소합원, 강즙, 죽력, 계자황 등의 약을 번갈아 올렸다. 얼마 후 호흡이 조금 안정되었는데 저녁에 다시 호흡이 가빠졌다. 약을 잇달아 올렸는데, 오래도록 호흡이 가라앉지 않고 가래도 성했다.

허준은 이진탕(二陳湯)에 천남성(天南星), 방풍(防風), 맥문동(麥門冬), 박하(薄荷) 등을 가미하여 1복을 달여 올렸다. 반쯤 먹은 후에 가래가 조금 가라앉았다.

일단 고비는 넘겼으나 선조가 쓰러진 뒤 사헌부와 사간원에서 허준을 탄핵하라는 상소가 격렬히 일어났다. 허준이 찬약을 많이 써서 선조의 병을 좋지 않게 만들었다는 것이다. 왕의 병이 워낙 위중한 상태라 허준에 대한 탄핵은 받아들여지지 않았다.

그렇지만 선조는 수의인 허준의 약 처방에 대해 크게 불평하고 있었다. 12월3일 선조는 이러한 내심을 노골적으로 드러냈다.

> "사탕원(砂糖元)을 들이자마자 또 사미다(四味茶)를 청하니 내일은 또 무슨 약과 무슨 차를 계청하려고 하는가. 의관(醫官) 중에 허준(許浚)은 실로 의술에 밝은 양의(良醫)인데 약을 쓰는 것이 경솔해 신중하지 못하다. 이 뜻을 알지 못하고 처방해선 안 된다"[110]

이듬해인 1608년(선조 41) 2월1일 선조는 다시 쓰러졌다. 아침에 내의원에서 문안을 할 때까지만 해도 "지난밤에는 편히 잠을 잤다"던 선조가 오후에 접어들어 갑자기 위급해 진 것이다. 조정 관료들이 허둥허둥 몰려들었다.

의관들은 강즙(薑汁), 죽력(竹瀝), 도담탕(導痰湯), 용뇌소합원(龍腦蘇合元), 개관산(開關散) 등의 약물을 또 들여왔다.

세자 광해군이 어의 허준으로 하여금 들어가 진찰하게 하였는데 "일이 이미 어쩔 수 없게 되었으니 어찌할 바를 모르겠습니다"라고 망연자실했다. 광해군이 "열(熱) 치료하는 약을 미리 준비하라"고 하명했지만 소용이 없었다. 잠시 후 곡성(哭聲)이 퍼져 나갔다.

선조시기에 내의원에서 침의의 비중이 크게 높아지긴 했으나 임금의 마지막 응급순간에도 침뜸을 찾지는 않았다. 침의의 모습은 보이지 않았고, 허임도 그 곳에 없었던 듯하다.

허준은 1년이 넘도록 약을 처방했으나 효험을 보지 못하고 임금을 사망에 이르게 했다며 추국의 대상이 됐다. 결국 허준은 귀양을 가게 됐다. 수의(首醫)는 임금이 승하하면 그 치료를 잘 못한 죄로 처벌의 받아 귀양을 가는 것이 상례였다.

허준은 이듬해인 1609년 11월에 석방됐다. 사간원의 극심한 반대가 있었으나 광해군의 명으로 돌아왔다.

그리고 허준은 『동의보감』을 마무리 한다.

## 고금방서 집대성한 『동의보감』간행을 보다

1612년(광해군 4년) 9월7일 광해군은 "침의(針醫) 허임(許任)·남영(南嶸)·김영국(金榮國) 등에게 자리가 비기를 기다려 실직(實職)을 제수하라"고 령을 내렸다.

이때 허임도 함께 서울에 머물러 있었던 것으로 해석된다.111)

다음달 10월 들어서 허임(許任)·남영(南嶸)·김영국(金榮

國)·전징(全澂)이 참여하여 광해군에게 침을 놓는다. 그 후 광해군은 이틀 간격으로 침을 맞았다.112)

허준과 이항복도 입시했다. 허준은 늙고 일이 많은 가운데서도 교육을 담당하고 있었다.『광해군일기』10월7일의 기록에는 내의원 의관선발과 교육에 대한 이야기 중에 어의 허준을 비롯한 내의원 관계자들이 등장한다.

광해군은 1610년 8월6일 허준이 『동의보감』의 집필을 완성함에 따라 말을 하사하고 속히 간행하라고 명했다.

> 전교하기를, "양평군(陽平君) 허준(許浚)은 일찍이 선조(先朝) 때 의방(醫方)을 찬집(撰集)하라는 명을 특별히 받들고 몇 년 동안 자료를 수집하였는데, 심지어는 유배되어 옮겨 다니고 유리(流離)하는 가운데서도 그 일을 쉬지 않고 하여 이제 비로소 책으로 엮어 올렸다. 이어 생각건대, 선왕께서 찬집하라고 명하신 책이 과인이 계승한 뒤에 완성을 보게 되었으니, 내가 비감한 마음을 금치 못하겠다. 허준에게 숙마(熟馬) 1 필을 직접 주어 그 공에 보답하고, 이 방서(方書)를 내의원으로 하여금 국(局)을 설치해 속히 인출(印出)케 한 다음 중외에 널리 배포토록 하라"하였다.
>
> 책 이름은 『동의보감』(東醫寶鑑)인데, 대개 중조(中朝)의 고금 방서를 널리 모아서 한 권에 모은 다음 분류하여 책으로 만든 것이다.113)

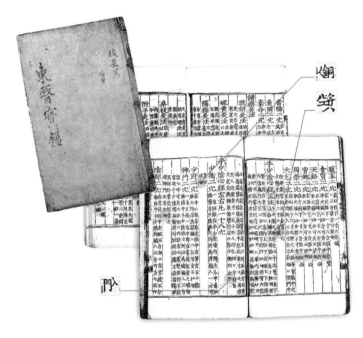

동의보감은 중국의 여러 의서들을 종합 집대성하고, 인용한 서적을 낱낱이 주석으로 달았다. 침구편도 모두 동인경이나 자생경 의학입문 등의 서적을 인용했다.

허임은 허준이 귀양을 갔다 돌아온 뒤에도 함께 내의원에서 활동했고, 『동의보감』의 편찬과정과 여러 의서의 판본제작과정도 지켜봤다.

사관이 해설한 것처럼 『동의보감』은 '중국의 고금 방서를 널리 모은 다음 분류하여 책으로 만든 것'이었다. 허준은 수많은 책을 섭렵한 대의학자였다.

허임이 허준의 동의보감 간행을 가까이서 지켜볼 수 있었던 것은 나중에 그가 『침구경험방』을 책으로 펴내는데 좋은

견문이 됐을 것이다. 이는 30여 년 뒤 그가 『동의보감』과는
달리 자신의 임상을 모아서 『침구경험방』을 간행하고, 서문
에서 "감히 옛 사람의 저술에 견주려는 것이 아니다"라고 밝
히는 계기로도 작용했다.

# 제4장 왕과 침

## "허임은 궁핍하여 생활할 수 없는 처지"

광해군 즉위 다음해인 1609년 10월. 당시 허임은 어머니를 모시고 어렵게 생활을 꾸려가고 있었다. 광해군은 이를 딱하게 여겨 허임을 마전군수에 임명한다. 지금의 경기도 연천군 미산면 일대가 당시 마전군에 속하여 있었다.

광해군이 허임을 마전군수로 임명한 것은 그동안 자신의 병을 치료해 준 데 대한 보답을 하면서 동시에 서울 근처에 근무하도록 하여 병이 나면 불러 침구치료를 받을 수 있도록 하기 위해서다.

조정의 사대부들은 허임에게 마전군수를 제수하는 일을 거세게 반대했다. 광해군은 사헌부를 단호하게 설득했다.

"허임은 공로가 있을 뿐만 아니라, 그의 재주가 쓸 만하다. 그리고 그는 어미와 함께 사는데 궁핍하여 생활할 수 없는 처지이다. 따라서 잔폐된 고을에 수령으로 보내는 것도 공로를 보답하고 권장하는 뜻에서 나온 것이니, 번거롭게 논집하지 말라"[114]

광해군은 허임이 공로도 있고, 재주도 쓸 만 하기 때문에 고을 수령으로 보내 공로에 보답하고, 재주를 권장하려는 것이라고 강조했다. 그리고 광해군은 허임이 어미와 함께 궁핍하게 사는 모습을 전하고 있다.

허임은 임금까지 치료한 당대에 이름난 침구의원이다. 선조 때 이미 당상관이라는 품계를 받은 바도 있다. 그런 그가 왜 그런 궁핍한 생활을 하고 있었을까?

관노 출신인 그가 침술로 정3품 당상관까지 오르고 임금의 총애를 받고 있으니 양반들은 그를 탐탁지 않게 생각했다. 그러다 보니 양반 사대부들과는 일정한 거리가 있었다.

내의원에서의 부름에 따라 임금을 비롯한 왕실과 조정대신들에게 간간이 침을 놓을 뿐 일상적으로는 늘 생활이 어려운 백성들을 진료했을 것이다.

허임은 어머니가 사비였고 아버지가 관노 출신인지라 노비를 비롯한 천민들에게 연민을 가질 수밖에 없었다. 전쟁이 지나간 서울의 상황은 모든 물자가 부족하였고, 빈곤하기 이루 말할 수 없었다. 가난한데다 몸까지 아픈 백성들에게 침을 놓아주고 받을 수 있는 것은 별로 없었을 것이다.

허임의 벼슬은 당상관이었으나 선조 때는 실직(實職)에 임명을 받지 못했던 듯하다. 조정 사대부들이 허임에게 당상관을 제수한 사실 자체에 대해서도 강력히 반대를 했던 터였다.

허임의 사정을 늘 딱하게 여기고 있던 광해군은 자신이 임금이 되자 그에게 보직을 주고자 마전군수에 임명했다. 그러나 광해군이 허임을 마전군수로 임명하는 일은 성공하지 못했다. 사헌부와 사간원이 줄기차게 반대했다. 10월8일부터 시작해서 15일까지 사헌부와 사간원이 번갈아가며 계속 허임의 마전군수 임명을 취소하라고 요구했다.

> 사헌부가 아뢰기를 "마전군수(麻田郡守) 허임(許任)은
> - 침의(針醫)로 진출하였다. - 본시 미천한 사람으로
> 서 이미 당상의 직을 역임했으니, 그의 노고를 보답해
> 준 은전이 지나치다고 할 수 있습니다. 그런데 이번에
> 목민(牧民)의 직임을 제수하자 물정이 해괴하게 여기
> 지 않는 사람이 없습니다. 체차시키소서"하니, 답하기
> 를 "허임은 이미 동반의 직을 역임하여 벼슬길을 터주
> 었으니 문벌을 말할 것 없다. 한번 그에게 시켜보는 것
> 도 무방할듯하니 번거롭게 논하지 말라"하였다.115)

허임의 마전군수 임명에 가장 못마땅한 부분은 허임이 미천한 출신이라는 것이다. 다음날도 같은 내용의 상소를 올렸

으나 광해군은 단호히 물리쳤다.

> 사헌부가 아뢰기를, " ··· 전에 아뢴 마전군수 허임은 본
> 시 미천한 사람으로서 이미 당상직을 역임하였다면 그
> 의 노고에 보답해준 은전이 또한 지나치다고 할 수 있
> 습니다. 그런데 지금 수령의 직임을 제수하였으니, 이
> 는 명기(名器)가 더럽혀지고 작상(爵賞)이 외람된 것으
> 로서 물정이 모두 해괴하게 여깁니다. 속히 체차시키소
> 서"하니, 답하기를, "허임의 일은 이미 유시하였다. 윤
> 허하지 않는다. ··· "하였다.116)

사헌부의 반대는 끈질기게 이어졌다. 광해군은 계속 물리
치다 마지못해 15일 이 요구를 받아들였다.

대신 광해군은 다음날인 16일 허임을 첨지(僉知: 중추부의
당상 정3품 무관 벼슬) 근무처가 나면 제수하라고 하고, 생활
이 어려우므로 우선 그 품계에 준하는 녹을 주라고 명한다.
조정사대부들과 타협을 한 것이다.

> "전 군수 허임에 대해서 실첨지(實僉知)의 빈자리가 나
> 기를 기다려 제수하고 그 전에 우선 그 품계에 준하여
> 녹을 주어서 그로 하여금 어미를 봉양하며 연명할 수
> 있도록 하라"117)

광해군의 이 명으로 품계에 준하는 녹을 받았다. 어머니를 모시고 빈한하게 살아가는 허임에게는 살림에 보탬이 됐을 것이다. 그러나 첨지의 벼슬에 해당하는 근무처에 임명하는 일은 이듬해 초까지도 실행되지 않았다.

## 임금이 불러도 나주에서 오지 않고

광해군은 1610년(광해군 2년) 2월24일 허임과 김영국을 불러 서울에 머물게 하라고 명을 내린 것으로 보아 허임은 당시 서울 근처가 아닌 다른 어딘가에 가 있었던 것으로 보인다.

> "침의(針醫) 허임(許任)·김영국(金榮國) 등을 속히 불러 와서 도하(都下)에 머물러 있게 하여 불시의 조치에 대비하게 하라"118)

이 명을 내린 뒤 3월 한 달이 지났는데 허임은 서울에 오지를 않았다. 윤3월 중순 사간원은 허임이 전라도 나주에 가 있는데, 여러 번 재촉했는데도 안 온다고 보고한다. 윤3월12일 사헌부는 허임이 임금을 무시했으니 국문하라고 요구한다.

> 사간원이 아뢰기를, "침의(鍼醫) 허임(許任)이 전라도

나주에 가 있는데, 위에서 전교를 내려 올라오도록 재촉한 것이 한두 번이 아닌데도 오만하게 집에 있으면서 명을 따를 생각이 없습니다. 군부(君父)를 무시한 죄를 징계하여 다스리지 않을 수 없습니다. 잡아다 국문하도록 명하소서 … ”하니, 답하기를, “ … 허임은 이미 추고하였으니, 잡아다 국문을 할 것까지야 있겠는가”하였다.[119]

사간원은 13일과 16일에도 연달아 허임의 국문을 요구했으나 광해군은 무슨 사정이 있을 것이라며 용서하도록 했다.

“허임은 전부터 몸에 중병이 있는 자이니, 진작 올라오지 못한 것은 필시 이유가 있을 것이다. 추고하여 실정을 알아내고서 처치하여도 늦지 않다. 더구나 곧 침을 맞고자 하니, 용서해줄 만하다”[120]

당시 허임이 어떤 경위로 나주에 가 있었는지는 알기는 어렵다. 서울에서 나주까지는 가까운 거리도 아니었다.

40대에 이른 허임이 늙은 어머니를 모시고 나주에 정착하려고 했던 것은 아닐까? 임금의 명령에 의한 마전군수 임명이 좌절되는 과정을 겪고, 허임은 서울에서 멀리 떨어진 고을에서 백성들을 침구로 치료하며 조용히 살려고 마음을 먹었을 것으로 보인다.

그러나 광해군은 허임을 기어이 불러 올렸다. 임금의 명을 어겼으니 국문까지 하라고 하는 마당에 허임도 더 나주에서 버티기 어려웠을 것이다.

허임은 임진왜란 중인 1593년 황해도 해주와 전라도 삼례에서 광해군을 치료한 인연은 전쟁 후에도 계속 됐다. 『태천집』에서 "(허임은) 광해군이 동궁으로 있을 때 그 간복(幹僕)을 하였다"라고 한 기록은 광해군이 동궁시절에 허임이 내내 주치의 역할을 했다는 이야기다.121)

광해군은 임진왜란 이후 선조가 침을 맞을 때마다 거의 빠짐없이 세자로서 입시하여, 허임이 선조를 침과 뜸으로 치료하는 모습을 지켜봤다. 그리고 자신도 즉위 초부터 침을 맞기 시작했다.

## 전국의 명침(名鍼)을 불러 모으다

선조와 마찬가지로 광해군도 침의들을 늘 가까이 두려고 했다. 당시 침구의가들은 병 치료활동의 주역이었다. 민간에 침구 분야의 저변이 상당히 넓어 조선 전역에 걸쳐 유명침구의가들이 많이 활동했다. 조선 조정에서는 이들 중 특별히 이름난 이들을 말을 보내 서울로 불러 모았다.

1610년(광해군 2년) 12월24일 내의원에서 건의하여 다음 해 봄에 임금이 침을 맞도록 하기 위해 삼도(三道)의 관찰사

의원 침놓는 모습. 수락산 흥국사 감로탱 중에서(1868년. 고종 5년)

에게 명하여  전국에 있는 침구술의 명의들에게 말을 지급하여 올려 보내도록 했다. 그 대상자는 호남 금구(金溝: 지금의 김제)에 사는 김영국, 충청도 옥천에 사는 전징, 경상도 거창에 사는 김귀상 등이었다.

침의 김영국 · 전징 · 김귀상 등을 서울로 불러들였는데, 따뜻한 봄을 기다려 침을 맞기 위한 것이었다. 내국이, 삼도(三道) 관찰사에게 하유하여 금구(金溝)에 사는 김영국, 옥천(沃川)에 사는 전징, 거창(居昌)에 사는 김귀상 등에게 말을 지급하여 올려보내도록 하기를 청하니 따랐다.122)

조선의 임금들은 이렇게 불러올린 의관들이 서울 근처에 머물 수 있도록 하기 위해 벼슬을 내렸다.

　광해군은 침의 김영국에게 12월26일 경기도의 수령에 제수하게 했다. 실제로 수령에 제수가 됐다는 기록은 없다. 하지만 이러한 명 자체에 대해 조정 사대부들의 시각은 곱지를 않았다. 조선왕조실록의 사관의 따가운 논평이 이를 보여준다.

　해부(該部)에 명하여 침의(鍼醫) 김영국(金榮國)을 경기도의 수령에 제수하게 하였다. 영국은 천한 벼슬아치로서 침술을 가지고 출세하여 선조(先朝) 때부터 동반(東班)으로 옮겨와 읍재(邑宰)를 지낸 자이다. 이때에 이르러 이러한 명이 내리니, 대개 가까운 곳에 두어 부르면 곧 달려오게 하고자 함이었다.

　사신은 논한다. 수령이 적임자가 아닐 경우 1백 리의 백성이 해를 입는 법이니, 어진 관리를 고르는 일은 성왕(聖王)이 신중히 했던 점이다.

　지금 총애하여 발탁해서 백성에게 임하는 책임을 맡기니, 관리의 규율이 어지러워짐은 진실로 따져볼 것도 없겠거니와, 이 백성의 근심을 어찌 구휼하지 않을 수 있단 말인가. 그런데 조금도 염두에 두지 않음으로써 백성에게 해를 끼치게 하니, 우리 성상이 자기의 사욕만을 쫓아 민생을 염두에 두지 않는다는 것을 이 일로 알 수 있다.

그러나 김영국이 은총을 훔친 일은 오늘에 시작된 것이
아니니, 이것이 바로 옛사람이 이른바 '선조(先朝)의 전
장(典章)이 없었다면 후사(後嗣)가 어디에서 보고 본받
았겠는가.' 하는 경우라 하겠다. 한탄스러운 일이다.[123]

광해군은 1612년(광해군 4년) 1월말~2월초에도 침을 맞았
다.[124] 유명 침의들을 불러 모아 두었다가 필요할 때 침을 맞
기 위해서는 불러온 침의들이 먹고 살 수 있도록 해야 했다.
그해 9월4일 내의원의 보고에 따르면 남영, 김영국, 전징이
멀리서 불려와 있었다.

> 목장흠(睦長欽)이 내의원 도제조의 뜻으로 아뢰기를,
> "침의(鍼醫)인 전 군수 남영(南嶸)과 전 현감 김영국
> (金榮國), 전 사과(司果) 전징(全澂)이 지금 부름을 받
> 고 올라와 있는데, 현재 한산(閑散) 중에 있으니, 해조
> 로 하여금 군직(軍職)에 붙여서 상사(常仕)하게 하는
> 것이 마땅합니다. 다만 각과(各科)가 아직 멀어서 멀리
> 서 온 사람들이 먹고 살기가 몹시 어려울 것이니 우선
> 급료(給料)하는 것이 어떻겠습니까"하니 윤허한다고
> 전교하였다.[125]

충청도 옥천의 전징은 허임보다 약간 나이가 적은 1574년
생이다.[126] 전징은 1630년에 세상을 떠났다.

# 허임에게 임진왜란 위성공신 3등 녹훈

광해군은 1612년(광해군 4년) 8월9일 임진왜란 당시의 공로자에게 녹훈을 한다. 허임이 임진왜란 중인 1593년과 1594년 황해도 충청도 전라도 등지를 광해군과 동행하며 침구진료를 한 공으로 녹훈이 된 때는 이때쯤이다. 광해군은 "침의(針醫) 허임(許任)은 서로(西路)에서 남하할 때 호종하여 공로가 있으니 가자하라"며 3등 공신에 명했다.127)

10월7일 녹훈도감 김시헌이 "허임(許任)을 녹훈할 것을 판하(判下)하셨습니다. 원단자(元單子)를 금방 입계하였으니, 아직 내리지 않은 단자를 다시 내리신 다음에 고쳐서 부표(付標)하겠습니다"라며 공신 책봉의 수순을 보고했다.128)

공신에 봉해지면 초상화를 후세에 전하도록 하는 등 일련의 조치가 취해진다. 이때의 공신 호칭은 '위성공신(衛聖功臣)'이다. 위성공신은 임진왜란 때 광해군을 따라 이천(伊川)·전주(全州)에 갔던 이들을 녹훈한 것이다.129)

3등 공신에게는 공신교축(功臣敎軸)과 화상(畵像)을 내려주고, 관작의 품계를 1등급씩 올려주었으며, 그의 부모와 처자도 또한 1등급씩 올려주었다. 공신호는 적장자가 세습하여 녹을 잃지 않도록 하고, 사유의 은전을 영원히 후손 대대로 미치도록 하였다. 자식이 없으면 조카나 사위의 품계를 올려주었다. 더불어 반당(伴倘) 6명, 노비 3구, 구사(丘史) 3명,

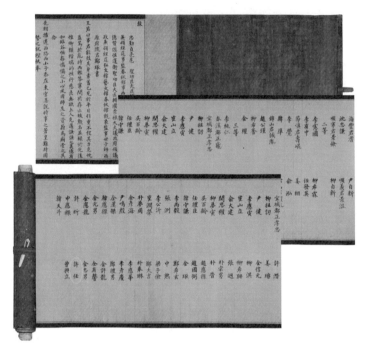

위성공신교서(보물 제494-2호)에 허임의 이름이 삼등공신으로 수록되어 있다. 위성공신은 임진왜란 때 광해군을 이천, 전주로 호종하고 광해군의 항일 활동을 보좌하는 데 공을 세운 80명의 공신들을 1613년 3등급으로 나누어 책록한 공신이다. 등급에 따라 은이나 말, 토지, 노비를 하사했으나 1623년 인조반정으로 삭제되었다.

토지 20결, 은자 5냥, 비단 1단, 내구마 1필씩을 내려 주었다.130)

허임에게도 공신의 특권과 20결에 달하는 방대한 토지가 사패지로 주어졌다. 허임에게 내려준 사패지가 구체적으로 어디였는지는 확인되지 않는다. 그러나 허임이 사후에 공주에 묻히고 후손들이 그곳에 거주한 것에 비추어 보았을 때, 공주와 관련이 있을 것으로 추측해 볼 수 있다.[131]

## "허임의 지각을 국문하라"

허임에 대한 사간원과 사헌부 관료들의 시비는 끊이지를 않았다. 이들 기관의 업무는 임금의 면전에서 간언(諫言)을 하는 것이 일이었다.

한번은 임금이 침의(針醫)를 소집했는데 허임이 지각을 하자 1614년(광해군 6년) 6월11일 사간원은 허임을 국문해야한다고 주장했다.

> 사간원이 아뢰기를, "근래 내국(內局) 의관(醫官)들이 완악하고 게으른 것이 습성이 되어 문안하고 의약(議藥)할 때에 주의를 기울이지 아니하고 으레 게으름을 피우는 일이 많아 식자들이 한심하게 여긴 지가 오래되었습니다. 어제 상께서 '내일 침의(針醫)들은 일찍 들어오라'는 분부를 하셨으니, 허임(許任)은 마땅히 궐문이 열리기를 기다려 급히 달려 들어와야 하는데도 제조들이 이미 모여 여러 번 재촉한 연후에야 비로소 느릿느릿 들어왔습니다. 이 말을 들은 사람들이 모두 경악스러워하니, 그가 임금의 명을 무시하고 태연하게 자기

편리한 대로 한 죄는 엄하게 징계하지 않아서는 안 됩니다. 잡아다 국문을 하여 그 완악한 습성을 바로잡으라고 명하소서"하니, 추고하라고 답하였다.132)

광해군이 허임에게 그 경위를 추궁하는 정도로 하자고 명을 내리자 다음날 사간원과 사헌부 두 기관이 동시에 나서서 허임을 국문하라고 거듭 촉구했다.133)

국문(鞠問)이란 모역죄(謀逆罪) 등 큰 범죄사건이 발생하면 왕의 명령에 의하여 임시로 국청을 설치하고, 죄인을 다룰 최고의 담당자인 위관을 정하고, 위관 주재 하에 죄인을 신문하던 일을 말한다.

사간원과 사헌부는 허임의 지각을 국문해야 한다는 것이었다. 물론 광해군은 허물을 묻는 추고(推考) 정도에는 동의했지만 국문에는 응하지 않았다.

오히려 침의들에게 관직을 주도록 촉구한다. 광해군은 그해 7월3일 "침의(鍼醫) 등에 대하여 승(承)을 상고하여 실직에 제수하라"고 영을 내렸다.134)

조선시대 사관 김용의 사초인 『당후일기초본』에 이 시기 허임과 남영이 광해군에게 침을 놓는 장면이 소상히 기록되어 있다.135)

병에 대해 어떻게 보았는지, 그리고 어떻게 혈자리를 정하여 침을 놓았는지에 대한 구체적인 과정까지 묘사되어 있다. 광해군이 혈자리를 더 찾아내라고 요구하는 모습도 보이고, 치통치료에 쓰는 혈도 거론되어 있다.

입시한 사람은 성씨만 기록되어 있는데, 허와 남은 허임과 남영을 지칭하는 것이다.

1615년(광해 7년) 11월26일 우협거, 해계에 침을 맞다. 내정, 삼리, 열결, 양계혈에 추가하다. 약방제조 이, 주서 김, 부제조 윤, 기사관 홍, 어의 조, 김, 윤, 허, 남이 입시하다.

유시에 왕이 옥경당에 납시다. 왕이 "어의는 얘기하라" 하니, 어의 조가 "이 증세는 외부의 풍사가 몸에 들어온 것이니 반드시 땀이 날 것인데 지금 침을 맞고자 하니 극히 심려가 됩니다."고 말하였다.

임금은 어제는 좀 나아진 것 같더니 오늘 오후에는 잇몸 내외(內外)가 뜬 것 같아 열이 심해진 것 같다. 또 울열(鬱熱)의 병에는 전에도 침을 맞는 것이 효과가 있은 듯하다.

조 어의가 "풍사에 감염되어 열이 나는 것은 민간에서도 발표(發表)하여 나은 자가 있으니 발산하는 약을 쓰는 것이 마땅하고 침을 놓을 수는 없는 것 같습니다"하고 아뢰었다.

임금께서 "비록 종기에 비할 바는 아니지만 급히 치료

하지 않을 수 없다"고 하시니, 조가 아뢰길 "경락병은 밤에 심해져서 더 편치 못 합니다."고 하였다.

임금께서 제조에서 "의논하여 아뢰어라."하니, 의관이 "해계와 내정 2혈에 침을 놓고자 하니 어떠하십니까?"하고 아뢰니, 임금께서는 "어찌 단 2혈인가, 다시 다른 혈을 의논해 주시오"하였다.

의관이 "해계 내정에 우선 자침하겠습니다"하니 왕은 "7, 8혈을 더 찾으시오"하였다.

의관이 "이 병은 위에 열이 있어 생긴 것인데 이 두혈은 위열에 속하므로 다만 이 2혈에 자침하고자 합니다"하였다.

임금께서 "그러나 어찌 2혈의 침으로 효과를 보는 이치가 있겠는가? 다시 다른 혈을 찾아주시오"하였다. 의관 등이 다신 논의하여 "신문, 삼리를 정해 나아가 아뢰길 이는 반드시 풍사가 감염된 것이니 신문혈과 삼리혈에 같이 자침하겠습니다"하였다.

임금께서 허와 남을 불러서 말씀하시길 "치통에는 어느 혈이 해당하는가"하니, 의관 등이 다시 우협거혈과 열결 2혈을 의논하여 아뢰었다.

허임이 나아가 침을 놓고 임금은 우측편에 침을 맞았다. 임금은 "양계혈은 산통에 쓰는 혈이므로 이 혈에도 침을 맞고 싶다"하니, 의관 등이 우측 양계혈에 침을 놓고 임금은 맞았다.

의관이 말하길 "이는 비록 위열로 생긴 것이나 반드시 밖에서 풍사가 들어와서 이른 것이다. 이렇기 때문에 여름에 위가 반드시 열이 더할 것이나 이 증세는 외부로 드러나지 않고 찬 겨울에야 드러나는 것이니 풍이 든 것이 그러합니다"고 아뢰었다.

이날 허임과 남영의 시술이 효험을 보인 모양이다. 이틀 뒤인 11월28일 광해군은 "허임(許任)과 남영(南嶸)을 경기와 가까운 도의 수령 자리가 비기를 기다려 제수하되, 속히 거행하라"고 재촉했다.[136]

1616년(광해군 8년) 1월23일 광해군은 허임을 영평현령(永平縣令)으로, 남영을 음죽현감(陰竹縣監)으로 삼았다.[137] 영평현은 경기도 포천시 영중(永中)·일동(一東)·이동과 영북면(永北面)지역을 관할한 행정구역이다. 음죽현은 경기도 이천시의 일부 지역에 해당한다.

서울과 그리 멀지 않은 곳에 배치를 해 둔 것이다.

이번 임명은 큰 반대 없이 이행이 됐다.

## "관노·사비 자식에게 양주목사라니"

광해군은 1616년(광해군 8년) 9월에도 여러 번 침을 맞았다.[138] 그리고 9월13일 침의(針醫) 안언길(安彥吉)과 백학기

(白鶴起) 등에게 수고한 대가를 지급하라며 챙긴다. 또 11월 27일에는 침의 허임·유대명·김귀상에게, 12월9일에는 침의 안언길에게 침 맞을 때 입시한 대가를 하사한다.[139] 광해군은 계속해서 12월부터 이듬해 1월까지 침을 맞고 있었다.[140]

이 당시 정국은 권력다툼으로 혼미를 거듭하고 있었다. 이 때 도제조는 이이첨이었다. 이이첨은 대북파의 핵심으로 정인홍과 함께 광해군 당시 권력을 주물럭거린 자이다.[141]

이런 중에 광해군은 1617년 2월12일 허임을 영평현령에서 다시 양주목사로 승진 발령했다.[142] 그러나 이 발령은 사헌부의 반대로 성공하지 못했다.

"양주(楊州)는 수도(首都)를 돕는 세 곳 중의 하나입니다. 지역이 넓고 사람은 많아 다스리기가 어려운 곳이어서 전부터 반드시 감당할 만한 자를 가려 뽑아서 보내었는데, 이것은 나름대로 그 뜻이 있는 것입니다. 새 목사 허임(許任)은 아비는 관노(官奴)이고 어미는 사비(私婢)로, 비천한 자 중에서도 더욱 비천한 자입니다. 그런데 침술(針術)로 발신(發身)하여 녹훈되고 봉군(封君)되기까지 하였으니, 분수에 이미 넘친 것으로, 국가에서 공로에 보답함이 너무 지극한 것입니다. 선조(先祖) 때에도 마전 군수(麻田郡守)에 제수되자, 본군의 하리(下吏)들이 그의 밑에서 일하는 것을 부끄럽게 여겨 한 사람도 와서 맞이해 가는 사람이 없어서, 이 때문에 아뢰어 체직시켰습니다. 영평(永平)의 수령이 되어서도 제대로 하리들을 장악하지 못하였습니다. 그런데 더구나 서울의 팔다리가 되는 이 중요한 지역이겠습니까. 속히 체차하도록 명하소서"143)

사헌부에서는 "허임(許任)은 아비는 관노(官奴)이고 어미는 사비(私婢)로, 비천한 자 중에서도 더욱 비천한 자입니다"라며 그의 출신성분을 들고 나왔다.

양주는 서울의 북쪽 길목으로 지역이 넓고 사람이 많은 요지였다. 이곳 수령을 허임에게 임명하니 사대부 관료들의 반대는 집요했다.144) 한 달 가까이 거의 매일같이 사간원과 사헌부에서 번갈아가며 집요하게 반대를 하자, 3월9일 양주목사 허임(許任)과 부평부사 이익빈(李翼賓)을 서로 바꾸는 선에서 타협을 했다.

광해군은 서울 인근에 유능한 침의들을 수령으로 배치해놓고 필요할 때 불러서 침을 놓도록 했다. 1617년(광해군 9년) 6월6일 허임과 유대명을 불러서 손에 난 종기를 치료했다. 6월21일 치료를 마치고 허임은 광해군에게 하직을 하고 임지인 부평으로 돌아가는 기록이 있다.

사관은 이때의 『광해군일기』를 쓰면서 "허임이 악공 허억복(許億福)의 아들인데 침술이 뛰어나 임금의 총애로 2품의 관직까지 올라갔다"며 좋지 않은 논조로 언급하고 있다.145)

11월10일의 『광해군일기』에서도 사관은 "허임과 유대명은 다 얼자(孽子)인데 침놓는 재간이 있었으므로 총애를 받아 특별히 기읍(畿邑)의 수령에 제수된 것이다"라며 비아냥거린다.

광해군은 1617년 여름부터 안질을 앓기 시작해 수년 동안 시달린다. 9월9일부터 안질 때문에 침을 세 번 맞고 중지하였다가, 11월10일 부평부사 허임과 금천현감 유대명을 올려 보내도록 하여 12일부터 이틀 간격으로 침을 맞았다.[146] 그러나 잘 낫지를 않았던 모양이다.

다음해인 1618년 1월14일 광해군은 "내가 지난해 여름과 가을 무렵부터 우연히 안질(眼疾)을 앓게 되었는데, 침과 약을 쓴 것이 며칠이나 되었는데도 아직 효과를 보지 못하고 있다"고 밝히고 "어떤 때는 좀 나은 듯하다가도 더 심해지곤 하면서 지금까지 질질 끌고 있는 상태"라며 고충을 이야기한다.[147]

이렇게 안질로 인하여 정사를 제대로 보기 어려운 사정은 오래 지속되었다. 안질로 침을 맞는 기록이 1617년 9월부터 이듬해 윤 4월까지 무려 8개월 이상 이어진다.[148] 이때는 폐모론을 둘러싸고 각 정파 사이의 갈등이 깊어져 가는 정국이었다.

이런 중에도 1619년(광해군 11년) 9월10일 궁궐역사에 공이 있는 이들에 대한 보상을 논의하면서 "침의(針醫) 전징(全澄)과 이제인(李濟仁)을 실직에 제수하고 배이룡(裵以龍)은

전에 내린 전교를 자세히 상고하여 이번 정사에서 실직에 제수하라"고 침의들을 챙긴다.149)

## "공사장에도 추국장에도 침의를 배치하라"

당시 침의들의 쓰임새는 다양했다. 추국을 받는 죄인들이 추국중에 죽지 않도록 하는데도 침으로 구료를 했다. 다음은 1612년 『광해군일기』의 기록이다.

추국청이, 죄인들이 형신을 받으면 곧바로 죽는 일이 있다는 것에 대해 회계하기를, "신들이 처음에는 형신의 곤장이 과중한 것을 우려하여 푼수를 감할 것을 아뢰었습니다만, 곤장을 고친 뒤에도 곧바로 죽는 일이 여전히 많으니, 그 이유를 알 수가 없습니다. 오직 옥졸들을 엄히 주의시켜 마음을 다해 침(針)으로 치료하여 잘 구료(救療)하게 할 뿐입니다. 감히 아룁니다"하니, 답하기를, "알았다. 근일에는 형신을 받지 않았는데도 병으로 죽는 사람이 또한 많으니, 다시 엄히 주의시키도록 하라"하였다.150)

공사장에서 일하는 사람들의 구료에도 침의가 배치되었다. 1618년 4월9일 광해군이 궁궐공사의 장역들을 간병하고 구료케 하는 일에 침의를 상설로 배치하라고 명을 내린다.

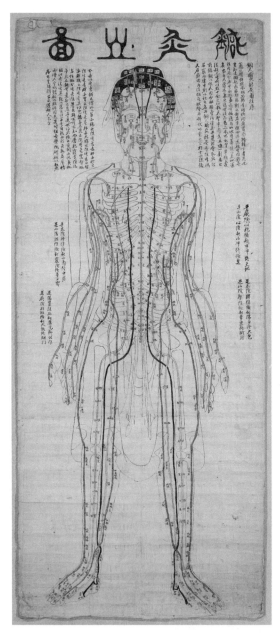

경혈도 : 조선 후기. 종
이. 국립중앙박물관 소장

"영건도감에서, 의원(醫員)과 침의(鍼醫)가 도감에 대기하고 있지 않은 탓으로 장역(匠役)들 가운데 병이 중한 사람을 구료(救療)하지 못하게 되었다 하니 놀랍기 그지없다. 모두 추고하고, 지금 이후로는 두 궁궐에 모두 의원 및 침의를 배정한 뒤, 자리를 떠나지 말고 간병(看病)하며 구료케 하라고 도감과 해사(該司)에 이르라"151)

사대부들도 몸이 아파 침을 맞는 경우가 잦아졌다. 『선조실록』에는 사대부들이 침을 맞는다는 기록이 심심찮게 나타난다. 임금이 직접 침의를 보내는 경우도 있었다. 허임도 왕의 명으로 고위관료의 침구치료에 자주 파견되었다. 선조시절 이수록(李綏祿)이 위급한 병에 걸려 집으로 가 있어서 선조가 내의원에서 약물도 만들어 보내고, 침의인 김영국과 허임을 파견해서 번갈아가며 살피고 구완하게 했다는 기록도 있다.152)

선조와 광해군 시기의 고관이었던 심희수가 침을 맞았다는 기록은 여러 곳에서 발견된다. 광해군 1년(1609년) 8월16일 우의정으로 있는 심희수가 또 침을 맞기 위해 휴가 중이라는 기록이 발견된다.153) 열흘 후에 심희수가 광해군 앞에서 자신이 아파서 침을 맞은 경위를 소상히 설명한다.154) 이 때 심희수는 침의 허임과 유의(儒醫) 박지수에게 침을 맞았다고 표

현하고 있다.155)

## "허임의 이름이 헛되지 않구나"

허임은 임금의 명을 받거나 혹은 관료들에게 직접 불려가
서 환자에게 침을 놓는 경우도 많았다.

이런 중에 허임은 나중에 『침구경험방』의 발문을 쓰게 되
는 이경석이 불러 그의 집에 있는 환자에게 침을 놓은 일이
있었다. 그러나 이미 너무 늦었던 듯, 허임에게서 침을 맞은
뒤 회복이 되는듯 하다가 얼마 안가서 환자는 사망했다. 이
기록은 이경석의 아버지인 이유간의 『우곡일기』 1618년(광
해군 10년) 4월에 소상히 기록되어 있다.

> 석(이경석)이 허임을 찾아가 와서 침을 놓기를 청했다.
> 넓적다리에서 피고름이 거의 3~4사발이나 뽑아냈다.
> 지난해 10월에 시작된 극심한 통증이 이미 종기가 되는
> 징후였는데 서울로 올라 온 후 여러 의자(醫者)들이 와
> 서 보고도 모두 종기를 알지 못했는데 허임만이 혼자
> 알았다. 과연 이름을 헛되게 얻은 것이 아니다.156)

이경석의 아버지는 허임의 명성이 대단함을 이야기하고 있
다. 이때 허임을 부르러 갔던 이경석은 곧 있을 인조반정의

핵심 세력이 된다. 이경석은 정쟁의 와중에서도 허임의 침술 실력을 인정하고 꾸준히 교류를 했다.

1619년(광해군 11년) 12월13일에는 내의원 관계자 전원에게 상이 내려졌다.[157] 이날 광해군은 특별히 허임의 늙은 어머니 소식을 전했다.

> "부평부사(富平府使) 허임(許任)은 위에서 편찮으실 때 여러 해 입시하여 침을 놓은 공이 있는 사람이다. 지금 들으니, 노모를 모시고 있는데 병세가 중하다고 하니, 자급을 더해 주도록 하라"[158]

허임 노모의 병세가 중하다는 이야기다. 임진왜란 이후 허임의 아버지에 대한 소식은 나타나지 않은데 비해 어머니에 대한 근황은 몇 차례 나온다.

허임이 부평부사를 할 당시에도 그의 어머니는 늙고 병이 들기는 했지만 함께 살고 있었다. 사대부집 종의 신분이었던 어머니는 허임을 낳아 조선에서 으뜸가는 침의로 키웠다. 그 어머니의 역할이 어떤 형태로든 대단히 컸을 것이다. 그런데 어머니에 대한 소식은 이 기록 이후엔 더 이상 실록 상에는 나타나지 않는다.

허임의 늙은 어머니가 병들어서 자급을 더해주라고 한 이날 『광해군일기』의 기록에는 많은 수의 침의들이 거론된다.

이 기록에서 허임 외에도 유대명·안언길·배이룡·정대붕·이제인·이수민·이대검 등 아홉 명의 침의들이 상을 받았다.

1622년(광해군 14년) 4월6일에 광해군은 허임을 남양부사에 특별히 제수했다. 남양부는 지금의 화성과 수원 일대를 말한다. 허임을 남양부사로 임명하자 광해군 일기를 쓴 사관은 다시 허임이 악공 '허억봉(許億逢)의 아들'이라는 점을 상기시킨다.[159]

광해군 집권 말기, 허임은 남양부사로 있었다. 1623년 들어서 이귀 등 인조반정세력이 한창 거사를 준비하고 있던 1월 20일, 광해군은 침의 유대명까지 불러올렸다.[160] 그리고 침을 맞았다.

그런데 2월19일 광해군은 어의 조흥남 등 의관들에게 일제히 죄를 물었다.[161] 내의원에서 문안을 올리던 때 하교한 일을 발설했다는 이유였다.

광해군은 이때 대단히 화가 났던 모양이었다. 그는 "다시 와서 문안하지 말고 나의 병이 아무리 심하더라도 침과 약을 모두 정지하도록 하라"고 하고, "허임(許任)·안언길(安彦吉) 등은 즉시 모두 내려가도록 하라" 단호하게 명을 내렸다. 그리고 "어의 조흥남(趙興男)·신득일(申得一), 침의 허임·유대명(柳大鳴)·유계룡(柳季龍)·안언길 등은 마땅히 잡아다 추국해야 할 것이나 내가 현재 조섭 중에 있으니 지금 우선

추고만 하고 녹 일등(一等)을 감봉하도록 하라"며 징계조치
를 내렸다.

그러나 광해군의 병증은 점점 더 심해져 갔다. 3월9일 다시
침을 맞으려고 했다.162) 하지만 3월12일 인조반정이 일어났
다.

허임은 그 때 남양부사로 임지에 있었다.

광해군은 의관 안국신(安國信)의 집에 숨었다. 결국 곧 붙
잡혀 귀양을 갔다. 그는 그곳에서 살다가 파란만장했던 한 세
상을 뒤로하고 하직했다.

## 세 왕에게 침놓던 명의의 '귀촌(歸村)'

인조 때 허임에 관한 기록은 『승정원일기』에서 발견된다.
인조반정이 일어나자 광해군이 임명한 사람들을 관직에서 내
쫓기 시작했다. 1623년 인조 원년 경기감사는 3월24일 침의
중에서 금천현관을 하고 있던 안언길을 쫓아내라고 계를 올
리고,163) 26일에는 남양부사 허임도 쫓아내라고 인조에게 청
한다.164)

그런데 허임은 인조 때도 여전히 내의원 관원으로 근무하
고 있었다. 인조 6년 『승정원일기』에 허임에 관한 기록이 다
시 등장한다.

1628년(인조 6년) 4월14일 내의원 관원에게 시상을 하라

고 인조가 하교를 한다. 여기서 허임의 이름이 침의 중에서는 제일 먼저 기록되어 있다. 이 때 "어의 신득일·이영남, 의약 상참 이유응·민강, 침의 허임·배룡·정대붕·박태원이 각 반숙마 1필씩"을 상으로 받는다.[165)

같은 해 9월2일『승정원일기』에서 허임은 유의(儒醫)인 이유성과 함께 인조에게 침을 놓기 위해 궐문(闕門) 밖에 와서 대기하는 모습이 다시 보인다.[166) 이 모습은 같은 해 9월3일자 응천일록의 기록에도 나타난다.[167)

인조는 1628년(인조 6년) 8월26일부터 9월10일 경까지 이틀 간격으로 침을 맞았다.[168) 허임이 입시한 가운데 침시술이 이루어진 것이다. 그리고 다음달 10월22일 인조는 침놓을 때 참여한 내의원 관원과 의원들에게 상금을 내렸다. 관련 기록이『인조실록』에도 나타난다.[169)

『승정원일기』에는 상을 받은 관계자들의 이름이 모두 기록되어 있다. 이때 훗날 내의원 도제조로서 허임의『침구경험방』 간행을 도운 김류(金瑬)도 호피(虎皮) 1필을 상으로 받았다.

> 내의원 도제조 김류(金瑬) 이귀(李貴)에게는 호랑이 가죽 1필, 승지 유백증(兪伯曾)과 사관 박일성(朴日省)에게는 활 1장(丈), 어의 신득일(申得一)과 침의 정대붕(鄭大鵬) 안효남(安孝男)에게는 반숙마(半熟馬) 1필을

하사하고, 이영남(李英男) 이희헌(李希憲) 이락(李絡)
허임(許任)에게는 중간정도의 표범가죽 1령, 가평군수
이유성(李惟聖)에게 표범가죽 1령을 하사했다.[170]

여기서 침의 정대붕과 안효남은 어의 신득일과 나란히 반
숙마 한필을 하사받았지만 허임은 중급 정도의 표피 1령만을
받는다. 또 허임의 이름은 침의들과 나란히 기록되어 있지 않
고, 별도로 이영남·이희헌·이락 등의 이름 뒤에 거의 마지
막 순서로 쓰여 있다.

무슨 연유인지는 모르나 이 때 쯤 허임은 내의원을 그만 둔
것으로 풀이된다. 그 후 『승정원일기』에서 허임은 더 이상 내
의원 침의로 거론되지 않았다.

50대 후반의 침의 허임에게 무슨 일이 있었고, 그 후 그는
어디로 갔을까?

## '귀신 잡는다는 침술' 이형익 논란

선조 때부터 주목을 받기 시작한 침의의 위상은 광해군을
거쳐 인조 때에 더욱 확고해졌다.

허임이 내의원 침의에서 물러나 어디론가 떠난 뒤, 인조의
최측근 의원이 된 침의는 이형익이라는 사람이다. 이형익의
등장은 처음부터 조선의 조정에 비상한 관심을 불러 일으켰

다.

당시 세간에는 이형익의 번침법이 사기를 물리친다는 소문이 파다했다. 시골의 침의 이형익을 처음 내의원에서 불러들인 것도 그가 침술로 사기를 다스린다는 소문 때문이었다.

1632년(인조 10년) 6월 인목대비가 죽은 뒤 인조는 장례를 치르면서 건강이 크게 악화됐다. 그해 11월에 대흥(大興, 현 예산군 대흥면) 사람 이형익이 침술로 사기(邪氣)를 다스린다는 소문이 있어 내의원에서 그를 불러들이기 위해 급료지급을 요청했다.

> "이형익의 침술이 매우 묘하다고 하기에 본원(本院)이 불러 오려고 했으나, 먼 데에 사는 사람이라서 돈을 마련할 곳이 없으니, 해조로 하여금 급료(給料)토록 하소서"171)

하지만 이 때 인조는 괴이하고 믿을 수 없는 술법이라고 일축했다.

> "괴이하고 허탄한 술법을 추장(推獎)할 필요가 없으니, 급료하지 말라"

인조의 이런 태도는 얼마 안 가서 바뀌었다. 1633년(인조 11년) 1월 인조는 번침술(燔鍼術)로 병을 고친다고 이름이 난 이 시골의 침의(鍼醫) 이형익(李馨益)을 내의원에서 불러 서울에서 머물 수 있도록 녹봉을 준 후 자신에게 침을 놓도록 했다.

찬바람을 많이 쏘이고 마비증세가 있던 인조에게 번침은 상당한 효과가 있었던 것으로 보인다. 인조는 그를 총애하기 시작했다. 그 총애는 인조가 죽을 때까지 계속됐다.

번침은 불에 달군 침으로 지지듯이 침을 놓는 것이라고 알려져 있다. 번침은 화침(火鍼) 또는 낙침(烙針)이라고도 하는데 『황제내경』에도 기록되었다. 그러나 이형익의 번침에 대해서는 기록이 없어서 자세한 시술방법은 현재 알 수 없다.172)

분명한 것은 이형익의 번침법이 전통적인 의료술을 시행하던 조정 대신들에게는 괴이한 방법이고 또 검증되지 않은 방법을 경솔하게 옥체에 실험하는 것 같이 보여서 비난의 대상이 되었다.

인조가 번침을 연일 맞자 1633년(인조 11년) 2월23일 옥당(玉堂, 홍문관)에서 차자(箚子)를 올려서 이형익이 괴이한 방법을 써서 사람들을 현혹시키며 스스로 기이하고 신묘한 침술이라고 자랑하는데 믿고 쓸 수 없다며 아뢴다.

"근일 성상께서 침을 맞으시면서 이형익의 손에 맡겨 경솔하고 괴이한 방법을 쓴다하니 매우 놀라움을 금치 못하겠습니다. 이형익은 스스로 기이한 방법과 신통한 비결이라며 사람들에게 자랑한 지 오래 되었습니다. 사대부들 중에 고질에 걸려 오래 끌다 부득이 그의 침술을 쓰는 자가 있으나, 일일이 효험을 보았다는 말은 듣지 못하고 더러 해가 따른 것을 신들 중에도 목격하여 아는 자가 있으니, 그 침술이 괴이하고 허탄하여 믿고 쓸 수 없음이 분명합니다."173)

하지만 이형익의 번침술에 대한 인조의 태도는 요지부동이었다. 오히려 선조나 광해군 때에는 침구를 시술할 때 대개는 약방대신과 어의와 침의가 모두 입시하여 침놓을 혈(穴)의 위치를 정하고 비로소 침의가 시술을 하였는데, 인조는 이러한 관례까지 무시하고 침의만이 입시하여 침을 놓도록 하였다.174)

1633년(인조 11년) 10월 임금이 이형익에게 번침 치료를 자주 받고 있었는데 간혹 한 혈(穴)씩 좌우에 조금 차이가 나게 놓았다. 이에 인조가 그 시술이 잘못된 것을 깨닫고, 이형익에게 죄를 물었다. 이를 기회로 사헌부는 침의만 단독으로 참여한 치료에 대해 강력하게 문제를 제기하고 나섰다.

"군부(君父)가 침술 치료를 받으시는 것이야말로 더없이 중한 일이므로 침을 놓는 의원은 십분 자세히 살펴야 하는데도, 망령되이 그 기술만 믿다가 그르치는 걱정을 끼쳤습니다. 그 밖의 어의(御醫)도 같이 입시하였다면 침을 놓을 때 반복해서 주의 깊게 살폈어야 할 것인데, 뒤따라 드나들면서 한마디도 언급하지 않았으니 그들의 죄를 징계하지 않을 수 없습니다. 침을 놓은 의관과 함께 입시했던 의원들을 모두 잡아다 국문하여 죄를 처단하소서. 그리고 약방제조는 반드시 입시해야 하는 종전의 예가 있는데 1년이 넘도록 침을 맞으시면서 끝내 입시를 윤허하지 않으시니 사람들이 미안해하고 있습니다. 이번에 침의가 점혈(點穴)을 잘못 했으나 약방 제신들이 멀리 문밖에 있었으므로 미리 알 길이 없었으니 사리로 미루어 볼 때 더욱 미안합니다. 그러니 침을 맞으실 때면 구례에 따라 같이 참석하게 하소서"175)

인조는 이 말을 받아들이기는 했다. 그러나 그 후로도 종종 다른 사람들이 입시하지 않은 상태에서 침의가 단독으로 침 놓는 일이 있어서 논란은 계속됐다.

이형익은 시술에 대한 간섭을 대단히 못마땅하게 여기고 있었다. 시술을 받는 임금의 요청까지도 불편했던 모양이다.

1637년(인조 17년) 8월18일 인조는 이형익에게 "저번 날 침을 맞은 혈수(穴數)가 적은 듯하다"고 말하고 더 많이 맞기를 원하자 이형익은 "지금 하교를 받고 보니, 감히 진달하겠습니다마는, 신이 침술을 제 소신껏 발휘하지 못하게 되면 아마도 효험을 보지 못할 것입니다"라고 감히 아뢴다.

이에 함께 입시해 있던 침의 반충익이 "오늘 안색을 살펴보니 사수(邪祟)의 기운이 있는 듯합니다. 이는 형익이 참작하여 치료하기에 달려 있을 뿐입니다"라고 맞장구를 친다.

인조는 "침을 놓게 하면서 침술을 다 발휘하지 못하게 하면 되겠는가"라며 침의 이형익에 몸을 맡겼다.

이러한 장면에 대해 이날 조선왕조실록을 쓴 사관은 다음과 같이 논평했다.

> 살펴보건대, 반충익은 음성(陰城)의 촌의(村醫)이다. 이형익과 서로 수작하여 날마다 요사스러운 말을 올려 주상의 의혹을 초래하였으니, 이것이 누구의 허물인가. 대체로 제왕(帝王)이 병에 걸리는 것은 기욕(嗜欲)을 절제하지 못한 데에서 연유하는데, 오직 약을 가까이하며 심성(心性)을 수양하여 원기를 점차 완전해지게 하고 영위(榮衛)를 충실하게 한다면, 저절로 치료가 되는 경사가 있게 될 것이다.
>
> 그런데 어찌하여 사질(邪疾)이라고 하면서 요괴(妖怪)한 무리들을 널리 불러와 망령되이 번침(燔鍼)을 놓게 한단 말인가. 가령 만일 사수(邪祟)가 있다 하더라도 그것을 다스리는 방도는 마땅히 정도로 해야 할 것이지, 어찌 사술(邪術)로 사수를 다스리게 하면서 능히 그 효험을 바랄 수 있겠는가.

일반 신하들이 마음속으로 은근히 걱정하지 않는 이가 없었는데, 대신과 대간도 감히 한 마디도 말을 하여 구제하지 못했으니, 어찌 진실로 안타까운 일이 아니겠는가.176)

사관의 이러한 논평은 조정에서 바라보는 이형익과 그를 따르는 자들에 대한 일반적인 시각이었다.

당시 인조는 자신의 병이 궁궐에서 있었던 저주사건과 연관하여 귀신이 붙어서 생긴 것이라는 생각이 강했다. 그리고 이를 물리치는데 이형익의 번침이 효과적이라는 인식이 있었다.

이형익과 반충익이 사수(邪祟)라는 용어를 쓰고 있다. 이 말은 바로 귀신이 빌미가 되서 생긴 병이라는 뜻이다. 결국 이형익이 번침으로 고칠 수 있다는 것은 저주로 인한 사수(邪祟)를 제거할 수 있었다는 의미이기도 했다.177)

침의 이형익은 번침으로 사수를 제거할 수 있다는 빌미로 인조가 세상을 떠날 때까지 정치적 동반자 관계를 유지했다.

# 제5장 백성들 속으로

## "허임의 의술이 더 뛰어나다"

인목대비 상례를 치르면서 상한 인조의 건강은 1636년(인조 14년)에 겪은 병자호란으로 또 다시 큰 손상을 입는다. 인조는 병자호란을 맞아 청나라에 굴욕적인 항복을 할 수밖에 없었다. 청나라는 조선이 명나라와 유지했던 사대관계(事大關係)를 청산하고 청과 새로운 사대관계를 맺을 것과 그에 상응하는 군사적 재정적 공납을 강요했다.

1639년(인조 17년) 7월에는 청나라 사신이 삼전도 비문을 쓸 사람을 보내고 조선에 귀화한 사람들을 송환할 것을 요구했다. 심지어 인조에게 심양에서 열리는 청나라 조정의 조회에 참여하라는 압박까지 가했다.

인조는 병자호란을 거치며 굴욕감과 패배감 그리고 그 후에 청나라로부터 계속되는 압박으로 다시 건강상의 문제에 부딪히게 된다. 인조 17년 8월의 발병은 전란과 전란이후 청나라의 압박에 의한 스트레스 때문이었을 것이다.[178]

1639년(인조 17년) 여름 이형익이 여러 차례 번침을 놓았으나 인조의 병은 좀처럼 낫지를 않았다.

이때쯤 『승정원일기』에 허임의 이름이 다시 등장한다.

8월12일 임금이 식은땀을 흘리는데 낫지를 않자 내의원 도제조 최명길이 "허임이 청한(靑汗, 식은 땀)을 치료한 적이 있다고 한다"며 허임을 소개했다. 그는 "허임의 의술이 지금의 의원보다 뛰어나다"며 적극 추천했다. 그런데 허임이 늙어서 말을 타고 와서 침을 놓기가 어렵다고 전했다. 그러자 인조는 "병세를 써가지고 가서 물어보는 것이 좋겠다"고 의견을 내놓는다.[179]

그로부터 6일 후인 8월18일 허임으로부터 임금의 병에 대한 침구처방이 도착했다.[180] 허임으로부터 침구처방을 받아오자고 의논한 날로부터 6일 뒤이다. 당시 허임은 서울에서 말을 타고 6일 정도에 왕복할 수 있는 거리에 살고 있었던 것이다. 충청도 공주는 당시 서울에서 말을 타고 6일 정도 만에 다녀올 수 있는 곳이다.

인조의 청한 증세에 대해 허임이 보낸 처방은 손에 침혈 각네 곳, 등에 뜸혈 두 곳, 장부에 침혈 중완 한 곳. 그러나 이에 대해 침의 이형익과 반충익 등 당시 인조의 신임을 독차지하고 있던 침의들은 이것을 동시에 놓을 수 없으므로 주의해야 한다며 중완 한곳의 혈에만 침을 놓았다.

당시 인조의 병 치료는 이형익이 주도하고 있었다. 그래서 허임이 써 보낸 처방은 참고자료에 불과했고, 인조의 병을 치료에 실제로 활용되지는 않았던 것으로 보인다.

이즈음 허임은 충청도 공주의 평범한 농촌마을에서 백성들의 병을 고쳐주며 평생의 임상경험을 모아 『침구경험방』을 집필하고 있었다. 간행년도가 1644년(인조 22년)이니까 1639년(인조 17년) 경엔 이미 책의 원고가 거의 완성되었다고 볼 수도 있다.

허임은 『침구경험방』의 서문을 '사기(邪氣)'에 대한 설명으로 시작했다.

경에서는 '사기(邪氣)가 들어온다는 것은 반드시 기가 허하다는 의미'라고 했다. 무슨 연유인가? 일반적으로 사람들의 질병은 음식을 조절하지 못하고, 주색이 정도가 지나쳐 바람[風], 차가움[寒], 더위[暑], 습함[濕]이 허하고 쇠한 것을 틈타 경락에 들어와서 영위(榮衛)가 행해지지 못하는 것 때문에 생긴다. 병을 다스리는 방법은 오로지 해당 부분을 분명하게 파악하여 침과 뜸으로 허한 것을 보하고 실한 것은 사하여 각각 혈기를 조절하는 것이다.

허임이 이렇게 '사기'에 관해 논하면서 서문을 시작한 것은 당시 병인(病因)에 대한 그릇된 인식이 퍼져있는 것에 경종을 울리고자 한 것이라고 풀이해 볼 수 있다.

## 평범한 농촌마을, 뜸밭골에 정착하다

허임은 1628년(인조 6년) 조선왕조실록에서 그의 이름이 더 이상 나타나지 않을 때부터 이미 공주로 삶의 터전을 완전히 옮긴 것으로 보인다.

허임이 외환을 넘고 내우의 소용돌이 한가운데서 벗어나 정착했던 곳은 공주의 금강 곰나루 북쪽 뜸밭골이다.

오늘날 행정구역으로는 우성면 한천리·내산리·도천리·신웅리의 4개리, 15개의 자연촌락으로 이루어져 있다.

뜸밭골은 그 형국이 곰나루 위에 놓인 배[行舟形]와 같다. 따라서 마을이름이 이 나루위에 떠 있는 배라는 의미의 '뜬배'에서 '뜬밭'으로 다시 '뜸밭'으로 전와(磚瓦)된 것으로 풀이된다.

'뜸밭'의 한자표기가 '부전(浮田)'이다. 이 골자기 마을을 부전동(浮田洞)이라고 흔히 불려왔으나 이 명칭은 조선후기 면리제가 실시된 이후 지금까지 한 번도 행정동리명으로 사용된 흔적은 찾아볼 수 없다. 그러나 이 지역 주민들은 과거에도 그러했고 오늘날에도 '부전동(浮田洞, 뜸밭골)'이라는 명칭을 즐겨 사용하고 있다.[181]

허임이 50대 중후반에 '귀촌(歸村)'한 곳. 충남 공주시 우성면 뜸밭골 전경. 금강의 곰여인의 전설이 있는 곰나루 바로 옆 연미산에서 2008년 촬영한 사진.

이 부전동의 자연지리적 환경은 전통촌락들이 그런 것처럼 전형적인 배산임수의 입지조건을 지니고 있어서, 북쪽에는 해발 614m의 무성산이 주봉으로 버티고 있으며, 남쪽에는 아름다운 금강이 굽이쳐 흐르고 있다. 무성산으로부터 시작되는 2개의 능선이 북에서 남으로 길게 내려 뻗으면서 좌청룡·우백호의 형상으로 부전동의 동서를 감싸고 있다.

이 두 개의 능선이 끝나고 나면 다시 그 앞으로 해발 192m의 연미산(여미산)과 170m의 채죽산이 동서에 각각 우뚝 솟아 있고, 이 연미산과 채죽산의 사이에 곰나루[熊津]가 위치하고 있다. 이와 같은 부전동의 형상을 부전동민들은 일찍부터 '이십리장곡'(二十里長谷, 금강 곰나루에서 북쪽 무성산 계곡까지의 20리 긴 골짜기)이라고 묘사해 왔다.

남북으로 길게 뻗은 부전동의 중앙에는 북쪽에 위치한 무성산의 계곡에서 발원하여 남쪽의 금강 곰나루로 흘러 들어가는 '약천내'가 있다.

부전동 논밭의 농업용수는 거의 전적으로 이 약천내에 의존해 왔는데, 1961년 준공된 상류의 한천저수지가 만들어지기 전에는 항상 그 수량이 경지면적에 비해 충분치 못하였다. 따라서 부전동에서는 마을의 젖줄이라고 할 수 있는 이 약천내의 관리를 중시하여 최근까지도 무성산에 대한 산제(山祭)와 함께 이 내에 대한 천제(川祭)가 실시되고 있다.

전통시대의 큰 마을은 흔히 몇 개의 작은 마을로 구성되어 있는데, 주변의 열두 동네를 하나의 마을범위 속에 포함하고 있어서 '뜸밭 열두동네'라고 불리워졌다. 열두동네의 명칭은 구술자에 따라 다소 차이는 있으나 북으로부터 나열해 보면 영천·대추나무쟁이·중말·장터·승주골·안골·동성·장자동·안터·약천·갱변말·도고머리 등이다. 이 열두 동네에는 최근까지도 각각 풍물이 보관되어 있었고, 1950년대까지도 두레가 행해지고 있었다고 한다.

이곳에는 400여 년 내려온 동계(洞契)가 있다. '뜸밭'이라 불리는 이곳의 지명을 딴 부전대동계(浮田大洞契)의 좌목(座目)에 허임에게 직접 침술을 배운 최우량(1599년~1671년)이 등장한다.

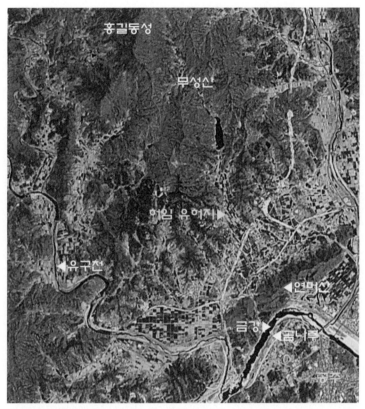

허임이 노년에 정착한 곳은 충청도 공주 감영의 북쪽 금강 곰나루 건너 뜸밭골
이라고 불리는 평범한 농촌마을이다.

부전대동계에는 19세기 중반까지 허임의 후손 총 28명과
최우량의 후손 강화 최씨 16명의 기록도 있다.[182] 그리고 바
로 허임의 후손들이 대대로 살아온 내산리 마을의 산자락에
는 허임의 제자 최우량의 묘소가 있다.

허임은 노년에 이곳 공주 우성면 내산리에 살면서 병자들을 진료하며, 후학들에게 침술을 가르쳤다. 부전골의 한 가운데에 위치한 허임의 집은 무성산이 병풍처럼 배경을 이루고 있는 곳이다.

## 마을의 선비에 침을 가르치다

허임은 공주에 살고 있었지만 그의 침구진료 소식은 서울의 내의원 제조들도 알고 있을 정도로 주목받고 있었다.

허임이라는 이름이 다시 『승정원일기』에 등장하는 때는 1641년(인조 19년) 5월19일. 내의원이 임금에게 보고하는 내용 중에서 "공주에 사는 최우량이 허임에게서 침을 배웠는데 그 의술이 매우 뛰어났다"는 기록이다.183)

최우량은 공주에 사는 벼슬을 하지 않은 유생이었다. 허임에게서 침을 배운 그가 일이 있어 서울에 왔다가 재신 중에서 창증이 심한 사람이 있어 침을 놓자 곧바로 효과가 있었다는 것이다.

최우량은 바로 다음날인 5월20일 오위(五衛)에 속한 종9품의 무관직(武官職)인 부사용(副司勇)의 관직에 제수됐다.184) 그 후 최우량은 내의원 침의로 활동하는 기록이 이어진다.185)

최우량은 1658년(효종 9년) 7월27일 경외(京外)의 침과 약에 뛰어난 사람들을 불러들이는 문제에 대한 내의원 도제조의 계(啓)에도 여러 침의들의 이름과 함께 거명된다.186)

허임에게서 침을 배운 최우량의 묘(원 내)가 허임이『침구경험방』을 집필한 마을 뒤 산에 있다. 최우량의 묘에서 바라본 허임 유허지 전경.

최우량은 효종 때인 1656년(효종 7년) 7월14일에도 부사용으로 다시 관직이 제수되는 기록이 있고,[187] 산림경제에도 침의(鍼醫)로 거론되는 대목이 있다.[188]

최우량의 본관은 강화인데, 이들 강화 최씨의 족보에는 벼슬이 부사과(副司果, 종6품)에 이른 것으로 기록되어 있다.

1656년(효종 7년) 7월12일『승정원일기』에 따르면 최우량은 남창조와 나란히 내의원에서 침술이 가장 정미로운 침의라는 평가를 받았다.

남창조는 허임이 젊은 시절에 함께 내의원에서 근무하며 선조를 치료한 침의 남영의 아들이었다.

허임은 자신보다 약 30세 가량 젊은 유학(幼學, 벼슬하지

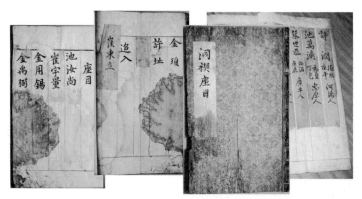

최우량(1599년~1671년)에 대해 강화 최씨 족보를 살펴보면 바로 허임의 후손들이 살고 있는 공주 우성면 내산리 사람임을 알 수 있다. 허임이 노년에 정착해『침구경험방』을 집필한 충청남도 공주시 우성면 뜸밭골에는 400여 년 내려온 동계(洞契)가 있다. '뜸밭'이라 불리는 지명을 딴 부전대동계(浮田大洞契)의 좌목(座目)에도 허임에게 침술을 배운 최우량이 등장한다. 부전대동계에는 19세기 중반까지 허임의 후손 총 28명과 최우량의 후손 강화 최씨 16명의 기록도 있다.

않은 선비) 최우량에게 침뜸을 가르쳐 명침의(名鍼醫)가 되게 한 것이다.

허임에게 직접 침구술을 배운 사람의 기록을 더 찾을 수는 없다. 하지만 『침구경험방』에는 그가 나이 들어 올바른 침구법을 널리 전하려는 뜻이 곳곳에 나타난다.

『침구경험방』 서문 끝에 허임은 "지금 늙어서까지도 올바른 법이 전해지지 못할까 근심하고 있다"라며 자신의 심정을 털어놓고 있다. 의술을 올바르게 전하고 싶은 허임의 소망을 직접적으로 나타내는 말이다.

『침구경험방』 서문 다음에 제일 먼저 '와혈'(訛穴, 잘못 잡는 혈)이라는 항목이 나온다. 소상 합곡 신문 견정 절골 삼리 등은 자주 쓰이는 혈이다. 허임은 침구를 가르치는 과정에서 배우는 이들이 상용혈(常用穴)을 잘 못 잡는 경우를 많이 겪은 듯하다.

뿐만 아니라 『침구경험방』 자체가 침구를 올바르게 가르치기 위한 교재인 셈이다. 허임은 임진왜란 중인 20대에 이미 의학교수로 전국을 다니며 의녀 등에게 침술을 가르쳐 왔다. 의학을 가르치는 교수로서의 역할은 자연스런 임무가 됐다. 이러한 그의 이력이 평생의 침뜸교육경험을 바탕으로 간결하면서도 내용을 망라한 실용적인 침구임상교재를 만들게 한 것이라고 할 수 있다.

또한 허임은 『침구경험방』 서문에서 "경에 이르기를 사람들에게 법은 전해줄 수 있으나 솜씨는 전해줄 수가 없다"라고 전하고, "옛날부터 손을 사용하는 법이 상세하고 완벽하지 않은 것이 없으나 후인들이 그 뜻을 깨닫지 못하고 혈의 분촌만을 헤아리기에 힘써서 동맥(動脈)이 손에 응하는 것을 알지 못한다"며 침구술은 몸으로 체득해야 함을 강조하기도 한다.

## 평생의 임상경험 나라에서 출판하다

허임은 늘 백성들 가운데서 인술을 베풀면서 살고자 했다. 이 소망은 명의(名醫)를 가까이 두려고 하는 임금의 명령에 의해 번번이 실패를 하고, 내의원 침의의 직무를 맡아야 했다.

허임은 40대 였던 1610년 초에 나주에 가 있었는데 광해군이 한양으로 불러들였다.

사헌부는 허임이 여러 번 재촉했는데도 안 온다며 임금을 무시했으니 국문하라고 요구했다. 광해군이 거절해 국문은 면했으나 허임이 나주에 정착하려고 했던 일은 실패했다.

중년이 지나서야 허임의 귀촌은 이루어졌다. 충청도 공주 금강의 곰나루 건너 평범한 농촌마을 뜸밭골에 정착을 한 것이다.

그는 이곳 공주에서 인술을 베풀며 침구술을 후진들에게 가르쳤다. 그리고 그의 나이 70대 들어 자신의 침구의학을 정리하고 임상가로서 치료경험을 고스란히 담아 『침구경험방』을 집필했다.

노의(老醫) 허임은 충청도 공주의 평범한 농촌마을에서 찾아오는 병자들을 돌보며 틈틈이 붓을 들어 자신의 침구의술을 한 글자 한 글자 써 내려갔다.

허임은 어릴 때 부모님의 병을 진료한 의원으로부터 침구의술을 배운 뒤 평생을 고통 받고 신음하는 병자들과 함께 했다. 그리고 일생동안의 임상경험을 널리 그리고 후대까지 전하여 백성들의 고통을 덜어주고자 『침구경험방』의 저술에 힘을 쏟았다.

『침구경험방』 서문에는 "이제는 늙어서 그나마 올바른 법이 전해지지 못할까 근심하고 있다"며 자신이 세상을 하직한 이후의 세상 사람들과 환자들까지 걱정하는 모습이 나타나 있다.

그리고 허임은 "읽는 사람들이 뜻을 더해서 병을 고치고 생명을 살리는데 조금이라도 보탬이 있기를 바랄 뿐이다"라며 자신의 평생에 걸친 임상경험을 후대 사람들도 널리 활용하기를 겸손하게 기대했다.

소박하게 표현한 그의 소망은 위대한 결과를 낳았다.

그 뜻을 알아주는 이가 있어 『침구경험방』은 수많은 사람들의 병을 고치고 생명을 살리는데 광범위하게 활용될 수 있었다.

조선시대 책을 인쇄해 내는 일에는 비용과 시간이 대단히 많이 들었다. 허임이 자신의 임상경험을 모아 원고는 써 놨다고 하더라도 인쇄를 하는 일은 또 다른 큰 과제였다.

목판인쇄를 하기 위해서는 판목 만들기, 연판(鍊板), 각자(角字)의 순서를 거친다. 처음에는 판목으로 쓸 나무를 고른다.

다음에는 적당한 크기와 두께로 나무를 잘라서 결을 삭히는 연판 과정에 들어간다. 결을 삭히기 위해서는 바닷물에 담그는 방법과 물에 넣어두는 방법, 그리고 한동안 물에 담가두었다가 소금물에 삶는 방법도 있다. 담갔던 판목은 충분히 말려야 썩거나 뒤틀리지 않는다. 이 과정을 거친 후 판목의 표면을 대패로 매끄럽게 다듬는다.

다듬은 판목에 글씨를 새기기 위해서는 알맞게 자른 종이에 글자를 정서하여 판목에 뒤집어 붙인다. 그 위에 들기름을 투명하게 발라서 글씨가 잘 비치도록 하여 판목에 글자를 새기면 인쇄용 목판이 된다.

이 목판에 먹을 칠하여 인쇄를 하면 글이 찍혀 나온다. 쓰고 난 목판은 응달에서 말린 후 통풍이 잘되는 곳에 보관해야 한다.

이러한 목판은 활자본과는 달리 한번 새겨 놓으면 간행 수량에 제한받지 않고 찍어낼 수 있고, 필요할 때마다 다시 사용할 수 있다.

허임이 집필한 저서 『침구경험방』은 당시 국가 최고의 의료기관인 내의원에서 목판인쇄로 간행을 추진했다. 『침구경험방』의 발문에 이경석은 다음과 같이 그 간행 경위를 밝히고 있다.

> 지금 나라의 재상인 북저 김류가 내국(내의원)의 도제조를 맡고 있고, 내가 마침 그 아래 있어 이 경험방을 호남관찰사 목성선공에게 부탁하여 간행하게 하였으니, 임금님께서 만백성을 건강하게 살도록 하려는 뜻을 받든 것이다. 훗날 이런 것을 보는 사람들은 이를 이어

가야 할 것이다.

당시 영의정 명으로 관찰사까지 동원하여 『침구경험방』을 펴낸 것이다. 조선시대 인쇄술이 발달했다고는 하지만 판본으로 책을 하나 펴내는 데는 적지 않은 재원이 들어간다.

가난한 침구의원이 판본으로 책을 출간한다는 것은 불가능했다. 국가적인 사업이 아니면 『침구경험방』은 간행될 수가 없었다.

한 의원의 임상경험을 국가적인 사업으로 정리 출판해 낸 것은 그 의술이 그만큼 백성들을 위해 필요하다고 보았기 때문이다.

허임의 침구술이 어느 정도인지는 『침구경험방』 발문에 잘 나타나 있다. 당시 춘추관이면서 내의원 제조를 맡고 있던 당대의 문장가 이경석은 이렇게 표현하고 있다.

> 태의 허임은 평소에 신의 의술로 일컬어졌고 평생 동안 치료한 사람은 다 꼽을 수가 없다. 그중에서는 죽어가는 사람을 살려낸 경우도 많아 일세에 명성을 떨쳤으며 침의들에게서는 으뜸으로 추앙되었다.

책 발문의 말미에는 "갑신년 4월 내의원 제조 자헌대부 의정부 우참찬 겸지경연 춘추관사 오위도총부 도총관 이경석

삼가 발문을 쓰노라"라고 되어 있다.

이를 통해 『침구경험방』의 간행년도가 1644년(인조 22년)임을 추정해 낼 수 있다.

이 초간본은 목판으로 당시 내의원 도제조 김류의 명을 받아 제조 이경석이 호남관찰사 목성선에게 부탁하여 전주에서 인쇄한 것이다.

## 백성들 가운데서 나온 '신의 의술'

양양의 관노였던 아버지 허억봉과 김귀영가의 종이었던 어머니 사이에 태어난 허임은 부모의 병 때문에 의원집에서 일하며 의술에 눈을 떴다. 그는 부모의 출신이 천인인지라 초창기 그가 병을 고쳐주고, 피고름을 닦아준 사람들은 대부분 가난한 백성들이었다.

그는 임진왜란 때는 치종교수로 전장을 다니며 침과 뜸으로 수많은 백성들의 병을 고치고 고통을 덜었다. 침술로 일세에 이름을 날리던 그는 내의원 침의로 천거되어 왕실과 양반사대부의 병을 치료했다. 동시에 가난한 백성들 속을 떠날 수 없었고, 병으로 고통 받은 이웃이 있는 곳에 항상 그의 손길이 머물러 있었다.

하지만 허임의 생애와 삶의 자취를 더듬어 볼 수 있는 기록은 왕조실록과 『승정원일기』, 양반사대부가의 문집에 나와 있는 것이 대부분이다. 이러한 기록들에서는 왕실과 조정 그리고 사대부가와 관련된 일화가 주종을 이룰 수밖에 없다. 일반 가난한 백성들을 진료한 활동은 전혀 나타나지 않는다.

그러다보니 허임의 침구진료 행적이 주로 임금을 치료하고, 간간이 양반 사대부만을 치료한 것처럼 보일 수 있다. 따라서 이들 기록만을 가지고 허임의 생애를 조명해 내는 데는 한계가 뚜렷하다.

허임이 백성들을 구료한 활동을 짐작해 볼 수 있는 자료는 『침구경험방』에서 광범위하게 찾아볼 수 있다. 평생의 임상 경험을 바탕으로 한 『침구경험방』은 그 자체가 허임의 삶의 행적이기도 하다. 허임은 『침구경험방』 서문에서 책 내용과 펴내는 뜻을 이렇게 소개하고 있다.

> 평소에 듣고 본 것을 가지고 대략 편집하고 차례를 지어 먼저 병을 살피는 요지를 저술하고, 아울러 질병의 전환 구조를 논하고, 보사의 법을 밝히고, 취혈의 잘못된 점을 바로잡았다. 또 잡론 약간을 저술하고 효과를 시험해 본 중요한 경혈과 병에 합당한 약을 기록하여 합해서 한 권으로 만들었다.
> 감히 스스로를 옛사람의 저술에 견주려는 것이 아니라 단지 일생동안 고심한 것을 차마 버릴 수 없었기 때문이다.

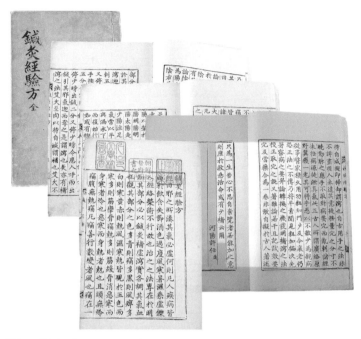

『침구경험방』 활자본. 서울대학교 규장각 소장.

　허임의 『침구경험방』은 1권 분량의 책으로 실제 침구치료
에 써먹을 수 있는 실용적 침구의술서(鍼灸醫術書)다. 책머
리에는 저자 허임의 서(序)가 실려 있고, 말미에는 내의원 제
조 이경석의 발(跋)이 붙어 있다.

　『침구경험방』은 침구이론을 요약하고, 질병별 침뜸치료에
대한 허임 자신의 임상경험을 최대한 간결하게 서술하려고
했다.

　모두 52항목으로 구성된 이 책은 병기, 경혈, 경락, 침구이

론(보사법, 금기, 취혈법등), 병증별 침구처방, 침구기법과 시술경험에 대한 언급 등 침구 전반에 걸친 내용을 두루 갖춘 침구의서이다.

각론에서는 신체 부위별, 내과 · 외과 · 전염병 · 부인병 · 어린이병 등 계통별로 나누어 분석 · 정리하였다.189) 의약에 관한 단어 중 몇 군데는 한글을 덧붙여 이해를 쉽게 하도록 돕고 있다.

주로 허임 자신의 경험을 토대로 하여 편술한 것이고, 뜸을 이용한 치료법에 큰 비중을 두고 있다.

특히 병증별 침구치료는 허임의 활동을 짐작할 수 있는 내용으로 가득하다. 총 43개의 병증문과 그 아래 443개의 작은 항목은 자신이 임상에서 경험했던 환자의 병증이다. 그 질병의 종류를 보면 가히 움직이는 거대한 종합병원이라고 할 만하다.

『침구경험방』에의 병증 항목은 허임이 평생 진료한 기록의 압축판이라 할 수 있고, 곧 침구의원으로서 그의 인생이기도 하다.

병증별 치료 항목 가운데 몇 가지만 예를 들어봐도 『침구경험방』이 침구학의 원리에 충실하면서도 생활의서로서 구체적인 증상별 처방이 소상히 기록되어 있다는 사실을 잘 알 수 있다.

가령 처음 시작 부분인 '머리와 얼굴'에서 '머리는 모든 양이 모인다'라는 말로 시작한다. 머리를 통과하는 경락의 유주까지 설명하면서 개괄적인 이해를 하도록 하고, 구체적인 증상에 대하여 각각의 침뜸처방을 제시한다.

머리와 눈에 종기가 나고 가슴과 옆구리가 그득하여 답답한 것/ 편두통과 눈이 침침해서 견디지 못하는 것/ 얼굴빛이 검푸른 것/ 머리와 얼굴에 풍으로 종기가 발작하여 1~2일에 붉은 종기가 생김새는 불꽃같고, 개암나무 열매같이 돋아나오며 혹 윤이 나면서 점점 크게 번져서 곧 숨이 끊어질 듯 숨을 쉬는 것

이어서 귀 눈 입 코에 대해서도 개괄하고 병증을 치료하는 방법을 조목조목 제시한다.

해수(기침) 부분을 보면 개괄은 '대개 담으로 인한 숨 가쁨은 열로 인하여 기가 위로 오르는 것이니 말하기를 화기가 염상하기 때문이라고 하였다'라고 설명하고 증상별로 각각의 처방을 제시한다.

기침이 그치지 않는 것, 목이 쉰 것, 침을 뱉으며 숨을 헐떡이는 것, 구토하며 음식을 넘기지 못하는 것, 숨이 넘어갈 듯 몰아쉬며 헐떡이는 것, 그렁그렁 거리며 숨을 헐떡이는 것, 위가 뒤집어져서 술, 죽, 국을 모두 토하는 것, 담으로 숨을 헐떡이는 것, 마른 구역, 폐옹이

있어 기침하고 가래가 있으며 상기하는 것, 기침하며 숨이 차서 물을 마시는 것, 숨이 차고 구역질이 나며 하품하고 기지개를 켜는 것, 내상을 입어 피를 토하는 것, 가래침, 숨이 차고 배가 그득하여 걷지 못하는 것, 적이 맺혀서 배안에 물이 차는 것

인후부분은 목에 음식물 같은 것이 막히는 것, 목안의 한쪽 편도가 부은 것, 목안의 양쪽 편도가 부은 것, 목구멍이 붓지 않고 열이 나며 막혀서 삼키고 마신 것이 코로 다시 나오는 것, 목구멍이 붓고 가슴과 옆구리가 그득하고 답답한 것 등 세세한 증상별 처방을 제시하고 있다.

이렇게 신체 각 부위별로 뺨과 목·이빨·가슴·배와 옆구리·팔·허리와 등·다리와 무릎 등 13항목으로 나눠 106개의 각 증상에 대한 세부 처방을 제시한다.

그리고 병증별로 여러 가지 풍·전간(간질)·급사(急死)·이질·치질·대소변·학질·황달·창종·구토 등 28개 항목을 다시 245개 세부항목으로 구분하여 처방을 제시한다.

이어서 부인병과 어린이의 병을 별도로 분류하여 92개 처방을 제시한다. 이렇게 하여 전체 443개의 세부 항목으로 허임은 자신의 침뜸 경험방을 정리한 것이다. 〈부록2 『침구경험방』의 증상별 치료항목' 참조〉

허임의 이 처방들은 모두 백성들의 고통과 신음 가운데서 나

온 치료법들이다. 그런 만큼 이것은 세상이 널리 공유하여야 할 사항이다.

허임은 후예들이 이 처방을 하나하나 풀이하여 새기고, 뜻을 더하여 사람들의 병을 고치고 생명을 살리는데 널리 활용되기를 간절히 희망했다.

## 침과 뜸을 집집마다 생활의술로

1644년(인조22년) 침과 뜸으로 최고의 명성을 떨친 허임이 평생의 임상을 바탕으로 집필한 『침구경험방』이 마침내 목판본으로 간행되자 조선에서는 집집마다 '신의 의술'을 접할 수 있게 됐다.

침과 뜸을 대중화 하여 백성들의 생활의술로 보급하고자 한 것은 『침구경험방』 간행의 취지이기도 했다.

내의원 제조 이경석은 『침구경험방』 발문에서 "침과 뜸은 구비하기 쉬우면서도 그 효과가 매우 빠르다"며 "세상이 공유하여 널리 전해야 한다"고 분명히 밝히고 있다.

증세를 살펴 효과를 거두는 것은 약보다 나은 것이 없는데 우수마발이라도 평소에 모아두지 않으면 마련하기가 어려운 것이다. 하물며 금석단사의 귀한 약재를 궁벽한 곳에서 어찌 구할 수 있는 것이겠는가? 더구나 한번 복용하여 병이 낫기를 기약할 수 없음에랴.

침놓는 것과 뜸뜨는 것은 그렇지 않다. 구비하기가 쉬우면서도 그 효과는 매우 빠르니 그 처방은 지침 중에도 지름길이 되는 것이다.

이 경험방을 얻어서 증세에 따라 치료하면 집집마다 신의 의술을 만날 수 있으니 그 구제하는 바를 어찌 헤아릴 수 있겠는가?

이것은 마땅히 세상이 공유하여 널리 전하여야 할 것이며 없애거나 함부로 하지 않도록 해야 할 것이다.

이렇게 출간된 『침구경험방』은 그 후 조선 조정에서도 여러 차례 다시 인쇄했다.

1698년(숙종 24년)에는 『침구경험방』이 무신자(戊申字)를 이용한 금속활자로 인쇄되었다.

숙종 24년 8월 14일 『승정원일기』에 "『침구경험방』을 교서관으로부터 3건 진상하고, 세자궁에도 2건 올리고, 내의원에도 소장하며, 의관 등에게 나누어 준다"는 기록이 있어 이를 뒷받침해 주고 있다.

현재 규장각에 소장되어 있는 『침구경험방』 가운데 1종은 바로 이 금속활자본으로 고증되어 있다.

규장각 소장 목판본 가운데 3종은 1725년(영조 1년)에 복각하여 간행된 것이다. 또 연도를 확인할 수 없는 목판본이 필사본과 함께 소장되어 있다.

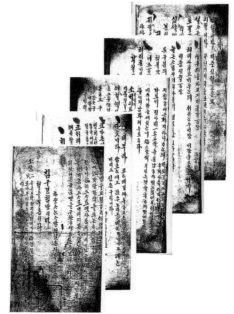

『침구경험방』 언해 : 시
대미상, 필사본, 대구 개
인 소장. 『침구경험방』
을 언해하여 필사한 책
으로 개인이 소장하고
있는 것을 경북대학교
문헌정보학과 남권희 교
수가 복사함.

그 외에도 한독약품 의약사료관, 허준박물관 등에 목판본
이 있다.

이러한 사실은 『침구경험방』이 초간 이후에도 여러 차례
활자나 목판으로 중간되었음을 말해 준다.

필사본은 다양하게 존재한다. 공주에 사는 허임의 후손이
소장하고 있는 『침구경험방』도 필사본이고, 연세대 의대 동
은의학 박물관과 허임기념사업회도 필사본을 한 종씩 소장하
고 있다.

개인이 소장하고 있는 필사본은 이루 헤아릴 수 없이 다양

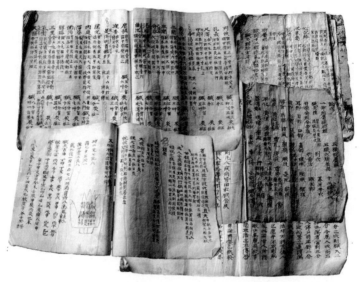

충남 공주의 허임 후손이 소장하고 있는 『침구경험방』 필사본.

하다.

『침구경험방』은 분량이 작아 수 없이 많은 필사본이 있었을 것으로 보인다. 언해본(諺解本)도 있었다는 기록이 있다.190) 『침구경험방』을 언해한 필사본은 최근에 경북대학교 남권희 교수에 의해 발굴됐다.

목판본은 물론 필사본이 여러 종으로 존재하고, 언해본과 언해 필사본까지 있는 것으로 보아 민간에서 『침구경험방』이 대단히 널리 활용되고 있었음을 짐작할 수 있다.

조선 숙종 때 실학자 홍만선이 쓴 『산림경제』와 1766년

(영조 42년) 이를 증보해 유중림이 간행한 『증보산림경제』
(增補山林經濟)라는 농서(農書)에도 민간에서 쉽게 이용할
수 있는 구급방으로 허임 『침구경험방』의 내용을 인용해 실
었다.

허임은 『침구경험방』을 펴내면서 자신이 세상을 떠난 뒤
에도 침과 뜸으로 병을 고치고 생명을 살리는데 기여하고자
했다. 그 뜻이 이루어지고 있었다. 그리고 침과 뜸을 백성들
의 생활의술로 보급하려고 한 조선 조정의 『침구경험방』 간
행 취지는 실현되고 있었다.

## 조선 침구전문서의 효시, 침구술을 선도하다

침뜸전성시대의 침구술 발전을 단적으로 보여주는 것이 허
임의 침구법이고, 그 이후의 침구술을 선도 해 나간 책이 허
임의 『침구경험방』이다.

『침구경험방』은 우리나라 침뜸의술의 발전과 대중화에 결
정적인 역할을 했다.

당시 조선에서는 성종 이후 침구전문업종이 정착되어 침구
의원들의 의술이 더욱 발전하고 있었다. 중국 의서를 베끼는
것이 아니라 우리나라에서 독창적인 침구전문서가 나온 데는
우선 침구전문업종의 정착이라는 의료제도사적인 배경이 있
었다.

허임의 『침구경험방』은 침의들의 전문적 영역을 더욱 활성화 시켜서 효종 2년(1651년)에 내의원의 부속청으로 침의청을 설치하는데까지 영향을 미쳤다.

『침구경험방』 간행 7년 후에 설치한 침의청에는 12인의 침의가 근무했다.

『침구경험방』은 우리나라 침구전문서의 효시라고 할 수 있다. 조선 사람의 임상을 바탕으로 편찬하여 조선의학의 창출을 선도해 나가는데 분수령 같은 역할을 한 책이다.

사실 당시까지만 해도 침구의서는 대부분 중국의서를 수입하여 그대로 쓰거나, 베껴서 간행하거나, 재편집하는 정도를 넘어서지 못했다. 세종 때의 『향약집성방』 침구편이나 『침구택일편집』, 선조 때 유성룡이 쓴 『침구요결 』등도 거의 송나라 원나라 명나라 침구서를 그대로 인용했을 뿐이다.

『침구경험방』보다 30여 년 앞서 나온 『동의보감』도 임상의학 창출보다는 의학경전 재구성을 통한 집대성의 의미가 크다. 『동의보감』 침구편(鍼灸篇)과 병증별 침구처방은 그때까지 존재해왔던 중국의 의방서를 일목요연하게 정리하여 편집한 것일 뿐 조선의 임상을 바탕으로 한 의학이라고 할 수는 없다.

반면 허임의 『침구경험방』은 자신의 임상경험을 바탕으로 조선의 침구술을 정리한 침구전문서이다. 따라서 중국의 침구의학 서적이 아니라 조선의 침뜸의학 서적은 허임의 『침구

허임의 『침구경험방』 첫 판본(1644년)이 나온 지 7년 뒤인 1651년(효종 2)년에 내의원의 부속청으로 침의청이 설치됐다. 침의청에는 12명의 침의가 근무하는 것으로 되어 있다.

경험방』에서 비롯된다고 할 수 있는 것이다.

『침구경험방』은 조선의 대표적 의서로 자리를 잡았다. 1719년(숙종 45년)『승정원일기』에는 6월2일 임금의 배에 침놓는 일로 여러 의원들이 의논하는 중에 "적취에 침놓는 것은 옛 방서와 우리나라 『침구경험방』에 있다"며 우리나라 의서의 대표로 『침구경험방』을 들고 있다.

『침구경험방』은 그동안 중국의 의학경전에 의존하던 데서 조선의 침뜸의술이 독자적으로 자리를 잡도록 하는데 결정적인 역할을 한다.

허임은 『침구경험방』 서문에서 "감히 스스로를 옛사람의 저술에 견주려는 것이 아니라 단지 일생동안 고심한 것을 차마 버릴 수 없었기 때문이다"라며 자신의 평생에 걸친 임상경험을 정리했음을 분명히 밝히고 있다. 실제 임상을 한 결과라는 점은 의료현장으로 허임의 침구법이 파급되는데 크게 영향을 미쳤다.

이때부터 의원들은 자신이나 다른 의원의 경험을 소중히 취급하고, 경험이나 징험(徵驗)에 대한 논의도 활발히 이루어진다.

17세기 이후 19세기까지 험(驗)자가 들어간 의서가 그 이전 시기보다 훨씬 많이 출간되는 등 『침구경험방』 간행 이후 임상경험은 대단히 중요하게 취급되었다. 이러한 경향은 침구분야만이 아니라 의학 전반에 나타났다.

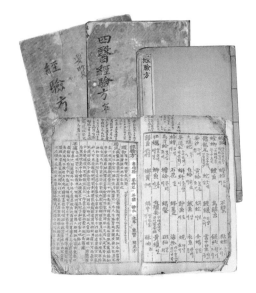

사의경험방의 표지. 오른쪽부터 서울대학교 규장각, 왕실도서관 장서각, 옥천향토사료관에 각각 소장되어 있다. 네 명의의 경험방을 모아 엮은 사의경험방은 '사의경험방' '경험방' 등의 표제로 다양하게 필사되었다.

## 『사의경험방』의 네 명의(名醫)

명의들의 임상처방을 모아 엮은 경험방 중에 대표적인 책이 『사의경험방』이다. 이 책은 조선 중기 명의로 이름을 날린 채득기, 이석간, 박렴, 허임 등 4명이 남긴 경험처방을 한곳에 모아 병증별로 분류해 재편한 것이다.

이들 4명의 명의 중 채득기(蔡得沂, 1605년~1646년)는 선조 임금 때 신의로 불린 침의(鍼醫) 채유종의 아들이다.

채득기는 명의로서만이 아니라 학자로서도 유명하여, 경상도 상주에는 그와 관련한 유적지가 여러 군데 남아 있다.

그는 천문·지리·의학·복서(卜筮)·음률(音律)·병법(兵

法) 등에도 두루 통하였으며, 특히 역학에 밝았다. 1636년(인조 14년) 천문을 관측하여 병자호란을 예측하였다는 일화도 전해지고 있다.

병자호란 뒤에는 심양에 볼모로 가는 왕자들을 호종(護從)하라는 왕명에 불응하여 3년 동안 보은에 유배되기도 하였다. 다시 인조의 권유에 의하여 심양에 나가 대군들을 받들었다.

채득기는 내의원 의원들의 명단을 기록한 「내침의 선생안」에도 침의로 기록되어 있다. 인조 때의 문신 김세렴(金世濂, 1593년~1646년)은 그의 일기인 해사록에서 "교수 채득기(蔡得沂)가 침술(鍼術)에 신묘하다"고 밝히고 있다.191)

침의 채유종의 아들로 이석간 박렴 허임 등과 함께 사의경험방의 원저자 중 한 사람인 채득기 부부 묘(경북 상주)

경북 영주에 남아있는 이석간 고택의 일부.

　이석간(1509년~1574년)은 허임보다 앞서서 살다간 유의
(儒醫)로서 퇴계 이황이 위독할 때 맥을 짚기도 했다. 그리고
이황 주변의 문인들과도 교분이 두터워 이들 문인들의 문집
에는 이석간의 활인행적이 수록되어 있고, 경상도 영주에는
그가 살던 집터도 전해오고 있다.192)

　또 영주에는 천하명의로 통하던 이석간이 왜소증에 걸려
작아진 남자를 고친 이야기와 하체가 뱀처럼 변한 중국 명나
라의 대왕대비를 치료한 전설 같은 이야기가 있다. 이석간의
의술은 『이석간경험방』이라는 필사본으로도 남아있다.
　박렴(朴濂)은 인조 때의 의관(醫官)으로 호는 오한(悟漢)이
라고 알려져 있다. 네 명의 명의 중에서 박렴에 대한 기록은
더 이상 눈에 띄지 않는다.

사의(四醫) 중에서 허임을 제외한 위 세 사람의 임상을 모아 엮은 『삼의일험방』(三醫一驗方)이라는 책이 있다. 이 책은 증상에 따른 단방이나 약미(藥味)를 적은 단순한 처방과 침구처방들이 주요 내용을 이루고 있다.193)

이들 경험처방은 주위에 흔한 사물들을 약재로 취할 뿐 아니라 때로는 비합리적인 방법마저 주저하지 않고 있다. 이 책의 치료방법은 민간의 절박한 실정을 여실히 반영하고 있다. 당시 열악한 조건 속에서 백성들의 질병과 싸워야 했던 지식인들과 무수한 백성들의 역사가 쌓여 있는 처방인 셈이다.

삼의(三醫)의 경험방에 허임의 경험처방을 더해 필사(筆寫)하여 『사의경험방』이라는 책으로 묶어 낸 지식인도 백성들의 병을 고치고 생명을 살리는데 보탬이 되도록 하려는 간절한 뜻이 있었던 것이다.


한편 독자적인 보사법으로 널리 알려진 사암침법(舍巖鍼法)에도 허임의 『침구경험방』은 일정한 영향을 미쳤다.

사암침법은 우리나라에서만 활용하는 침법으로 오늘날 임상에서도 광범위하게 쓰이고 있다. 사암침법이라는 독특한 침법을 창안한 사암이라는 인물은 대단한 명의이지만 자세한 행적은 아직까지 확인할 수가 없다.

사암침법의 치료편 가운데 중풍(中風)·곽란(霍亂)·각기(脚氣)·구병문(口病門) 등은 『침구경험방』을 인용했다. 부

분적이기는 하지만 『침구경험방』의 내용이 『사암침법』의 체계를 형성하는데 영향을 미쳤음을 보여준다.194)

## 허임 의술 계승한 명침(名鍼)들

『침구경험방』이 간행될 당시 이미 허임의 다음 세대 침의 들이 두각을 나타내기 시작했다.

허임에게서 직접 의술을 배운 최우량이 내의원 침의로 특채되어 활동하고 있었다. 그리고 선조시대 허임과 함께 임금의 편두통을 치료한 남영의 둘째 아들 남창조(南昌祖)도 아버지의 대를 이어 침의로 활동하는 모습이 『승정원일기』에

침의 남영의 아들로 허임의 제자 최우량 등과 함께 침의로 활동한 남창조의 묘 (경북 상주)

나타난다.

남창조 또한 침술에 뛰어났다. 1603년 출생한 그는 1645년 침의 채득기와 함께 임금의 병을 어떻게 치료할 것인지에 대한 토론에 참여하기도 했다.195) 당시 인조는 번침을 쓰는 침의 이형익에게 완전히 기울어져 있었다.

상주에서 태어난 남창조는 나중에 의약동참으로 들어갔고, 양천현감 청양현감 과천현감으로 근무하기도 했다.196)

1656년(효종 7년) 7월12일 『승정원일기』에 따르면 내의원에서 남창조와 최우량은 침술이 가장 정묘하니 나란히 두 사람을 불러들이고자 임금에게 청하는 기록이 있다.

이 때 즈음 허임의 침구술을 이어받은 김중백의 활동도 『승정원일기』에서 확인할 수 있다. 김중백이 허임의 침구술을 이었다는 기록은 조선통신사 일행과 일본인 의사 사이의 의학문답기록에 나타나 있다.197)

1658년(효종 9년) 7월6일 전라도 침의 김중백(金重白)이 올라왔으니 유후성(柳後聖)과 함께 입시(入侍)하여 상처를 진찰하도록 하는 것이 좋겠다는 계가 임금에게 올라갔다. 이 보고에서 김중백은 의술이 매우 정명하여 이름이 났다고 전하고 있다. 그의 이름은 효종과 현종 시기 『승정원일기』에 70~80차례나 등장한다.

김중백은 그가 세상을 떠난 지 100여 년 뒤에도 다시 거론될 정도로 침술의 대가로 명성이 이어졌다. 당시 조선에서는 허임의 의술을 계승한 사람은 곧바로 명의로 인정이 될 만큼 허임의 명성은 불멸이었다. 숙종 때도 허임의 의술을 이어 명의로 이름이 난 두 명의 침의에 대한 기록이 있다.

조선 최초의 소아전문의서를 지은 조정준(趙廷俊)은 그의 『급유방』(及幼方)에서 허임의 침구법을 전승한 최유태와 오정화를 소개하고 자신도 그 맥을 잇고 있다고 전한다. 이 책은 1749년에 펴낸 것으로 허임 사후에도 허임의 침술을 잇는 이들의 이야기가 줄곧 화제가 되고 있음을 보여준다.

> "숙종시대에 태의(太醫) 최유태와 별제(別提) 오정화는 모두 허임에게서 침술을 전수받아 당대에 이름났다. 나는 이 두 사람에게서 그 침술의 연원을 전해 들었으므로 자세히 기록하였다"[198]

최유태(1629년~1697년)는 조선 효종과 현종 때 내의원에서 김중백과 함께 활동한 침의다. 그는 『승정원일기』에 200여 건이 등장할 정도로 비중 있는 내의원 침의였다.

최유태는 4대가 의원을 한 청주 최씨 가문에서 태어났다. 최귀동부터 최계손, 최덕은, 최준삼을 이은 의원 최응원이 최유태의 아버지다. 최응원은 인조 때 유달 등과 함께 내침의로 활동한 인물이다.[199]

최응원의 작은 아들 최유태는 아버지의 침술을 전수받지

않고 허임의 침술을 이어받았다. 최유태는 23세 되던 1651년 (효종 2년) 의과에 합격했다. 허임이 그러했듯이 최응원의 아들 최유태도 처음에는 치종교수로 활동하다 내침의로 들어 갔다. 그는 김포와 양천의 수령으로 파견되기도 했고, 숭록대 부까지 지냈다.[200)

최유대의 후손인 최만선, 최익진, 최택증과 최택규에 이르 기까지 모두 의원으로 활동, 9대가 의원의 가업을 이었다. 최 유태의 형인 최유후도 1639년에 의과에 합격했는데, 그의 후 손들도 만상, 익명, 홍훈까지 의원으로 활동했다.

또 한사람의 허임 제자로 알려진 사람은 오정화(吳鼎和)이 다. 해주(海州)오씨 오정화의 집안은 문무과 합격자를 낸 양 반 가문이었다. 오정화의 아버지는 무과에 급제해 무반의 전 통을 이어받았는데, 큰 아버지가 역과에 합격하여 역관 가문 이 되었다. 이런 인연으로 오정화가 역관의 딸과 결혼했지만 가업을 잇지 않고 허임의 침술을 전수받았다.[201)

의과에 합격해 활인서 별제(종6품)까지 오른 오정화도 치 종교수를 거쳐 내의원 침의가 되었다. 그는 또 나중에 의약동 참으로도 이름이 올랐다.[202)

오정화의 후손들은 17세 지철, 18세 덕신, 19세 명검, 20세 인풍까지 여러 대에 걸쳐 모두 침술의원으로 대를 이었다. 그 의 후손 가운데 한 계파는 역관으로 이어지고, 한 계파는 의 원으로 이어진다.

오정화의 후손 가운데 17세 오지항부터 24세 오경석까지 8 대에 걸쳐 역관도 배출했다. 오경석은 구한말 격동의 시기에 청(淸)나라를 왕래하며 신학문에 눈을 떠서 개화운동을 전개 하기도 했다. 오경석의 아들 오세창은 오정화의 9대 후손으로 삼일운동 민족대표 33인 중 한 사람이었고, 언론인이자 서예 가로도 널리 알려진 사람이다.

허임의 후손들은 침의의 맥을 잇고 있지는 않은 듯하다. 하 지만, 허임의 침술은 제자 최유태와 오정화 김중백 등을 통해 전해져 중인들 사이에서 침술이 전문적으로 발전해 나갔다.

## 치종 대가 마의 백광현 내침의 되다

허임의 『침구경험방』은 종기 치료에서 시작한 조선의술의 정통 맥을 잇고 있다. 『침구경험방』에는 종기 치료에 해당하 는 창종부문을 전체 임상 각론 중에서 약 20%에 이를 정도로 많은 분량을 배정, 비중 있게 취급하고 있다.

그 당시 종기는 오늘날 암 만큼이나 성행했고, 귀천에 상관 없이 치사율이 높았던 질병이었다. 효종은 종기로 인하여 세 상을 떠났다.

1659년(효종 10년) 5월1일 내의원에서 문안하자, 효종이 "종기의 증후가 이같이 날로 심해 가는데도 의원들은 그저 심 상한 처방만 일삼고 있는데, 경들은 심상하게 여기지 말라"고

답하였다. 의관 유후성이 산침(散鍼)을 놓자고 아뢰어 그대로 따랐지만, 효험이 없었다. 3일에는 병이 위독해 편전에 나가지 못했으며, 왕이 입시한 의관들에게 종기의 증후를 설명하라고 명했지만 아무도 분명히 말하지 못했다. 4일에는 의관 신가귀가 침을 놓자고 했으며, 유후선은 놓으면 안 된다고 했다. 신가귀가 침을 놓았지만, 혈락(血絡)을 범하는 바람에 피가 그치지 않고 나와 효종은 결국 세상을 떠났다. 한 달 뒤에 신가귀는 교수형을 당했다.

그만큼 조선시대 종기치료는 귀천을 막론하고 인명의 생사가 달린 중요한 일이었다.

허임은 젊은 나이에 이미 임진왜란의 전장을 다니며 치종교수로 활동한 기록이 있고, 허임의 침법을 계승하여 침구술의 명의로 알려진 오정화 최유태 등의 후예들도 치종교수의 경력을 가지고 있다. 이들도 종기치료에서 그 실력이 인정받은 침의였다는 이야기다.

조선 후기 종기치료로 가장 이름이 난 침의가 백광현(白光炫)이다. 백광현은 현종과 숙종시절 『승정원일기』에 그 이름이 150여 차례 이상 등장한다. 이들 기록에는 같은 시기 허임의 침술을 이은 김중백 최유태 오정화 등도 등장하여 함께 활동하는 모습이 포착된다.

백광현은 원래 말의 병을 고치는 마의(馬醫)였다. 그 역시 전통적인 의원은 아니었던 셈이다. 말의 병을 고치던 그가 사

의원 침놓는 모
양 : 프랑스 국
립기메동양박물
관 소장, 한국문
화재 141쪽. 19
세기말.

람의 종기까지도 고쳐 기이한 효험을 보게 되자 드디어 종기
를 치료하는 의원으로 전업을 하였다. 백광현은 침을 써서 절
개해 독을 제거하고 뿌리까지 뽑았다. 민간 침의였던 백광현
은 의과에 합격하지 않았지만 치종교수로 활동하였고, 실력으
로 내의원 침의로 배속되었다.

　백광현은 명성이 날이 갈수록 높아져 내의원에 불려 들어
온 이후 현종의 목에 난 종기를 고치고, 효종비 인선왕후의

머리에 난 종기도 큰 침으로 수술하여 완치시켰으며, 숙종의 목에 난 종기와 배꼽에 난 종기까지 침으로 치료했다.203)

1684년(숙종 10년) 5월2일 숙종은 백광현을 특별히 강령현감(康翎縣監)에 임명하였다가 포천현감(抱川縣監)으로 바꾸었다. 숙종실록에는 이에 대해 "백광현이 미천한 출신이고 또 글자를 알지 못하는데도 별안간 그를 벼슬에 임명하여 사람들이 놀라 큰 논란이 일어났다"고 기록하고 있다.

숙종은 효종이 종기를 제대로 고치지 못해 세상을 떠났으므로, 종기에 대한 두려움도 컸을 것이다. 그래서 신하들은 백광현이 글자도 모르는 자라고 관직을 주는 것에 반대하지만 숙종으로서는 백광현에게 종6품 현감으로 발령 내어 보답을 하고자 했던 것이다. 백광현은 1691년 지중추부사, 1692년 숭록대부로 승진하기도 했는데 실제 직책이 없는 벼슬이나 품계였다.

백광현은 조선 후기 마의에서 치종의가 되고, 치종교수를 거쳐 내의원 침의까지 된 민간의료인 출신의 대표적인 침의이다. 그의 생애는 민간의 침술 임상경험이 어떻게 축적되어 가는지를 볼 수 있는 사례이기도 하다.

조선 후기의 시인 정래교(鄭來僑, 1681년~1759년)는 『백태의전』(白太醫傳)이라는 제목으로 백광현을 소개하고 있다. 백태의전에 따르면 백광현은 종기 치료사에 획기적 전환을 가져온 사람이다. 정래교는 "종기를 절개해 치료하는 방법은

백태의로부터 시작된 것"이라고 말하고 있다. 정래교는 백태
의전에서 백광현을 다음과 같이 소개했다.

백광현은 소가(小家)의 자식으로 태어났는데, 키가 크
고 수염이 좋았으며 눈에는 광채가 돌았다. 대포철릭을
입고 찌그러진 갓을 쓰고는 남에게 아쉬운 소리를 하고
다녔다. 사람들이 혹 업신여기고 놀리기도 하였으나 백
광현은 웃으며 성내지 않았다.

말의 병을 잘 고쳤는데, 오로지 침으로 다스렸고 방서
(方書)에 의존 하지 않았다. 의술이 익숙해지자 그 치
료법을 사람에게 적용하여 보았는데 왕왕 신통한 효험
을 보았다.

동네를 돌아다니면서 남의 종기를 돌봐 준 사람이 많았
는데, 지식은 더욱 정밀해지고 침술은 더욱 신통해졌
다.

정근(疔根)은 고방에 치료법이 없는 증세인데, 대침을
써서 환부를 찢고 독기를 제거하여 죽은 사람을 되살려
놓기도 하였다. 어떤 때는 침을 너무 지나치게 써서 사
람이 죽기까지 하였으나, 효험을 보는 사람이 많아 그
의 집 문전이 장터와 같았다.

백광현은 더욱더 의술에 게을리 하지 않아 온 나라에
신의(神醫)로 이름이 났다. 숙종 초에 어의로 선발되었
는데, 효험을 보여 곧 가자(加資)되어 현감을 지내고

높은 품계에 이르렀다. 그러나 환자의 귀천을 묻지 않고 청하면 곧 가고 가면 반드시 의술을 다해 성심껏 보아 좋아진 후에야 그만두었다. 나이가 많아지고 귀하게 되었다고 해서 거절하는 법이 없었으니, 그의 천성이 그랬던 것이다.

오늘날 세상에서 정저(疔疽)를 수술하는 법은 백광현으로부터 시작된 것이다. 그의 아들 흥령이 의업을 이어 다소 능하다는 명성이 있으며, 제자 박순 역시 종기의 치료로 이름이 났다. 그러나 모두 백광현의 수준에는 미치지 못한다고 한다.

정내교는 전기를 쓰면서, 자신이 실제로 본 백광현의 신통한 진단을 이렇게 증언하고 있다.

내 나이 15세 때에 외삼촌 강군이 입술에 종기가 났다. 백태의를 불러왔더니, 그가 살펴보고 '어쩔 수가 없소. 이틀 전에 보지 못한 게 한스럽소. 빨리 장례 치를 준비를 하시오. 밤이 되면 반드시 죽을게요'라고 말했다. 밤이 되자 과연 죽었다. 그때 백태의는 몹시 늙었지만, 신통한 진단은 여전했다. 죽을병인지 살릴 수 있는 병인지 알아내는 데 조금치도 틀림이 없었다. 그가 한창 때에는 신기한 효험이 있어서 죽은 자도 일으켰다는 게 헛말이 아니었다.

정내교가 15세 때라면 백광현이 71세로 세상을 떠나기 2년 전이었다. 그해 1695년(숙종 21년) 12월9일 조선왕조실록의 기록에는 "백광현이 종기를 잘 치료하여 기이한 효험이 많이 있으니, 세상에서 신의(神醫)라 일컬었다"고 소개하고, 당시 임금이 각기병을 앓는 영돈녕부사 윤지완에게 특별히 백광현에게 명하여 가보게 했다고 전하고 있다.

『내침의 선생안』에 따르면 백광현의 동생 백광린(白光璘)도 치종교수를 역임한 바 있는 내의원 침의였고, 그의 후손들도 대를 이어 내의원 침의로 활동했다. 백광현의 아들 흥령과 흥선, 흥령의 아들 중규, 중규의 아들 문창, 문창의 아들 성일, 성일의 아들 응세 등 5대에 걸친 후손들이 내의원 침의였다.

## 침은(鍼隱) 조광일, 오직 침술로 궁한 백성 치료

침의들의 진료행위는 일반 백성들 사이에서 널리 이루어졌다. 그런데 기록으로 남아 있는 부분은 대다수 임금을 치료한 내용이고, 그 외에 양반 사대부들을 치료한 기록이 일부 있다. 그렇다보니 침의들의 활동 범주가 궁궐을 중심으로 벌어지고 있는 듯이 보인다.

조선 후기 가난한 백성들만 치료한 침의에 대한 기록이 하나 전해져오고 있어 그나마 기록의 편중을 만분의 일이나마 덜어주고 있다. 홍양호(洪良浩, 1724~1802)가 쓴 문집 『이

침은 조광일이 우거한 합호(합덕저수지) 전경. 충남 당진군 합덕읍 합덕수리민
속박물관에 전시한 디오라마. 현재 저수지 안쪽에는 물이 없고, 논으로 활용되
고 있다.

계집(耳溪集)』의 조광일전에는 가난한 백성들을 돌보는 침의
의 모습이 생생하게 기록되어 있다.

> 내 일찍이 그런 어진 사람을 몰래 구하였으나 찾을 수
> 없었다. 근자에 나는 타향인 충청도에 잠시 거처하게
> 되었다. 그 곳의 풍토를 잘 알지 못하여 지역 주민에게
> 의원에 대해 물었는데, 한결같이 "훌륭한 의원은 없어
> 요"라고 하였다. 억지로 다시 물으니 "조(趙) 의원이 있
> 기는 하지요"라고 대답하였다.
> 조 의원의 이름은 광일(光一)이고 선조는 태안(泰安)의

번창한 집안이었으나, 얼마 뒤 집안이 가난해져서 나그네로 유랑하다가 합호(合湖, 충청도 합덕의 저수지)의 서쪽 물가에 우거(寓居)하였다. 그는 특별한 능력은 없으나 침(針)으로 명성을 얻어 스스로 침은(針隱)이라고 불렀다. 조 의원은 일찍이 권세 있고 지체 높은 집에는 가지 않고, 벼슬이 높은 양반한테도 진료를 가지 않았다.

얼마 전 동이 틀 녘에 내가 조 의원의 집을 지나가게 되었는데, 어떤 노파가 남루한 옷차림으로 엉금엉금 기어서 그 문을 두드리면서 말했다.

"나는 아무 마을에 사는 백성으로 아무개의 어미입니다. 내 자식이 원인 모를 병이 들어 죽어 가니 제발 살려주십시오"

조 의원이 즉시 말했다.

"알았소. 먼저 가 있으면 내 곧 뒤 따라 가리다"

그러고는 일어나 뒤따라 걸으면서도 난처한 기색은 하나도 없었다.

또 한 번은 길에서 조 의원을 만났다. 마침 비가 내려 흙탕길이 되었는데 조의원이 삿갓을 쓰고 나막신을 신고 바삐 걸어가고 있었다. 내가 물었다.

"어디를 그리 바삐 가시오?"

그러자 조의원이 대답했다.

"아, 예. 아무 마을 백성의 아무개 아비가 병이 들었지

합덕저수지. 사진은 1952년 합덕성당에서 행사를 하던 중에 찍은 사진.(합덕수
리민속박물관 제공.)

요. 지난번에 침을 한 번 놓아 주었는데 효과가 없어 지
금 다시 침을 놓아 주려고 가는 길이지요"
괴이한 생각이 들어 물었다.
"그대에게 무슨 이익이 된다고 이렇게 몸소 고생을 하
는 것이오?"
조 의원은 빙그레 웃기만 하고 대답하지 않고 가 버렸
다.
그의 사람됨이 대략 이와 같았다. 내 마음에 그의 행동
이 범상치 않다는 생각이 들어, 그가 왕래하는 것을 가
만히 살펴보고 마침내 그와 친분을 쌓고 교유하게 되었
다.
조 의원은 소탈하고 너그러우며, 편안하고 곧은 품성을
지녔다. 또한 세속 사람과 잘 화합하지 않았으며 오직

자신이 의원이 된 것만을 기뻐하였다.

그는 예전부터 내려오는 처방을 따라 약을 달여 치료하지 않고, 항상 자그만 가죽 주머니 하나를 들고 다니며 치료를 하였다. 주머니 속에는 동철(銅鐵)로 만든 십여 개의 길고 짧고 둥글고 모난 모양의 침이 들어 있었다. 그는 이 침으로 종기를 터뜨리고 부스럼을 다스리고, 뭉쳐 있는 혈(血)과 막힌 것을 뚫어 주고, 풍기(風氣)를 통하게 하며, 쓰러지고 위독한 사람을 다시 일으켰는데 즉시 큰 효과가 있었다.

대체로 조 의원은 침술에 정밀하여 그 해법을 얻은 사람 같았다.

내가 일전에 그에게 조용히 물었다.

"무릇 의원은 천한 재주며, 사람이 살아가는 방식 중 미천한 경우에 해당됩니다. 하지만 그대의 능력은 탁월합니다. 어쩌면 지체 높고 높은 벼슬을 하는 사람들과 교류하여 명성을 얻으려 하지 않고 여항(閭巷)의 백성이나 쫓아다니며 자신을 높이지 않습니까?"

조 의원이 웃으면서 대답했다.

"대장부는 정승이 되지 못하면 차라리 의원이 되는 것이 낫지요. 정승은 도로서 백성을 구제하지만 의원은 의술로서 사람을 살리지요. 궁핍하고 높은 지위로 이름을 드러내는 것은 어떤 일을 하여 그 공을 드러내는 것에 달려 있답니다. 하지만 정승은 때를 얻어 자신이 추구하는 도를 행하더라도 행운과 불행이 있을 수 있지 않겠소.

남의 봉급을 받고 책임을 맡아 한 번이라도 잘못 하게 되면 비난과 벌이 따르지만 의원은 그렇지 않지요. 의술로 자신의 뜻을 행하면 대개 뜻을 얻을 수 있습니다. 자신이 다스릴 수 없는 병은 내버려 두고 환자를 보내더라도 나를 탓하지는 않습니다. 그래서 나는 의원으로 있는 것을 좋아합니다. 더욱이 내가 의술에 힘쓰는 것은 이익을 구하려는 것이 아니라 내 뜻을 행하려는 것이므로 환자가 귀한 사람이건, 천한 사람이건 가리지 않는 것이지요."

또 말을 이었다.

"나는 세상의 의원들이 자신의 의술을 믿고 남한테 교만하게 대하며, 문밖으로 나갈 때는 정승과 권세가들의 집에서 보낸 말을 타고 술과 고기를 차린 음식상을 대접받으며, 대개 서너 번 청탁을 해야 마지못해 왕진가는 것을 미워하지요. 하지만 세상의 의원들은 대부분 귀하고 권세 있는 집안이나 부유한 집안으로 왕진을 갑니다. 만약 병자가 가난하고 권세가 없으면 아프다는 핑계를 대고 거절하기도 하고, 어떤 경우는 부재중이라 속이고 가지 않기도 합니다. 심지어 이들이 계속해서 백 번을 청하더라도 한 번도 왕진을 나가지 않는 경우도 있으니, 어찌 어진 사람의 마음으로서 할 수 있는 일이겠소? 그러므로 나는 오직 백성을 돌보며 부귀와 권세 있는 사람에게 구하지 않고, 다른 의원의 본보기를 보이려는 것입니다. 그러니 저 존귀하고 세상에 알려진 높은 자들이 어찌 나를 비난할 수 있겠소? 그런데 내가 슬프고 가엽게 여기는 것은 오직 여항의 곤궁한 백성일 뿐이라오. 내 이미 침을 잡고 사람들 사이에서 침술을 행한 것이 십여 년인데, 어떤 날에는 몇 사람을 살리고 어떤 날에는 열 서너 사람을 살렸으니, 아마도 침술로 온전하게 살린 사람이 수천 수백 사람 가량 될 것이오. 내 나이 지금 사십이니, 다시 수십 년 동안에 만 명을 살릴 수 있으며 살린 사람이 만 명쯤 되면 아마 내 일을 마칠 수 있을 것 같소"

나는 조 의원의 말을 듣고 놀라서 바라보았다. 이윽고 탄식하며 마음속으로 생각하였다.

'지금 사람들은 한 가지 재주라도 있으면 세상에 자신의 재주를 팔려고 하고, 다른 사람들에게 조그마한 은혜를 베풀면 그 증서를 잡고 대가를 받아내려고 요구한다. 또 권세와 이익 사이에서 이리저리 훑어보다가, 자신이 취할 게 없으면 침을 뱉고 돌아보지도 않는다. 하지만 조의원은 의술이 높은데도 명예를 구하지도 않고 은혜를 널리 베풀면서도 그 대가를 바라지도 않는다. 병자들 중 급한 사람한테 먼저 달려가되, 반드시 곤궁하고 권세 없는 사람들을 먼저 치료하니, 그 어짊이 보

조광일의 행적을 보고
감동하여 침은
조광일전이라는 글을
남긴 이계 홍양호.영정.
출처: 한국학중앙연구원
한국민족문화대백과

통 사람보다 뛰어나다. 천 명의 목숨을 살리면 녹봉이
있고 남모르게 보답을 받는다고 하니 조 의원은 반드시
이 나라를 위하는 훌륭한 후손이 있을 것이다.' 이에 내
가 직접 보고 들은 것을 서술하고 조 의원을 위해 전기
를 지어 역사를 서술하는 사람의 요구에 스스로 답하고
자 한다.

이 글을 쓴 이계 홍양호는 1764년(영조 40년) 가을부터 홍
주목사에 임명되어 홍주(지금의 홍성)에서 근무한 적이 있었

침은 조광일이 가난한 사람들을 침술로 치료하며 살았다는 합덕방죽에는 연꽃
이 만발하여 그 경관이 장관을 이루었다고 한다. 최근 당진시는 합덕제를 연호
(蓮湖 연꽃의 호수)로 복원하였다.

다.

조광일이 유랑하다가 정착하여 살았다는 합호는 합덕저수
지를 말하는 것이다. 지금 행정구역상 합덕읍은 당진군 소속
이지만 당시엔 합덕이 홍주목에 속해 있었다. 합덕이라는 지
명 자체가 합덕제(合德堤)라는 이름에서 왔다. 이곳 저수지는
후삼국시대 만들어진 것으로 알려진 유명한 곳이다.

홍주목사로 부임한 홍양호는 지역주민과 인근 고을의 군정
(軍丁) 수천 명을 동원하여 합덕제(合德堤)를 대대적으로 중
수하였다.

이때의 사업을 기념하기 위해 만든 중수비(重修碑)에는 홍
양호(洪良浩)가 홍양한(洪良漢)으로 표기되어 있는데 이는
동일인이다. 홍양호의 문집 이계집의 호서록에는 합덕저수지

를 합호(合湖)라고 표현한 시가 여러 군데 나타난다. 합덕제 중수 현장과 저수지의 아름다운 풍경을 묘사한 시에서도 합호라는 명칭을 쓰고 있다.

이계 홍양호는 바로 이 합호 중수사업을 일선에서 지휘하면서 조광일에 관한 이야기를 듣고 저수지의 서쪽 끝(현 합덕리 쪽)에 사는 그를 만나 사귀게 되었던 것이다.

홍양호가 본 조광일의 의술은 예전부터 내려오는 약처방 같은 것을 하지 않고 오로지 침으로만 치료하는 모습이었다. 가죽 주머니 속에 있는 십여 개의 길고 짧고 둥글고 모난 모양의 침으로 종기를 터뜨리고, 부스럼을 다스리고, 뭉쳐 있는 혈(血)과 막힌 것을 뚫어 주고, 풍기(風氣)를 통하게 하며, 쓰러지고 위독한 사람을 다시 일으켰다는 것이다.

『침구경험방』이 나온 이후 조선에서는 침구의 활용이 더욱 널리 확산되었고, 조광일과 같은 침구술이 뛰어난 침구의원들이 방방곡곡에서 활동하고 있었다.

## 청나라 『침구집성』에 『침구경험방』이 그대로

조선은 침구술에 있어서 최고 수준의 나라였다. 이미 조선 침뜸의 우수성은 곳곳에서 확인되고 있었다.

그동안 침구학 관련 분야를 포함한 의서들이 대부분 중국에서 들여와 국내에서 다시 찍어내거나 재편집하여 활용해

왔다. 그런데 조선의 침구술은 치료현장에서 중국에 결코 뒤지지 않았다.

실제로 조선의 침술이 중국보다 뛰어나다는 사실을 청나라에 가서 직접 확인하여 전한 사람은 정조 때 이조판서를 지낸 바 있는 이갑(李岬)이다. 그는 1777년 청나라 연경에 사신으로 다녀오면서 쓴 『연행기사』(燕行記事)에서 청나라 태의원(太醫院)에서 본 중국의 침술의 수준에 대해 언급하고 있다.

여기서 그는 "청나라 태의원의 침술(鍼術)은 더욱 좋은 솜씨가 없다. 침은 우리나라 것에 비교하면 심히 무디기 때문에 침을 맞는 자가 더욱 괴로워한다"라고 전하고 있다. 우리나라 침술이 청나라와는 우선 침의 굵기부터 달랐음을 말해주고 있는 것이다.

청나라에서는 병자호란 직후부터 조선 침의의 실력을 인정하고 있었다.

침의 유달(柳達)은 병자호란 이후 볼모로 청나라 심양에 있는 동궁(소현세자)의 병을 치료하기 위해 따라가 있었다. 이때 유달은 침술(針術)로 청나라에서 신임을 받고 있었다.[204)

그로부터 4년 뒤인 1643년(인조 21년)에는 청나라 황제의 풍증을 고칠 명의를 보내라고 요구해 침의 유달을 보냈다.

청인이 세자의 관소(館所)에다 말하기를, 황제가 풍증(風症)으로 머리가 어지러우니 죽력(竹瀝)을 보내주면

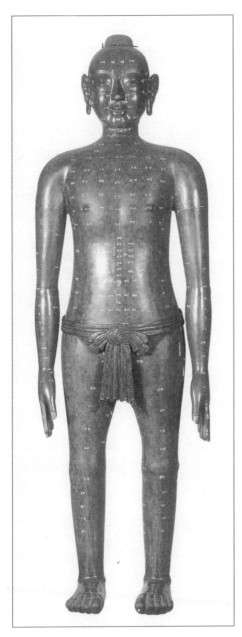

광서동인(光緖銅人) : 서
기 1443년 명나라 때
영종의 지시로 제작한
동인. 1900년 러시아 군
사들이 약탈해 가서
1904년 태의원에서 다
시 제작해 현재 중국역
사박물관에 소장하고 있
음.
사진은 중화의학문물도
집(中华医学文物图集,
2001.9.1 인쇄) 중에서
인용함.

좋겠다고 하고 또 명의(名醫)를 보자고 요구하였다. 상
(上)이 명하여 침의(鍼醫) 유달(柳達)과 약의(藥醫) 박
군(朴頵) 등을 보냈다.205)

　조선의 침구술이 중국과 차이가 나는 것은 직접 악창(惡瘡)
을 터트리고 열기(熱氣)를 다스리는 선사시대부터 내려온 종
기치료의 전통 때문이 아닌가 싶다.
　허임도 『침구경험방』 서문에서 '법은 전해줄 수 있어도 솜
씨는 전할 수가 없다'고 했듯이 의학서적을 통한 학(學)과 몸
으로 익히는 술(術)의 체득은 다른 차원이었던 것이다.
　종기치료의 전통을 이어받은 조선의 침구전문서인 『침구
경험방』이 중국에 처음 소개된 것은 청나라 건륭연간(1736년
~1796년)이었다.
　그런데 당시 『침구경험방』은 단행본으로 간행된 것이 아
니라 『면학당 침구집성』(勉学堂 鍼灸集成：이하 침구집성)
이라는 이름의 책 속에 그 내용이 그대로 실려 있다. 현재 이
책은 중국 국가도서관에 소장되어 있는 것으로 알려져 있다.
　『침구집성』은 1874년과 1879년 다시 간행되었으며 이 판
본이 청나라 말기에 가장 유행했던 침구학전문서였다.206) 그
런데 이 책은 랴오룬훙[廖潤鴻]이란 명의가 저술한 것으로
표기하여 간행되었다.
　『침구집성』은 허임의 『침구경험방』 전 내용과 허준의

『동의보감』의 침구 관련 부분, 중국 명나라 장개빈이 편찬한 『유경도익』(類經圖翼)의 일부를 그대로 짜깁기 하여 출판한 책이다.

『침구집성』은 저술이 아니라 내용 전체가 다른 책을 그대로 복사한 데 불과하다.

『침구집성』 권1은 『동의보감』과 『침구경험방』에 나오는 침법(鍼法), 구법(灸法), 금침혈(禁鍼穴), 금구혈(禁灸穴), 와혈(訛穴), 십사경순행(十四經循行)과 병후(病候), 침구길일(鍼灸吉日) 등의 내용을 『동의보감』→『침구경험방』→『동의보감』 순으로 번갈아가며 베껴 놓은 것이다.

『침구집성』 권2는 인체 각 부위에 따른 병증에 대한 침구 치료법을 논하고 있는데, 『침구경험방』→『동의보감』 순으로 옮겼다.

권3과 권4는 경맥과 경혈에 대한 내용인데, 십사경의 유주(流注)와 유혈(兪穴)의 부위, 주치작용에 대해서는 유경도익 권6과 『동의보감』을 번갈아 옮겨다 놓았고, 140여 개의 경외기혈의 명칭 부위 주치에 대해서는 유경도익 권10과 『침구경험방』, 『동의보감』의 별혈(別穴) 부분을 그대로 베낀 것이다.

『침구경험방』과 『동의보감』 침구편은 상호보완적인 성격을 띠고 있다. 이 두 책은 당시까지의 침구의서를 폭넓게 수용하고, 조선의 독자적인 침구임상경험을 추가하여 정리한 조선침구학의 최대의 성과이다.

『침구집성』이 『침구경험방』과 『동의보감』 침구관련 부분을 한데 묶어 놓음으로써 조선의 양대 침구문헌의 가치를 인정한 셈이다.

『침구경험방』은 단순히 기존 의방서를 재구성한 것이 아니다. 신의 의술로 명성을 날린 조선의 침의(鍼醫) 허임이 치종의의 정통 맥을 이어 받고, 침구술을 터득하여 일생동안 수많은 조선 사람들을 치료하며 직접 경험한 것을 바탕으로 정리한 조선 침구전문서의 효시가 되는 책이다. 그런데『침구집성』은 이 『침구경험방』을 그대로 베껴 간행하면서 허임의 이름은 전혀 언급조차하지 않았다.

또 『동의보감』은 의학입문 동인경 자생경 등 중국의 의방서를 일목요연하게 재편집하여 집대성하면서, 원래 인용한 의서의 출처를 일일이 달아서 집필한 책이다.

『침구집성』에서는 이 『동의보감』 침구관련 내용을 그대로 옮겨 쓰면서 『동의보감』을 옮겼다는 언급을 전혀 하지 않고 있다. 마치 새로 의서들을 일일이 뒤져서 재구성한 것처럼 보인다.

수 십 년에 걸쳐 수많은 의방서의 내용을 모두 파악하고, 핵심적인 내용을 뽑아 의학의 체계를 새로이 구성한 조선의 대의학자 허준의 이름은 간 곳이 없다. 그 자리에 청나라 의원의 이름이 있고, 이로 인해 중국의 많은 사람들은 이 책을

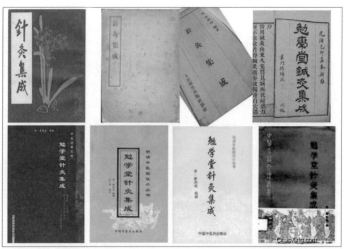

청나라 랴오륜훙이 저술한 것으로 하여 출판되는『면학당 침구집성』은『침구경험방』과 동의보감의 침구편을 그대로 옮겨 엮은 책이다. 침구집성은 1874년 인쇄(사진의 위 오른쪽)되어 나오기 시작한 이래 최근까지도 중국에서는 널리 활용되어 왔다.

청나라 이전의 50여 종 의학문헌을 인용수집, 집대성한 책이라고 알고 있다.

이에 대해 중국 중의과학원 침구연구소 부소장 황룽샹[黃龍祥]도 "『침구집성』이 '침구서적의 집대성(集大成)'이라고 할 수 없고 누군가의 저작으로 볼 수 없다"고 말하고, "아마도 출판사에서 직접 편집 출판하지 않았을까"라고 추측한 바 있다.207)

청나라에서는 『침구경험방』이 단행본으로는 보이지 않았지만, 『침구집성』속에서 그 내용이 널리 전해지고 있었다. 따라서 중국의 침구인들이라면 누구나 다 이를 참고하였을 것이다.

중국에서는 최근까지도 이 『면학당 침구집성』이 청나라의 랴오룬홍을 저자로 하여 10차례도 넘게 출판되었고, 곳곳의 서점과 인터넷서점을 통해 팔려 나갔다.

선조들이 가꾸어온 소중한 생명건강문화를 이웃 나라와 나누는 일은 너무나 아름다운 모습이다. 그런데 『침구집성』이 원래의 저자와 편자를 소개했더라면 더욱 아름다운 모습이었을 것이다.

## "조선 침술이 최고라 중국에까지 소문 자자"

임진왜란 이후 일본에서 조선으로 의술을 배우기 위해 유학 온 이들이 있었다. 1700년을 전후한 시기 일본인 의사 야마가와준안[山川淳菴]이 조선으로 유학을 왔다. 그는 일본으로 돌아가면서 『침구경험방』을 가져갔다. 이 책으로 그는 1725년 일본에서 목판으로 『침구경험방』을 간행했다.

야마가와준안은 이 일본 판본의 『침구경험방』 서문에서 조선에 유학하고 있는 동안의 목격담을 썼다.

그는 "조선에서는 침구가 의가(醫家)의 요체였고, 그 효험이 가장 빨랐는데 치료방법은 한 결 같이 모두 허씨의 경험방을 배워서 하는 것이었다"고 목격담을 말하고, "조선의 침술이 최고라고 하고, 평소 중국에까지 그 명성이 자자하다는 말이 정말 꾸며낸 말이 아니었다"며 조선 침구술이 으뜸이었음을 전하고 있다.

또 그는 "침구경험방을 보니 핵심적이면서도 번거롭지 아니하고 간단하면서도 누락되는 것이 없었으니 이른바 백가(百家)의 요체를 뽑고 천고(千古)의 비법(秘法)을 연 것이어서 그것을 배우는 자는 누구나 각각 그 술(術)에 통달하고 묘한 경지에 이를 수 있었다"고 소개했다.

『침구경험방』은 조선의 명의인 허임이 저술한 책이다. 그 나라 재상인 김씨가 출판을 명하여 사방에 퍼지게 하여 나라 사람들로 하여금 침구의 요체를 알게 하였으니 인제(仁濟)의 도(道)를 돕고자 한 것이다.

나는 젊은 시절에 조선에서 유학을 한 적이 있었다. 학습이 한가할 때에는 의인(醫人)을 자주 접했는데 침구가 의가의 요체라는 설명을 들었다. 또 실제로 병을 고치는데 그 효험이 가장 빠른 것을 목격하였다.

그리고 치료방법은 한 결 같이 모두 허씨의 경험방을 배워서 하는 것이었다.

그 저술된 책을 보니 핵심적이면서도 번거롭지 아니하고 간단하면서도 누락되는 것이 없었으니 이른바 백가(百家)의 요체를 뽑고 천고(千古)의 비법(秘法)을 연 것이었다.

그것을 배우는 자는 누구나 각각 그 술(術)에 통달하고 묘한 경지에 이를 수 있었다.

유독 조선을 침자(鍼刺)의 최고라고 부른다. 평소 중국에까지 그 명성이 자자하다는 말이 실로 거짓이 아니었다.

나라에 뛰어난 선비가 있다는 것은 산에 좋은 나무가 있는 것과 같다. 나라는 선비로써 빛나고 산은 재목으로써 이름나니 아름답도다!

김씨와 허씨여! 두 사람은 훌륭한 재상과 의인으로서 구제하는 데에 결함이 없도다.

옛사람이 이르기를 좋은 재상이 되지 못하면 훌륭한 의원(醫員)이 되기를 바란다고 하였으니 지금 그들이 했던 것을 보니 각기 한 결 같이 고인이 하고자 하는 것이었다.

길이 어진 사람이 나라를 고치는 본보기가 되니 고쳐서 살려낸 이가 몇 억조이겠는가?

아, 덕이 누가 이보다 더하겠는가?

지금 내가 가지고 있던 허씨의 경험방을 가지고 출판을 해서 사방에 펴서 '호생(好生)의 덕'을 가진 모든 군자들과 함께 하니, 김씨와 허씨 두 현자의 아름다움이 이 역에까지 멀리 넘치는 것을 볼 수 있게 됐다.

아름다운 이름은 초목과 더불어 썩지 않고 남겨진 은택(恩澤)은 천지와 같이 오랠 것이니 어찌 의술을 다 하지 않을 수 있겠는가?

보는 사람들은 일취월장하여 그 요체를 통달 할 수 있고, 그 묘한 이치를 파고들 수 있을 것이니, 그것을 자랑하는 데에 급급하지 아니하고 구제하는데 부지런히 노력한다면 아마도 지사(志士)와 인인(仁人)의 용심(用心)에 가까이 이른다 할 것이다.

향보(享保) 10년(1725년) 을사(乙巳)년 늦은 봄 3월 야마가와준안(山川淳庵)208)이 쓰다.

야마가와준안은 『침구경험방』을 출판하여 사방에 펴서 생명 살리기를 좋아하는 '호생(好生)의 덕'을 가진 모든 군자들과 함께 하게 되어, 조선 현자의 아름다움이 이역에까지 멀리 넘치는 것을 볼 수 있게 됐다며 그 의미를 되새겼다.

1725년 『침구경험방』 일본판의 서문.

# 통신사 따라서 일본으로 침구(鍼灸) 한류

야마가와준안이 『침구경험방』을 간행할 당시는 조선통신사들의 왕래로 조선과의 의술교류가 활발하게 이루어지고 있었던 때였다.

임진왜란 이후 조선이 일본에 파견한 통신사는 1607년부터 1811년까지 모두 12차례였다. 처음 3회는 일본 측의 요청에 회답하고 왜란중의 포로를 돌려보낸다는 회답겸쇄환사(回答兼刷還使)였다.

통신사라는 이름으로 사신이 파견된 것은 1636년 병자사행(丙子使行)부터이다. 통신사는 처음엔 양국 간의 평화유지라는 정치적 목적이 강했으나 점차 문화교류의 성격이 더욱 중요한 의미로 부각되었다.

조선에서 파견하는 통신사의 수는 적을 때는 260명, 많을 때는 500명이나 됐다. 1711년 신묘사행(辛卯使行)에는 500명의 조선 통신사가 일본을 방문했다. 가장 성대한 사절단이었다. 이들을 영접하기 위해 일본에서는 100만 냥의 자금과 연인원 33만 명이 동원됐다고 한다.

여정은 한양에서 출발하여 부산에서부터는 대마도주의 안내를 받아 해로를 이용했다. 대마도를 거쳐 시모노세키[下關]를 통과하여 일본 각 번(藩)의 향응을 받으며 오사카[大阪]의 요도우라[淀浦]에 상륙했다.

통신사 행렬을 그린 '조선통신사래조도'. 1748~1750년 추정. 고베시립박물관
소장. 부산박물관 2015년 전시 사진(국제신문).

　그리고 육로로 일본 막부의 수장 쇼군[將軍]이 있는 도쿄
[東京]로 향했다. 통신사가 지나는 각 번은 통신사를 국빈으
로 대우하며 대접하였고, 일본 지식인들과의 교류가 활발했
다.

　엄격한 신분사회였던 사농공상(士農工商)의 시대에 일본에
서는 사(士)에 해당하는 신분이 사무라이라는 무사계급이었
다. 학문을 익힌 사람은 하급 서기 역할을 했을 뿐이다.

　일본에서는 지식인의 주요 계층이 의사와 승려였다. 그러
다 보니 조선의 통신사를 맞은 지식인들은 의사들이 다수를
차지했다.

통신사를 맞는 일본인 의사들이 가장 알고 싶어 했던 분야
는 조선의 의료기술과 의서, 약물에 관한 내용이었다. 당시
조선통신사에 면담을 신청한 일본인 중에는 의사가 많았다.

조선의 통신사절단에는 의관들도 공식수행원으로 포함되어
있었다. 통신사 일행이 도착하면 일본의 의료관계자들은 조선
의 의원들 숙소를 직접 방문하거나, 또는 집으로 초청하기도
했다.

일본의 의원들은 조선인과의 면담이나 필담 내용을 꼼꼼하
게 기록하여 책자를 발행했다. 그래서 매번 사행(使行) 때마
다 대담내용을 정리한 이른바 '의학문답'(醫學問答)관련 서적
이 쏟아져 나왔다.

지난 2003년과 2004년에 걸쳐 한국한의학연구원이 이들
조선통신사들의 의학교류 관련 자료를 수집했다. 이들 자료에
는 일본의 의사들이 조선의 침구술에 큰 관심을 가지고 대담
한 내용이 다양하게 들어있다.

당시 일본과 조선의 침뜸에 대한 실상은 조선통신사를 통
한 한일간 의술교류의 기록에서 확인된다.

그 가운데는 침구이론은 물론이고 침의 종류와 길이, 자침
(刺針)의 깊이나 뜸의 장수 등 구체적인 이야기까지 나와 있
어 당시 일본과 조선에서 쓰이고 있었던 침과 뜸에 대해 비교
하여 확인 할 수 있다.

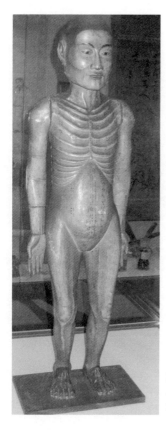

지신류(知新流) 동인형, 1660년 경. 일
본 오사카의 모리노미야(森ノ宮)침구박물
관 소장.

　1711년 조선통신사 일행이 일본을 방문하였을 때, 일본의
침의(鍼醫) 무라카미타뇨(村上溪南)와 그의 아들 등이 9월20
일 통신사 일행이 머무르고 있는 서본원사(西本源寺)의 숙소
를 방문했다.

　이 때 조선의 명의(名醫) 기두문(奇斗文)과 침술에 관해 나
눈 문답을 적어놓은 기록이 양동창화후록(兩東唱和後錄)이

다. 이 기록에서 『침구경험방』으로 보이는 책이 거론된다.

조선 의관 기두문은 일본의 침의 무라카미타뇨에게 침구서를 한권 건네준다. 무라카미타뇨는 책에 매료되었다.

> "귀공의 책은 실로 이 세상에서 보지 못한 것입니다. 그 중에 별혈(別穴)의 존재는 삼가 베껴두고 싶은데 어떠신지요? 또 정형수경합(井滎兪經合)의 혈 자리는 어떻게 쓰는 것입니까?"

기두문이 건넨 침구서는 '별혈'에 관한 내용 등이 들어 있는 것으로 보아 『침구경험방』이었던 것으로 판단된다.[209]

또 문답기록에는 조선의 종기치료침에 관한 내용이 들어 있다.

조선 의관 기두문이 일본 침의인 무라카미타뇨 큰 아들의 요청에 따라 직접 침을 시술하는 시범을 보이고 조선 침의 실물을 보여준다.

기두문은 "호침, 미침과 세침, 삼릉침은 모두 왼손대지를 엎어서 혈 자리를 누르고 손톱의 바깥쪽 모서리를 취하여 자침합니다"라며 일본 침의의 아들 몸에 직접 시술까지 했다. 곡지(曲池)와 족삼리(足三里)를 취혈하여 자침하였다.

기록에는 이 일에 대해 "침은 크지만 통증은 느끼지 못하였다"고 감탄사를 적어 놓았다.

국보(國寶) 의심방(醫心方)을 보고 있는 의원 모습. 일본 오사카의 모리노미야 (森ノ宮)침구박물관 전시품.

기두문은 조선침을 품속에서 꺼내 보여주었는데, 대종침 (大腫針) 중종침(中腫針) 소종침(小腫針)이라 부르는 것으로 이것은 습열(濕熱)이 응결되어 생긴 통증이 심한 종기에 쓴다 고 하였다. 기두문은 치종치료를 중심으로 하는 조선의 침을 보여준 것이다.

일본의 의사 야마가와준안이 1725년 『침구경험방』 일본 판본을 간행하면서 그 서문에서 밝히고 있는 조선 유학시절 의 목격 내용은 조선에선 '침구가 의가의 요체'라는 것이었고, 치료방법은 한결같이 모두 허씨의 경험방이라는 것이었다. 야마가와준안의 목격담에 비춰볼 때 1711년 경 조선에서『침구경험방』은 의원들의 필독서였다. 여러 정황으로 봐서 통신사로 가면서 기두문이 가져가서 전한 책은 『침구경험방』이 틀림없어 보인다.

임진왜란 이후 10번째 통신사의 일행으로 1748년 일본을 방문한 조선 의관은 조숭수였다.
이 때 일본의 의사 가와무라슌코(河村春恒)가 조숭수에게 이렇게 이야기한 대목이 있다.

"우리나라(일본)에는 탕액가(湯液家) 외에 침의(針醫)가 따로 있습니다. 이들이 주로 소문(素問)에서 말하는 호침을 사용합니다."210)

18세기 일본에서도 침뜸을 전문적으로 사용한 의사들이 탕약을 다루는 의사와 별도로 존재하였으며, 이러한 구분이 매우 명확하였음을 보여주는 이야기다.211)
조선 의관 조숭수는 조선의 침의 허임을 거론한다.
그는 일본의 의사 가와무라슌코에게 "동방에 허임이 있어 (침술에) 능통하였고, 김중백이 그것을 이었는데 지금은 없으니 애석하다"라며 허임과 허임의 제자 김중백을 소개했다.

# 침도(鍼道) 되살릴 '한국 허군'의 『침구명감』

일본 침의들에게서 조선의 침술은 늘 큰 관심꺼리였고, 이에 따라 『침구경험방』은 1778년에 다시 출간됐다. 1807년에는 『침구명감(鍼灸明鑑)』이라는 제목으로 또 인쇄되어 나왔다.212)

문화 4년(1807년)에 간행한 것으로 표기되어 있는 『침구명감』의 서문에는 '허씨침구명감' 혹은 '한인허씨소저(韓人許氏所著)'라는 내용을 명기하여 조선국 허임의 저술임을 분명히 밝히고 있다.

『침구명감』에는 서문이 책의 앞 쪽에 세 개가 실려 있다. 그 첫 번째 서문은 정삼위(正三位) 수리대부(修理大夫)인 단파뢰리(丹波賴理)라는 인물이 쓴 것으로 되어 있다. 수리대부(修理大夫)는 산업공학을 담당하는 관직으로 책의 인쇄와 관련한 업무로 접촉을 한 것으로 보인다.

서문을 쓴 날짜도 다른 서문이 춘3월에 쓴 것으로 되어 있는데 비해 이 서문은 1807년 음력 11월에 쓴 것으로 되어 있다.

미장(尾張) 대석양보(大石良輔)는 지난번에 허씨의 『침구명감』을 교열(校閱)하면서, 나에게 서문을 부탁해

『침구명감』의 첫 번째 서문.

나는 이렇게 말했다. 침구의 공이 귀하고 큰데, 만약 침
구술을 천한 직업으로 여긴다면, 진실로 침구의 공로
를 모르는 것이다. 지금 대석(大石)씨는 침구의 공을
알고 있고, 또한 세상 사람들로 하여금 침구의 공이 귀
하고 큼을 알도록 할 수 있다. 그런즉, 이러한 행위는
역시 귀하고 클 것이다. 이러한 뜻을 넓혀, 서문으로 삼
는다.

『침구명감』의 두 번째 서문은 1807년 춘3월에 전약료(典
藥寮)라는 의료기관의 의원(醫員)이 쓴 것으로 되어 있다. 이
의원은 조의랑대장대록화기조신(朝議郞大藏大錄和氣朝臣)
이라는 직책의 관료인 유형(惟亨)이라고 서명되어 있다. 이
서문에서는 '침술은 의가(醫家)의 정신 수련 요체'라고 보고
있어 흥미롭다.

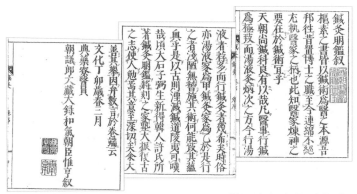

『침구명감』의 두 번째 서문.

황제내경의 영추와 소문은 모두 침술을 의학의 근본으로 여겼다. 우리나라는 예전부터 박사라는 직책을 두어, 오늘날까지 이어 내려오고 있으며, 특히 의가의 근본으로 삼고 있다.

이로써 의가(醫家)의 정신 수련의 요체는 침술에 있다는 것이 마땅함을 알 수 있다. 천조(天朝)213)에서는 침과(鍼科)를 숭상하고, 잘 육성하였다.

무릇 의술에 있어서, 침술을 행하는 것이 가장 으뜸이 되고, 탕약과 뜸이 그 다음이 된다. 지금은 탕약을 쓰는 자가 많고, 침구를 쓰는 자는 드물다. 항간에서도 탕액가(湯液家)를 첫째로 치고, 침구가(鍼灸家)는 둘째라고 한다. 그래서 그것을 행하는 사람들이 천박하고 헤아림이 없는데, 그 술(術)을 베푸는 일이 어찌 깊은 경지에 도달할 수 있겠는가?

이런 연유로 옛 법도가 사라지고, 침도(鍼道)가 쇠퇴하였으니 한탄스럽다.

근래 대석씨는 한인(韓人) 허씨의 저서인『침구명감』을 새로 얻어서, 장차 그것을 출판 하려고 한다. 사람들로 하여금 힘써 익히도록 하여 예전의 뜻을 다시 크게 펼치려고 하니 그 뜻이 참으로 지극하구나.

내가 그의 업적을 훌륭히 여겨, 책 끝에 몇 마디 말을 덧붙이노라.

이 서문은 일본에서 침도(鍼道)가 쇠퇴하여 대석(大石)씨가『침구명감』을 출판, 사람들로 하여금 침술을 힘써 익히도록 하여 침구를 부흥하고자 하는 뜻이 지극히 훌륭하다는 내용이다. 침구경함방이 일본으로 건너가 침구학의 교과서가 된 것이다.

세 번째 서문은『침구명감』을 교열하고, 출판을 주도한 오와리(尾張 에도 근처의 지명) 지역의 오이시료스케(大石良輔)가 쓴 서문이다.

『침구명감』의 두 번째 서문에서는 허임을 '한인(韓人) 허씨'라고 하고 있고, 세 번째 서문에서는 '한국(韓國) 허군'이라고 칭하고 있다.

미장대석은 '한국(韓國) 허군의『침구명감』'을 황제내경의 영추에 비견하면서, '법도로 삼을만한 훌륭한 책'이라고 소개하고 있다.

나는 "활 쏘는 자가 속임수를 써서라도 표적에 적중시키는 것만을 활 잘 쏘는 것으로 여긴다면 세상에는 모두 예(羿, 하나라 때의 제후로 궁술의 명인)214)들로 넘칠 것이다"라는 말을 들은 적이 있다. 우리 의원들도 이러하다.

나무를 깎아 바퀴를 만드는 것처럼 구루(痀僂, 고사에 나오는 최고의 기술자)215)의 기술을 전수받는 것은 손기술뿐만 아니라 마음으로 터득해야 하니 이른바 '의(醫)란 생각[意]이다[醫者意也]'216)라고 하는 것이다.

무릇 침술을 행하는 무리들이 미루어, 종주(宗主)로 삼는 경전은 오직 영추뿐이다.

그런데 그 문장이 고고(高古)하여, 그 내용이 잘 드러나지 않고 감추어져 있어서, 박식한 장인과 이름난 대가들도 자못 통하여 깨닫는 데 어려움을 느끼는데, 하물며 저자거리의 몽매한 무리들이야 어떠하겠는가?

영추 외에 기타 여러 서적들은 너무 번잡하거나, 너무 간략하고 내용이 허무맹랑하여 쓸 만한 책이 드문 실정이다.

한국 허군은 그 술법을 통달하여, 오묘한 경지에 이르렀으며, 마침내 법도로 삼을만한 책을 지었으니 훌륭한 일이다.

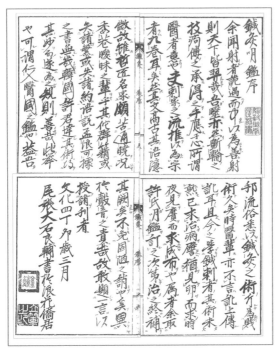

『침구명감』의
세 번째 서문.

이것은 또한 인인(仁人)과 의국(醫國)의 귀감이 된다고
할 수 있다.

대개 일본의 풍속에서는, 침구술을 천한 기술로 여긴지
오래되었다. 요즘의 의사들이 그릇되게 말하는 것이 아
니라, 대대로 그릇된 것이 전해졌을 뿐이다.

또한 지금 침구를 익히는 자들은 그 술법이 미숙할 뿐
이다. 미숙한 술법으로써 병을 치료하려는 것을 비유컨
대, 마치 달걀을 보고 바로 닭을 구하려고 하는 것과 같
고, 삼씨를 보고 바로 천을 구하려는 것과 같다.

근래 나는 허씨 『침구명감』을 얻어 그 순서를 바로 잡고, 누락된 것을 보완하여 종결지었는데, (내가 한 일이) 고루217)한 자가 자기의 분수도 모른다는 꾸짖음을 면하기 어려우니 어찌 '구음지책(甌音之責)'218)의 경우와 다르겠는가?

외람되지만 머리말 한마디를 책을 출간하는 자에게 전한다.

대석(大石)씨는 '허군'이 의학의 술법에 통달하여 오묘한 경지에 이르렀다고 말하고 있다. 허임의 명성과 의술은 바다를 건너 전해지고 있었다. 그의 의술은 세대를 거치며 세상 사람들의 병을 고치고 생명을 살리는데 널리 쓰이게 되었다.

## 국가대표 침구명의의 흔적 없는 유허지

허임의 원래 묘소는 공주 장기면 무릉리에 있었다. 허임의 아버지 묘와 어머니 묘는 공주군 우성면 한천리의 무성산 기슭에 나란히 자리 잡고 있었다. 허임의 묘는 1982년에 부모 묘와 아들 묘가 있는 이곳 무성산으로 이장되었다. 묘를 이장할 때 관 앞에서 표석(標石)으로 사용한 것으로 추정되는 백자 접시가 하나 나왔을 뿐 아무런 석물(石物)도 없었다.

허임의 소박한 삶이 묘지에서도 투영되어 있었다. 400년 가까운 세월이 지난 유허지엔 전해 내려오는 흔적을 찾을 길이 없다. 하지만 그 뜻은 면면히 이어지고 있다.

충청남도 공주시 우성면 내산리에는 1900년대 초반까지만 해도 허임의 공을 기리는 부조묘가 있었다.

부조묘는 공을 세운 사람에게 그를 기리기 위하여 4대까지만 제사를 지낼 것이 아니라 영구히 받들도록 나라에서 명을 하여 위패를 모시도록 한 사당이다.

1920년대에 간행된 한국근대읍지의 공산지(公山誌) 가운데는 허임을 '인조조공신(仁祖朝功臣)'이라고 표기하고 부조묘가 있었다고 기록되어 있다.

부조묘는 공주시 우성면 내산리 새터말 허임 후손의 종손가 바로 옆 내산리 353번지에 위치하였다고 한다.

1982년 이장하기 전 허임의 묘가 있었던 충남 공주시 장기면 무릉리의 야산.
이장 중 묘소의 관 앞에서 나온 조선백자 접시(좌측 원 내).

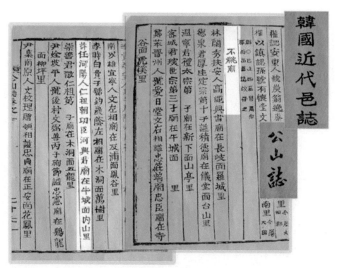

충청남도 공주시 우성면 내산리에는 1940년대까지만 해도 허임의 공을 기리는 부조묘(不祧廟)가 있었다. 한국근대읍지 공산지(公山誌)에는 허임 부조묘가 우성 내산에 있다고 전하고, '인조조 공신'이라고 기록하고 있다.

이 마을에 사는 허임 후손과 주민들의 말에 따르면 1940년 대까지도 부조묘는 초가집 터의 위 에 있었다. 하지만 일제시대와 한국전쟁을 거치며 부조묘를 관리하고 제향(祭香)을 이어가기엔 후손들의 살림살이가 너무 힘겨웠다. 부조묘는 수십년 간 그대로 방치되어 폐허가 되어갔다.

1940년대의 어느 해 이것을 보다 못한 내산리에 사는 허임의 후손 한 사람이 부조묘에 불을 질렀다. 그 후 그는 어찌된 일인지 화재 후 그의 목이 완전히 쉬어서 그 후로 그를 '목 쉰 허서방'이라 불렀다 한다.219)

불이 나 건물이 전소된 후 그 자리에서 하얀색 긴 통 하나가 발견되었다. 이것은 무릉동 산소에 묻는다며 누군가 가져 갔다고 전해진다. 이 하얀 통은 위패였을 가능성이 있다. 부 조묘의 위패는 분판하여 흰색 통에 두기 때문이다.[220]

이 부조묘가 소실된 이후에는 『침구경험방』의 집필지에는 허임의 업적을 기리는 흔적이 전혀 남아 있지 않게 되었다.

하지만 금강의 곰나루에서 뜸밭골 시골길을 따라 들어서면 허임 선생의 숨소리가 들리는 듯하다.

## 맺음말

허임기념사업회가 문화체육관광부의 인가를 받아 사단법인 으로 발족한 때는 2005년 4월. 그 때만 해도 허임의 유허지가 어디인지 후손들은 어디에 살고 있는지 전혀 알지 못했다.

한국민족문화대백과사전에 나오는 허임의 본관은 허준과 같은 양천 허씨로만 소개되어 있었다. 하지만 양천 허씨 대종 회에 여러 차례 연락하여 문의하였으나 양천 허씨 족보에서 허임이라는 인물을 찾을 수가 없다고 했다.

침구경험방 서문 끝에 '河陽許任 識(하양 허임 쓰다)'이라 는 구절이 있어 허임이 하양 허씨라고 확신을 하고, 우여곡절 끝에 충남 공주를 방문 허임의 후손을 만나 공주가 그 유허지 임을 알게 되었다.

이렇게 21세기에 살면서 조선시대로 들어가 취재하는 과정에는 수많은 '팩트체크(Fact Check)'를 먼저 거쳐야했다.

허임이라는 역사적 인물이 관노출신의 장악원 전악과 대감집 여종 사이에서 태어나 전란으로 점철된 한 시대를 침구의(鍼灸醫)로 살아온 흔적을 찾아 다녔다.

그리고 침구경험방 간행 365주년 되는 해인 2009년 허임의 유허지, 충남 공주시 우성면 내산리 마을 어귀에 각계 성금으로 기념비를 세웠다.


허임은 조선 침구학의 중시조이다. 그의 『침구경험방』은 선사시대부터 이어온 침구요법을 더욱 발전시켜 이를 실용적으로 집대성하고 다시 후대에 그 맥을 전해 주는 조선의 침구 종합전문서이다.

허임은 『침구경험방』 서문에서 자신의 평생에 걸친 임상 경험을 후대 사람들이 널리 활용하기를 기대했다.

근대 들어서 서양의학이 들어오고 일제시대를 겪으면서 침구학은 비주류의학으로 밀려났다. 해방 후 한국에서는 침구학 자체의 수난 시기를 맞았다.

정부 정책의 부재로 우리나라 침구학의 현대적 계승은 제도적으로 대단히 척박한 환경에 처해있다. 하지만 침구요법은 태초의 자연요법이다. 때문에 끈질긴 생명력을 가지고 살아남아 면면히 이어갈 것이고, 어느 때 좋은 시절을 만나면 다시 크게 융성할 것이다.

충남 공주시 우성면 내산리 어귀에 2009년 세운 침구경험방 집필지 기념비

침뜸의 도구에서도 혁신이 일어나고 있다. 정보통신의 발달로 전통 생명학과 경락경혈 이론은 널리 공유되고 있다. 이러한 변화는 새로운 환경을 만들어 내고, 침구학이 발전하여 생명을 지키고 건강을 관리하는데 다시 크게 기여하게 될 것

이다.

허임 침구학의 현대적 계승을 위해서는 침구를 둘러싼 각 직능집단 사이의 대립과 대결을 넘어서 인류 공동자산으로 침구학을 함께 계승 발전시켜나가야 할 것이다.

우리나라에서 전통의학과 현대의학 사이에 가로놓인 제도적 장벽이 무너지고, 전통의학에 관한 현대적 연구도 활발히 진행되고, 아울러 전통적 생명학의 관점에서 현대의학을 새롭게 해석해 나가 21세기 신의학이 창출되기를 바란다. 그 가운데 조선침뜸의 위상이 뚜렷이 자리 잡아, 앞으로도 널리 인간을 이롭게 하기를 기대해 본다.


태어나서 늙어가고 아프다 죽어가는 엄혹한 생명의 현실을 알아차린 동서남북의 모든 인간들은 이 숙명(宿命)에 대해 늘 깊은 고뇌를 해 왔다. 이런 가운데서 인류는 자연과 생명의 이치를 통찰해 왔다.

터득한 지식과 지혜는 생명과 건강을 지키는데 활용되었고, 정신문화와 생활문화를 풍요롭게 만들어왔다. 이것이 생명건강문화이다. 이 생명건강문화는 생활의 지혜가 되고, 삶의 양식이 되고, 민간요법이 되고, 전통의술이 되고, 철학과 예술에 녹아들었다. 이는 정신활동의 방향을 정하고, 의식주를 비롯한 갖가지 생활양식을 만들어내는 토대가 되었다.

생명을 건강하고 아름답게 가꾸는 생명건강문화가 풍요로

운 곳에 대자연의 섭리에 순응하는 문명이 찬란한 빛을 발한
다.

# 주(註)

1) 「掌樂院의 官員 樂人 習樂」- 조선왕조실록의 관련 기사를 중심으로 -
   Ⅲ 장악원의 악인, 서인화(국립국악원 학예연구사).

2) 『慵齋叢話』卷之二
   予以禮曹判書。提調掌樂院。若客人宴享使臣賜宴慣習取才之時。聽樂
   無虛日。又往來大平館。里四面皆伶妓家。崇禮門外敏甫如晦兩家婢僕皆
   善手。余常歷入聽之。又於大家傍。有洪仁山安左尹兩大宅。亦敎婢僕絲
   竹。聲亊嘹亮。夜深不已。予每臥聽。亦一樂也。

3) 『湖陰雜稿』卷之四, 南宮日錄/ 暮春下旬有六國工, 許億奉大笒, 李佐腰鼓
   鄭義堅伽倻琴 等。不期來謁。俾就家園。縱奏其技。又使家婢。助以歌
   舞。眞一場戲劇。聊記一律云。

4) 湖陰雜稿 卷之四 南宮日錄/ 許億奉弄大笒。戲書。

5) 명종 6년 신해(1551) 10월2일.

6) 許筠(1569~1618), 惺所覆瓿稿 卷之二十四 說部三, 惺翁識小錄下 [歷代
   樂工]

7) 蓀谷詩集 卷之六 七言絶句, 贈樂師許億鳳
   雙眉覆眼鬢蕭蕭。曾捻梨園紫玉簫。移向瑤臺彈一曲。曲終垂淚說先朝。

8) 『藥峯遺稿』卷二 - 詩/ 平海郡逢舊樂師許弄 五言古詩.
   … 吾兄名億鳳。以笛隨乘輿。十年爲典樂。進退隨鴻臚。少小習耳目。樂
   其可知歟。十二仍學箏。鯤絃飾琭琭。哀音唳孤鶴。流聲咽宮渠。藝成頗解
   律。梨園播名譽。班行亞師兄。先輩借吹噓。吹竹與彈絲。相須類駏驢。
   是時太平久。天衢和日舒。公卿事遊宴。三日已爲疏。凝香掩槐柳。南池
   折芙蕖。每逐中舍宴。不覺流居諸。時從執拍位。…

9) 『세조실록』세조 10년(1464) 9월13일.

10) 『朝鮮初期의 잡직』 유승원. 장악원의 잡직. 4-나 取才 受職 去官

11) 『霽湖集』卷之九, 詩話 [高霽峯待蓀谷]

12) 「掌樂院의 官員 樂人 習樂」서인화(국립국악원), Ⅲ 장악원의 악인.

13) 「掌樂院의 官員 樂人 習樂」서인화(국립국악원), Ⅲ 장악원의 악인.

14) 金貴榮(1519~1594) 조선 중기 문신. 자는 현경(顯卿), 호는 동원(東園).
    본관은 상주(尙州).

15) 『苔泉集』卷五, 閔仁伯. 記聞 多光海時事 '許任官奴之子而至於封君'
    許任之父。襄陽官奴也。其母。金相貴榮家私婢也。學針術。頗見效。光

海在東宮時。爲其幹僕。乃卽位之後。鑽刺錄勳。至於封君。已極奸濫。
而其父億鳳。贈右議政府院君。其母私婢。亦封貞敬夫人。朝廷爵命。豈
非汚辱之甚乎。

16) 『광해군일기』광해군 14년(1622) 4월6일. "허임은 악공 허억봉(許億逢)
   의 아들인데, 난리 때에 사사로이 덕을 본 일이 있었기 때문에 이 명이 있었
   다."

17) 『광해군일기』광해군 9년(1617) 6월21일. "허임은 악공(樂工) 허억복(許
   億福)의 아들이다. 침술이 뛰어나 임금의 총애를 받아서 2품의 관직에 뛰어
   올랐다."

18) 『광해군일기』광해군 9년(1617) 2월18일. "새 목사 허임(許任)은 아비는
   관노(官奴)이고 어미는 사비(私婢)로, 비천한 자 중에서도 더욱 비천한 자
   입니다."

19) 『河陽許氏世譜』河陽許氏文敬公派中央宗親會, 1984.

20) 「침의 허임의 가계와 생애에 대한 연구」동신대학교 대학원 한의학과. 석
   사학위 논문 박훈평 2010.2.

21) 『세종실록』세종 30년(1448) 5월9일.
   예조 판서 허후(許詡)·참판 유의손(柳義孫)과 계전(季甸)은 아뢰기를, "
   … 또 작(爵)을 봉하고 전토를 주는 것은 한 사람에게 그치고, 노비를 고르
   게 나누는 것은 다른 이유가 없고, 작과 전토는 국가에서 주는 공기(公器)이
   고, 노비(奴婢)는 한 집에서 서로 전하는 사사 물건이기 때문입니다. … "

22) 「朝鮮前期 奴婢考」蔡基秉, 성균관대학교 교육대학원 교육학과 석사학
   위 논문.

23) 『朝鮮時代 私奴婢硏究』김용만 저, 집문당, 1997,  p.38

24) 『반계수록』세계의 대사상 34, 정창렬 역, 휘문출판사, 1976, p.136

25) 『선조실록』선조 6년(1573) 12월2일

26) 『鎖尾錄』吳希文, 을미일록, 선조 28년(1595) 11월 초1일.

27) 『樂掌謄錄硏究』「악공과 악생의 시상」, 송방송. 영남대학교 민족문화연구
   소, 1980.

28) 『蓀谷詩集』권6 七言絶句 "贈樂師許億鳳"

29) 『황제내경』소문 권제4 이법방의론(異法方宜論) 제12장.

30) 『한의학사재정립(상)』한국한의학연구원, 1995.12. p.210

31) 「조선시대 치종학에 관하여 - 그 발전배경 및 치종전문서의 내용분석, 신
   좌섭」기창덕 황상익, 醫史學 제6권 제2호 (통권 제11호) : 205- 215, 大
   韓醫史學會, 1997.

32) 『조선의 명의들』「허임, 침구의 대가」김호 저, 살림, 2007.

33) 『治腫秘方』序文, 한국학중앙연구원 장서각 소장본.
34) 『조선의 명의들』「허임, 침구의 대가」김호 저, 살림, 2007.
35) 『중종실록』중종 27년(1532) 12월22일.
36) 『선조실록』선조 25년(1592) 4월30일.
37) 『광해군일기』광해군 4년(1612) 9월21일.
38) 『선조실록』선조 26년(1593) 10월30일.
39) 『서정일록』이정암 저, 이정희 역, 탐구당, 1981.
40) 『한국의학사』김두종, 탐구당, 1993, p.274
41) 『우리나라 중세과학기술사』리용태, 白山資料院, 1990, p.222
42) 『선조실록』선조 26년(1593) 12월1일.
43) 『신조실록』선조 26년(1593) 12월27일.
44) 『선조실록』선조 27년(1594) 1월1일, 2월1·21일.
45) 『선조실록』선조 27년(1594) 2월11일, 『선조실록』선조 27년 3월1일, 『선조실록』선조 27년 4월1일, 『선조실록』선조 27년 5월1일, 『선조실록』선조 27년 6월1일, 『선조실록』선조 27년 7월1일, 『선조실록』선조 27년 8월1일, 『선조실록』선조 27년 8월6일.
46) 『선조실록』선조 26년(1593) 11월27일.
47) 『선조실록』선조 27년(1594) 1월25일.
48) 『선조실록』앞의 기록.
49) 『선조실록』앞의 기록.
50) 『선조실록』선조 29년(1596년) 1월12일.
51) 『임진왜란 종군기』케이넨 저, 신용태 역주, 경서원, 1997.
52) 『鎖尾錄』, 吳希文, 을미일록, 선조 28년(1595) 11월초1일.
53) 「조선후기 의약생활의 변화 : 선물경제에서 시장경제로–미암일기, 『쇄미록』, 이재난고, 흠영의 분석」2. 『쇄미록』에 나타난 임진왜란기 충청 황해지역의 의약생활. 신동원 한국과학기술원 연구교수, 과학기술사. 역사비평 75호, 2006년 여름호 [역비논단]
54) 「조선후기 의약생활의 변화 : 선물경제에서 시장경제로–미암일기, 『쇄미록』, 이재난고, 흠영의 분석」2. 『쇄미록』에 나타난 임진왜란기 충청 황해지역의 의약생활. 신동원 한국과학기술원 연구교수, 과학기술사. 역사비평 75호, 2006년 여름호 [역비논단]
55) 「허임 『침구경험방』연구」박문현, 경희대학교 대학원 한의학과 박사학위 논문, 2002년 8월. p.11
56) 『선조실록』선조 19년(1586) 10월1일
57) 『선조실록』선조 22년(1589) 4월10일.
58) 『선조실록』선조 22년(1589) 4월13일

59) 『선조실록』선조 21년(1588) 윤6월21일.
60) 「16세기 후반 경향의 의료환경 - 『미암일기』를 중심으로」 김호, 대구사
학 제64집, 2001. 8.
61) 『선조실록』 선조 28년(1595) 4월13일.
62) 『선조실록』선조 28년(1595) 4월13일.
63) 『선조실록』선조 28년(1595) 7월28일; 권66, 선조 28년 8월 2·8일.
64) 『선조실록』선조 29년(1596) 5월14·17·21·24일.
65) 『선조실록』선조 30년(1597) 4월21일.
66) 『선조실록』선조 31년(1598) 3월3일.
67) 『선조실록』선조 31년(1598) 9월22일.
68) 『선조실록』선조 31년(1598) 10월5·9일.
69) 『세종실록』세종 22년(1420) 8월21일. 전 중추원사 황자후의 졸기 전 중
추원사 황자후(黃子厚)가 졸(卒)하였다. 자(字)는 선양(善養)이며 충청도 회
덕현(懷德縣) 사람이다. … 정사년 여름에 건의하여 침구(針灸)를 전문으로
하는 업종(業種)을 창설(創設)하였고, 가을에 중추원사로 승진하였다. 자후
는 의약(醫藥)에 밝아 항상 전의감(典醫監) 제조(提調)로 있었다.
70) 『세종실록』세종15년(1433) 6월1일.
71) 「制度上으로 考察한 李朝時代의 醫療機構」 又醒學人. 서울:『大韓漢醫
學會報』, 1965;12:32.
72) 『朝鮮醫事年表』, 三木榮, p253
73) 『韓國醫學史』金斗鍾, 287
74) 「허임 『침구경험방』연구」 박문현, 경희대학교 대학원 한의학과 박사학
위 논문, 2002. 8, p11.12
75) 『韓國科學技術史資料大系』, 醫藥學篇, 38권
76) 『선조실록』선조 34년(1601) 3월24일.
77) 『선조실록』선조 34년(1601) 3월25일.
78) 『선조실록』선조 34년(1601) 3월29일.
79) 『선조실록』선조 34년(1601) 4월10일.
80) 『선조실록』선조 34년(1601) 4월10일.
81) 『선조실록』선조 34년(1601) 9월11일.
82) 『선조실록』선조 35년(1602) 6월12일.
83) 중국에서 입수된 『태의원 선생안』(고종 초기 저술된 것으로 추정됨) 중
에 「내침의 선생안」과 「의약동참 선생안」이 첨부되어 있다. 『창진집』
외 1종, 아세아문화사, 1997년 2월28일.
84) 보물 제739호. 호성원종공신녹권(扈聖原從功臣錄券)
85) 『선조실록』선조 39년(1606년) 10월16일

86) 『眉巖日記』1568년 3월26일 "榮國卽金溝金積碩之子也" / 4월24일 "典醫監參奉金榮國來謁 酒金溝主人積碩之子也"

87) 『선조실록』선조 37년(1604) 6월25일.

88) 『광해군일기』광해군 5년(1613) 1월7일.

89) 「조선후기 의약생활의 변화 : 선물경제에서 시장경제로-미암일기, 『쇄미록』, 이재난고, 흠영의 분석」 1. 미암일기를 통해본 16세기말 서울과 전라지역의 의약이용. 신동원 한국과학기술원 연구교수, 과학기술사. 역사비평 75호, 2006년 여름호 [역비논단]

90) 『선조실록』선조 36년(1603) 9월26일.

91) 『선조실록』선조 37년(1604) 6월30일.

92) 『선조실록』선조 37년(1604) 7월2일.

93) 『선조실록』선조 37년(1604) 8월8일.

94) 『선조실록』선조 37년(1604) 9월23일

95) 『선조실록』선조 37년(1604) 10월23일.

96) 『선조실록』선조 37년(1604) 10월23일.

97) 『선조실록』선조 37년(1604) 10월28 · 29일.

98) 『선조실록』선조 38년(1605) 8월4일.

99) 『선조실록』선조 38년(1605) 11월3일

100) 『선조실록』선조 39년(1606) 4월25일.

101) 『선조실록』선조 39년(1606) 4월26·29일 , 5월2·4·6·8·10일.

102) 『선조실록』선조 39년(1606) 5월23일.

103) 『선조실록』선조 39년(1606) 9월3일

104) 『선조실록』선조 40년(1607) 8월29일~선조 40년 9월22일.

105) 『선조실록』선조 40년(1607) 9월5일.

106) 『선조실록』선조 40년(1607) 9월5일.

107) 『宋子大全』卷二百三 諡狀 澤堂李公諡狀. 송시열(宋時烈).

108) 『태의원 선생안 附 兩廳』내침의 선생안.

109) 『선조실록』선조 40년(1607) 10월9일.

110) 『선조실록』선조 40년(1607) 12월3일.

111) 『광해군일기』광해군 4년(1612) 9월7일.

112) 『광해군일기』광해군 4년(1612) 10월2일.

113) 『광해군일기』광해군 2년(1610) 8월6일.

114) 『광해군일기』 광해군 1년(1609) 10월14일.

115) 『광해군일기』광해군 1년(1609) 10월8일.

116) 『광해군일기』광해군 1년(1609) 10월8일.

117) 『광해군일기』광해군 1년(1609) 10월16일.

118) 『광해군일기』 광해군 2년(1610) 2월24일.

119) 『광해군일기』광해군 2년(1610) 윤3월12일.

120) 『광해군일기』광해군 2년(1610) 윤3월13일.

121) 『苔泉集』권5, 記聞 多光海時事 "許任官奴之子而至於封君"

122) 『광해군일기』광해군 2년(1610) 12월24일.

123) 『광해군일기』광해군 2년(1610) 12월26일.

124) 『광해군일기』광해군 4년(1612) 2월8일.

125) 『광해군일기』광해군 4년(1612) 9월4일.

126) 『옥천전씨대동보』권,1 1989년 3월.

127) 『광해군일기』광해군 4년(1612) 8월9일.

128) 『광해군일기』광해군 4년(1612) 10월7일.

129) 『광해군일기』광해군 5년(1613) 3월12일.

130) 이는 같은 3등공신인 李純仁(1533~1592), 柳夢寅(1559~1623)에게 내려준 공신교서에 근거한 것이다. 이순인의 공신교서 내용은『孤潭逸稿』(권4, 부록, 잡저, 교서)에 실려 있으며, 유몽인에게 내린 공신교서는 실물이 남아있어 보물로 지정되어 있다(보물 제1304호, 柳夢寅衛聖功臣敎書). 이외에도 1등공신 鄭琢(1526~1605)의 공신교서가 남아 있다(보물 제494-2호, 藥圃遺稿 및 文書-衛聖功臣敎書)

131) 『하양허씨세보』에 의하면, 許任의 묘소는 무릉동, 아들인 許긍의 묘소는 새재, 손자인 許芷의 묘소는 부전동(뜸밭)에 위치한다. 허임 묘소가 부전동이 아닌 무릉동에 위치한 사유는 자세히 알 수 없다. 그러나 육로로 이동하는 오늘날과는 달리, 금강의 水路가 활성화 되어 있던 조선시대에는 부전동과 무릉동, 새재등은 바로 이웃한 마을이라고 할 수 있다.

132) 『광해군일기』광해군 6년(1614) 6월11일.

133) 『광해군일기』광해군 6년(1614) 6월12일.

134) 『광해군일기』광해군 6년(1614) 7월3일.

135) 운천(雲川) 김용(金湧)의 기록이다. 김용은 임진왜란이 일어나자 고향인 안동에서 의병장으로도 활약했고, 여러 관직을 두루 거치는 동안 춘추관 편사관을 겸하면서 『선조실록』을 편찬하는 데 참여하기도 하였다. 『당후일기 초본(堂後日記草本)』의 내용은 1615년(광해군 7년) 윤 8월 초6일부터 이듬해 6월18일까지의 경연내용을 기록한 것인데, 빠진 날짜가 많은 것이 흠이다. 원래의 표제는 『운천선조경연주대(雲川先祖經筵奏對)』이고, 천(天)·지(地)·인(人) 3책으로 된 필사본이었다. 일제 때 조선사편수회에서 각 지방의 사료들을 수집하는 과정에서 재등사하여 책으로 제본된 것이 국사편찬위원회에 소장되어 있다.

136) 『광해군일기』광해군 7년(1615) 11월28일.

137) 『광해군일기』광해군 8년(1616) 1월23일.

138) 『광해군일기』광해군 8년(1616) 9월11·12일.

139) 『광해군일기』광해군 8년(1616) 11월27일, 12월9일.

140) 『광해군일기』광해군 8년(1616) 12월10·18·26일.

141) 『광해군일기』광해군 9년(1617) 1월7·8일.

142) 『광해군일기』광해군 9년(1617) 2월12일.

143) 『광해군일기』광해군 9년(1617) 2월18일.

144) 『광해군일기』광해군 9년(1617) 2월19~26일; 권113, 광해군 9년 3월9·
     27일.

145) 『광해군일기』광해군 9년(1617) 6월21일.

146) 『광해군일기』광해군 9년(1617) 11월12·14·16·19일.

147) 『광해군일기』광해군 10년(1618) 1월14일.

148) 『광해군일기』광해군 10년(1618) 2월9·10·20일, 광해군 10년 3월3·8·10·
     14·19·24일, 광해군 10년4월4·19·27·28일, 윤4월4·5·7·8·9·14·15·17·18일.

149) 『광해군일기』광해군 11년(1619) 9월10일.

150) 『광해군일기』광해군 4년(1612) 4월18일.

151) 『광해군일기』광해군 10년(1618) 4월9일.

152) 『白江先生集』 권15, 「行狀」 "先考贈領議政驪州牧使府君行狀"

153) 『광해군일기』광해군 1년(1609) 8월16일.

154) 『광해군일기』광해군 1년(1609) 8월26일.

155) 『一松集』 권5, 箚 辭接伴使.

156) 『愚谷日記』戊午日課 4월小 14일.

157) 『광해군일기』광해군 11년(1619) 12월13일.

158) 『광해군일기』앞의 기록.

159) 『광해군일기』광해군 14년(1622) 4월6일.

160) 『광해군일기』광해군 15년(1623) 1월20일.

161) 『광해군일기』광해군 15년(1623) 2월19일.

162) 『광해군일기』 광해군 15년(1623) 3월9일.

163) 『승정원일기』인조 원년(1623) 3월24일.

164) 『승정원일기』인조 원년(1623) 3월26일.

165) 『승정원일기』인조 6년(1628) 4월14일.

166) 『승정원일기』인조 6년(1628) 9월2일.

167) 『응천일록』권4, 9월초3일 "去夜政院啓"

168) 『승정원일기』인조 6년(1628) 8월26·27일; 9월2·6·8·10일.

169) 『인조실록』인조 6년(1628) 10월21일.

170) 『승정원일기』인조 6년(1628) 10월22일.

171) 『인조실록』인조 10년(1632) 11월2일.

172) 『朝鮮醫學史朝鮮醫學史及疾病史』三木榮, 자비출판, 1962, p.205
173) 『인조실록』인조 11년(1633) 2월23일.
174) 「인조의 질병과 번침술」 김인숙, 의사학 제13권 제2호, 2004. 12, p.205
175) 『인조실록』인조 11년(1633) 10월7일.
176) 『인조실록』인조 17년(1639) 8월18일.
177) 「인조의 질병과 번침술」 김인숙, 의사학 제13권 제2호, 2004. 12, p.209
178) 「인조의 질병과 번침술」 김인숙, 의사학 제13권 제2호, 2004. 12, p.212
179) 『승정원일기』인조 17년(1639) 8월12일.
180) 『승정원일기』인조 17년(1639) 8월18일.
181) 「공주 부전대동계의 성립경과 운영주체」『백제문화』24, 임선빈, 공주대
    백제문화연구소, 1990.
182) 「공주 부전대동계의 성립경과 운영주체」『백제문화』24, 임선빈, 공주대
    백제문화연구소, 1990.
183) 『승정원일기』인조 19년(1641) 5월19일.
184) 『승정원일기』인조 19년(1641) 5월20일.
185) 『승정원일기』인조 21년(1643) 10월15일.
186) 『승정원일기』효종 9년(1658) 7월27일.
187) 『승정원일기』효종 7년(1656) 7월14일.
188) 『산림경제』권3, 구급(救急) 두창 경험방(痘瘡經驗方). "침의(鍼醫) 최
    우량(崔宇量)이 일찍이 말하기를…"
189) 『許任 鍼灸經驗方研究』, 朴文鉉, 慶大學校大學院 韓醫學科 博士學位
    論文, 2002, pp.18~21.
190) 『朝鮮醫書誌』三木榮, 大阪:學術圖書刊行會, 1983, p.110
191) 『해사록(海槎錄)』인조 14년(1636) 8월22일.
192) 「영주(뒤새)가 낳은 천하명의와 만고충신 李父子」 박성호, 계간 영주문
    화, 1994. 7.
193) 「고의서산책 273」 田園必考(전원필고), 한국한의학연구원 안상우. 민족
    의학신문.
194) 「허임 『침구경험방』연구」 박문현, 경희대학교 대학원 한의학과 박사학
    위 논문, 2002. 8, p.78
195) 『승정원일기』인조 23년(1645) 4월20일.
196) 『내침의 선생안』
197) 『상한의문답 桑韓醫問答』
        趙崇壽 : 東有許任者善焉 有金公中白者繼之 今也則匹可悲也夫
198) 趙廷俊, 及幼方 , 여강출판사, p.205: 肅宗朝大醫知事崔公有泰, 別提吳
    公鼎和, 皆得許任傳授之鍼法有名, 當世余於二公得聞其緒餘, 故詳記之

199) 『승정원일기』인조 21년(1643) 10월12일,원본86책/탈초본5책(3/19)

200) 『내침의선생안』

201) 「조선후기 신지식인 한양의 中人들 (38) - 침술의 대가 허임」허경진 연세대 국문과 교수, 서울신문.

202) 『내침의 선생안』

203) 「조선후기 신지식인 한양의 中人들-39 숭록대부까지 오른 ‘神醫’」허경진 연세대 국문과 교수, 서울신문, 2007년 9월22일, 22면.

204) 『인조실록』인조 17년(1639) 8월16일.

205) 『인조실록』인조 21년(1643) 4월6일.

206) 「허임『침구경험방』의 특징과 국내외간행」이상창,『침구경험방』간행 365주년 세미나 자료집(사)허임기념사업회, p.54

207) 『鍼灸名著集成』黃龍祥, 1996年, 華夏出版社, p.1214

208) 야마가와쥰안(山川淳菴)이 의사였다는 사실은 三木榮이 조선의서지 (p.340)에서 언급하고 있다. 이로 보아 그는 의학을 공부하기 위해 조선에 유학 왔을 가능성이 많으며, 그 시기는 대략 17세기 말 18세기 초엽으로 추측된다.

209) 「고의서 산책256」 중 兩東唱和後錄②, 한국한의학연구원 안상우, 민족의학신문, 2005.

210) 『桑韓醫問答』
　　我國湯液家之外有 針醫者 其法卽用素問所謂毫鍼者.

211) 「18세기한일침구학의교류 - 조선통신사 의학문답기록을 중심으로」오준호·차웅석, 경희대학교 한의과대학의사학교실, 대한경락경혈학회지 Vol.23, No.2, 2006, pp.1~18.

212) 지난 2008년 어느 날 일본으로 유학을 가서 침구학 공부를 하고 있다는 김영훈 학생이 연락을 해왔다. 교토대학도서관에 『침구명감(鍼灸明鑑)』이라는 책이 있는데 허임의 저술로 되어있다는 것이었다. 기업가인 박정부 한일맨파워 사장의 도움을 받아 교토대학 도서관에『침구명감』사본(寫本)을 신청해 확인해 본 결과 이 책은 『침구경험방』의 또 다른 일본 판본이었다.

213) 제후(諸侯)의 나라에서, 천자(天子)의 조정(朝廷)을 두고 일컫는 말.

214) 하(夏)나라 때의 제후(諸侯)로 궁술(弓術)의 名人.

215) 고사(古事)에 나오는 이야기와 관련하여 구루(痀僂)는 기술자의 대명사로 쓰인다.

216) 한의학의 정수를 가리키는 말로서, 황제내경에 나오는 문장이다. 학자에 따라 여러 가지 의미로 번역될 수 있다. ‘의학이란 정성을 다하는 것이다’, ‘의란 생각이다’, ‘의학이란 의사와 환자의 마음의 교감이 중요하다’ 등등 무

수한 번역이 모두 가능하다.
217) 固陋 : 생각이 경직되고, 견문이 부족함. 즉 학문의 수준이 낮음을 의미
한다.
218) 觳音之責 : '능력이 부족한 자가 자기의 분수를 모르고 어떤 일을 치르
면서 받는 책망'
219) 침구경험방 저자 허임 유허지 학술조사 보고서. 2014.10. 공주시. 충남역
사문화연구원.
220) 침구경험방 저자 허임 유허지 학술조사 보고서. 2014.10. 공주시. 충남역
사문화연구원.

부록

## 〈부록1〉

## 기록으로 본 허임의 생애 연표

선조실록과 광해군일기에 나타난 기록을 중심으로 하고, 승정원일기와 문신들의 문집 등에 나타난 기록을 참조하여 연표를 만들었다. (나이는 대략 1570년을 출생년으로 보았을 때로 추산함)

1570년(?) 악공(樂師)인 부친 허억봉(許億鳳)과 사비(私婢)였던 모친 사이에서 출생.

부모의 병 때문에 의원의 집에서 일하면서 의술에 눈뜸.

1593년(24세, 선조26년) 임진왜란 중이던 계사년(癸巳年) 광해군(光海君)의 서남행시에 수행하여 11월에는 해주에서, 12월에는 삼례역(參禮驛)에서 3일 간격으로 침 치료를 시행함.

1595년(26세, 선조28년) 11.1 침의(鍼醫) 출신의 박춘무가 군수로 있는 전라도 임천 방문. 허 교수(許敎授)라는 호칭으로 불림.(의학교수 : 종6품 주부, 전의감 또는 혜민서 소속)

1598년(29세, 선조 31년) 9.22 '침의 박춘무·허임이 모두 무단히 출타 중'이라며 침의(鍼醫) 허임(許任)이라는 호칭이 선조실록에 처음 나타남.

1601년(32세, 선조 34년) 의관 허준 등과 함께 입시(入侍)하여 선조의 침 치료에 참여함.

1602년(33세, 선조 35년) 6.12 고향에 물러가 있음. 침을 잘 놓아 일세에 이름을 날리는 사람으로 침의(鍼醫) 김영국(金英國)·박인령(朴人苓)과 함께 언급됨.

1603(선조34년) 초 의정부 우찬성 심희수(호 일송)에게 침을 놓음. 〈선조34년 5월1일 일송선생문집〉

1604년(35세, 선조 37년) 9.23 선조의 갑작스런 편두통으로 야간(夜間) 진료. 아시혈(阿是穴)에 대한 평소 허임의 견해를 허준이 언급함. 10.23 편두통을 치료한 공으로 포상을 받음. 6품의 직에서 당상(堂上; 通政大夫)으로 전격 승진. 당상관(堂上官)은 지나치다는 여러 신하들의 간쟁(諫諍)이 있었으나 받아들여지지 않음.

1606년(37세, 선조 39년) 4월26·29일, 5월2·4·6일 연속 다섯 차례에 걸쳐 어의(御醫) 허준, 조흥남(趙興男), 이명원(李命源) 등과 침의(鍼醫) 남영(南嶸), 김영국이 함께 입시(入侍)하여 선조에게 침 치료 함. 9월14·16·18·20일에도 입시하여 진료함.

1609년(40세, 광해 원년) 10.8~15 새로 즉위한 광해군에게 재능과 공로를 인정받아 마전군수(麻田郡守)에 임명했으나 사헌부가 매일같이 반대를 하여 곧바로 물러나게 됨. 10/16 실첨지(實僉知)에 임명하고, 당시 모친을 봉양하며 궁핍한 생활을 하고 있어 광해군이 연명할 수 있도록 우선 그 품계에 준하는 녹을 주라고 함.

1610년(41세, 광해 2년) 2.24 광해군이 침의 허임·김영국 등을 불러 서울 안에 머물게 함. 3.12 전라도 나주(羅州)의 집에 있음. 올라오도록 전교(傳敎)를 여러 차례 받고도 명을 따르지 않아 사간원이 광해군에게 허임의 국문을 건의했으나 광해군은 따르지 않음. 3.13 허임의 몸에 전부터 중병이 있었던 것으로 언급됨.

1612년(43세, 광해 4년) 8.9 서로(西路)에서 남하할 때 호종(扈從)했던 공로로 가자(加資) 받음. 9.21 계사년(癸巳年; 1593년) 광해군의 서남행시에 수행하며 침 치료를 한 공로로 3등의 녹훈(錄勳)에 수록됨.

1614년(45세, 광해 6년) 6.11~12 내국(內局)의 의관에 속해 있음. 돈화문 밖에서 대기하다가 입시(入侍)함. 제조들이 모여 여러 번 재촉한 후에야 허임이 느릿느릿 들어왔다며 사간원이 허임을 국문하라고 했으나 광해군이 따르지 않음.

※ 1614년(45세, 광해 6년) 6월 ~ 1615년(46세, 광해 7년) 5월 교동현감(喬洞縣監)

1615년(46세, 광해 7년) 11.26 광해군 치통치료.〈堂后日記草本〉 11.28 광해군이 허임을 경기와 가까운 도의 수령으로 임명할 것을 지시함.

1616년(47세, 광해 8년) 1.23 영평현령(永平縣令)으로 임명됨.

11.27 여러 해 동안 입시(入侍)하여 침치료한 공로를 인정
받아 자급을 더해 받게 됨.

※ 1616년(광해 8년) ~ 1617년(광해 9년) 3월 영평현령

1617년(48세, 광해 9년) 2.12 양주목사(楊州牧使)에 임명됨. 2
월18~21일, 25~26일 허임이 천출이라는 이유로 사헌부가
왕에게 직위의 교체를 잇달아 간청하였으나 광해군은 이를
받아들이지 않음. 3.9 부평부사(富平府使)로 자리를 바꿈.
6.6 광해군 손에 난 종기가 위중하여 허임과 유대명을 부를
것을 경기감사에게 령을 내림. 6.21 임금에게 침을 놓고 임
지로 돌아감. 11.10 허임·유대명을 부를 것을 경기감사에
게 령을 내림.

※ 1617년(광해 9년) 3월15일~1619년(광해 11년) 8월30일 부
평부사

1618년(광해 10년) 4.10 이경석의 아버지 이유간 집에서 침치
료 함. 4.14 이경석이 허임을 불러 이유간이 침을 맞음. 다
른 의원들은 병을 알아보지 못했는데 허임은 한 번에 알아
보았다며 역시 허임의 유명함이 헛말이아니라고 표현함.
4.15 허임이 이유간 집에 가서 봄.〈愚谷日記〉

1619년(50세, 광해 11년) 11.23 의약인들에 대한 대대적인 포
상시에 숙마(熟馬) 1필을 하사 받음. 12.13 모시고 있던 노
모의 병세가 중한 까닭으로 자급을 더해 받음.

1622년(53세, 광해 14년) 4.6 남양부사(南陽府使)에 임명됨.

※ 1622년(광해 14년) 4월6일 ~ 1623년(광해 15년) 3월 남양
부사

1623년(54세, 광해 15) 2.19 의관들의 경솔한 행위에 대한 광해
군의 질책을 받고 물러감. 다른 어의 및 침의들과 더불어
문책을 받고 녹일등(祿一等)을 감봉 당함.

1623년(54세, 인조 원년) 3.26 경기감사가 남양부사 허임을 쫓
아내라고 함.〈승정원일기〉

1628년(59세, 인조 6년) 4.14 침의 허임 등에게 반숙마 1필을
상으로 내림. 10.22 침의 허임 등에게 표피(표범가죽) 1필
을 내림.〈승정원일기〉

1639년(70세, 인조 17년) 8.12 '허임의 의술이 지금의 의원보다
뛰어나다'며 임금의 청한(靑汗, 식은땀) 증세에 허임의 침
구치료를 받을 것을 의논함. 허임에게 병세를 써가지고 가
서 물어보기로 함. 8.18 허임이 임금의 병에 대해 침뜸처방
을 문서로 올림.〈승정원일기〉

1641년(72세, 인조 19년) 5.19 장증(脹證)이 심한 재신(宰臣:재
상)에게 침을 놓아 효험을 보게 한 공주에 사는 침의(鍼醫)
최우량이 허임에게서 침을 배운 사람이라고 내의원에서 계
를 올림.〈승정원일기〉

1644년(75세, 인조 22년) 침구경험방 간행

## 침구경험방의 증상별 치료 항목

머리와 얼굴
머리와 눈에 종기가 나고 가슴과 옆구리가 그득하여 답답한 것/
편두통과 눈이 침침해서 견디지 못하는 것/얼굴빛이 검푸른 것/
머리와 얼굴에 풍으로 종기가 발작하여 1~2일에 붉은 종기가 생
김새는 불꽃같고, 개암나무 열매같이 돋아나오며 혹 윤이 나면서
점점 크게 번져서 곧 숨이 끊어질 듯 숨을 쉬는 것
귀
귀가 울려서 먼데서 나는 소리를 들을 수 없는 것/ 귀아픔과 귀울
음/ 귀머거리/ 허로, 이수, 귀머거리
눈
바람을 쐬면 차가운 눈물이 흐르는 것/ 풍목, 눈자위가 문드러지
는 것/ 눈에 생긴 백예/ 눈알이 아프고 눈물이 나오지 않는 것/
눈자위의 아래 위가 검푸른색인 것/ 눈동자가 돌출한 것/ 어른과
어린이의 야맹증
입
입안에 창이 생긴 것/ 입술에 종기가 난 것/ 입안이 끈적거리며
달라붙는 듯한 것/ 입에서 피나는 것이 멈추지 않는 것/ 입과 코
에서 피가 나는 것/ 입이 다물어지지 않는 것/ 입이 쓴 것/ 혀가

붓고, 혀가 갈라지고, 혀가 강직되는 것/ 입을 다물고 입을 벌리
지 못하는 것

코

오취/ 코 안에 군살이 생긴 것/ 코막힘/ 콧물이 흐르고 코피가 나
는 것/ 냄새를 맡지 못하는 것/ 코피가 그치지 않고 말을 하지 못
하는 병

해수

기침이 그치지 않는 것/ 목이 쉰 것/ 침을 뱉으며 숨을 헐떡이는
것/ 구토하며 음식을 넘기지 못하는 것/ 숨이 넘어갈 듯 몰아쉬며
헐떡이는 것/ 그렁그렁 거리며 숨을 헐떡이는 것/ 위가 뒤집어져
서 술, 죽, 국을 모두 토하는 것/ 담으로 숨을 헐떡이는 것/ 마른
구역 / 폐옹이 있어 기침하고 가래가 있으며 상기하는 것/ 기침하
며 숨이 차서 물을 마시는 것/ 숨이 차고 구역질이 나며 하품하고
기지개를 켜는 것/ 내상을 입어 피를 토하는 것/ 가래침/ 숨이 차
고 배가 그득하여 걷지 못하는 것/ 적이 맺혀서 배안에 물이 차는
것

인후

목에 음식물 같은 것이 막히는 것/ 목안의 한쪽 편도가 부은 것/
목안의 양쪽 편도가 부은 것/ 목구멍이 붓지 않고 열이 나며 막혀
서 삼키고 마신 것이 코로 다시 나오는 것/ 목구멍이 붓고 가슴과
옆구리가 그득하고 답답한 것

뺨과 목

이빨과 뺨이 아픈 것/ 목이 뻣뻣한 것

이빨

윗니가 아픈 것/ 아랫니가 아픈 것/ 윗니와 아랫니가 다 아픈 것/

벌레 먹은 이/ 잇몸이 썩는 것

## 가슴

가슴이 두근거리고 잘 잊어버리는 것/ 가슴과 배가 아프거나 담 궐 흉통이 있는 것/ 갑자기 가슴이 아프고 땀이 나는 것/ 가슴이 그득하고 답답하며 기가 치밀어 오르고 답답하며 달아오르는 것/ 오래된 흉통/ 협심증/ 가슴이 아프고 차갑고 시큼한 물을 토하는 것/ 가슴이 달아오르고 잠을 자지 못하는 것/ 가슴이 찌르는 듯 아프고 손이 갑자기 파래지는 것/ 찬 기운이 치밀어 올라 가슴이 아픈 것 /놀라고 두려워하여 가슴이 아픈 것/ 마음이 황홀한 것/ 가슴과 배가 갑자기 아프고 설사하는 것/ 가슴이 아프고 침을 흘 리는 것/ 가슴이 아프고 얼굴빛이 거무스레지며 죽을 것 같은 것/ 마음이 슬프고 두려우며 가슴이 답답하고 달아오르는 것/ 심풍/ 풍현/ 가슴에서 양옆구리로 끌어당기듯 아픈 것/ 가슴이 아프고 입을 벌리지 못하는 것/ 가슴에서 옆구리까지 아픈 것/ 가슴 가운 데 어혈이 있는 것/ 가슴에 걸려서 먹는 것을 꺼리는 것

## 배와 옆구리

윗배가 아픈 것/ 먹은 것이 내려가지 않고 배안이 꾸르륵거리며 대변이 불규칙하고 소변이 황적색인 것/ 냉과 열의 고르지 않은 기운이 배꼽을 둘러 흐르며 공격하여 아픈 것/ 배가 불룩하고 배 꼽과 아랫배가 단단한 것/ 뱃속에서 소리가 나고, 아픈 것/ 배와 옆구리와 여러 곳이 여기저기 찌르는 듯이 아파서 참을 수 없는 것

## 붓는 것과 배가 불룩한 것

온몸이 갑자기 붓고 얼굴이 부어 커지는 것/ 물이 차서 배가 붓고 불룩한 것/ 사지와 얼굴과 눈이 붓는 것/ 부종과 고창/ 맥법/ 중

완혈에 침놓는 수법

적취

담이 쌓여 덩어리가 된 것/ 분돈기/ 아랫배에 적취가 있고, 허리와 척골 주변이 저리고 해수가 있고 대변보기가 어려운 것/ 뱃속에 적취가 있고 기운이 아래위로 행하는 것/ 비괴 / 배꼽 아래 덩어리가 뭉쳐서 그릇을 엎어놓은 것 같은 것

복량, 분돈, 적취

팔

팔의 근이 오그라지고 시큰거리며 아프고 음식을 전혀 먹지 못하고 인사불성인 것/ 손가락 발가락 마디가 어긋나서 시큰거리고 아픈 것이 오래 낫지 않는 것/ 팔꿈치가 시큰거리며 아픈 것/ 여러 달 어깨가 아프고 어깨 관절을 아교풀로 붙인 듯 하여 팔이 들리지 않는 것/ 떨어지거나 넘어지거나 부딪치거나 맞은 상처/ 양팔과 가슴에 경련이 일어나는 것/ 팔이 가늘어지고 힘이 없는 것/ 팔꿈치와 손목이 시큰거리고 아프며 무거운 것 /팔이 저절로 흔들리는 것/ 손바닥에 열이 나는 것/ 팔 안쪽이 아프고 가려운 것/ 다섯 손가락을 구부렸다 폈다 하지 못하는 것/ 겨드랑이가 붓는 것/ 왼쪽 손발에 힘이 없는 것/ 두 손에 열이 많이 나서 불 속에 있는 듯 한 것

허리와 등

허리가 아파서 구부렸다 폈다 하지 못하는 것/ 허리 척골이 아프고 오줌이 탁한 것/ 허리가 아프고 뱃속에서 소리가 나는 것/ 노인 요통/ 등이 굽은 것/ 허리가 붓고 아픈 것

다리와 무릎

다리가 시큰거리며 아파서 구부렸다 폈다 하지 못하고 오래 서있

기 어려운 것/ 다리에 경련이 나서 감각이 없는 것/ 다리 안팎 복사뼈가 빨갛게 부은 것이 오래 되어도 곪지 않으며 차도가 없는 것/ 각기/ 팔다리의 근육이 오그라지고 뻣뻣해서 불편한 것/ 학슬풍, 무릎이 큰 바가지 같고 무릎의 위아래가 다 가늘어지며 몸에 열이 나고 아픈 것/ 발바닥이 아픈 것/ 뼛속이 시리고 아픈 것/ 다리와 발이 차가워서 참을 수 없는 것/ 살갗은 따뜻한데 병인이 스스로 참을 수 없이 차고 시리다고 말하는 것/ 무릎 위쪽이 붓고 아파서 몸을 구부리며 다니지 못하는 것/ 모든 관절통/ 가래톳/ 사지를 거둘 수가 없고 움직이기 싫으며 눕고 싶은 것/ 사지에 경련이 일어나는 것

### 여러 가지 풍

말하는 것이 굼뜨고 매끄럽지 못하며, 반신불수인 것/ 구안와사/ 편풍구와/ 갑작스런 오풍과, 말을 하지 못하고 근육이 마비되고 사람을 알아보지 못하는 것/ 온몸이 가렵고 벌레가 기어 다니는 듯해서 참을 수 없는 것/ 관절 마디마다 붓고 아픈 것/ 중풍으로 입을 다물지 못하고 담이 막혀 톱질하는 것 같은 소리가 나는 것/ 몸을 뒤 트는 것/ 풍을 맞아 눈을 위로 치켜뜨고 말을 하지 못하는 것/ 중풍에는 5불치가 있다./ 중장/ 중부 /간중/ 심중/ 폐중/ 신중/ 비중/ 담중/ 위중/ 오장의 병 /한숨을 쉬고 잘 슬퍼하는 것

### 전간(간질)

전간/ 미친 사람처럼 말을 하고 히죽히죽 웃는 것/ 귀신들린 것/ 귀신이 보이는 것/ 꿈꾸다가 가위눌리는 것/ 잘 우는 것/ 풍전, 미쳐서 내달리려 하며, 신이라고 부르며 스스로 높이고, 슬프게 울며 신음소리를 내는 것/ 쉴 새 없이 욕을 하고 귀신인 듯 귀신의 말을 하는 것/ 여우에 홀려 미친 것/ 양 울음소리를 내는 간질

/ 소 울음소리를 내는 간질/ 말 울음소리를 내는 간질/ 개 울음소리를 내는 간질/ 닭 울음소리를 내는 간질/ 돼지 울음소리를 내는 간질/ 오간으로 거품을 토하는 것/ 새 우는 소리 같은 소리를 내고 가슴이 답답하며 묻는 말을 싫어하는 것/ 눈을 위로 치켜뜨고, 사람을 알아보지 못하는 것

궐역

담을 토하는 궐역/ 죽은 사람처럼 쓰러지는 것/ 사지에 경련이 일어나는 궐역/ 두려움을 잘 타고 숨이 찬 궐역/ 전시골증/ 신궐 두통, 근육이 오그라지고, 놀라고 두려워하며 눕기를 싫어하는 것

급사

중악/ 물에 빠져 죽은 것/ 목매어 죽은 것/ 더위 먹어 죽게 된 것

이질

물설사가 그치지 않는 것/ 피고름이 섞인 설사/ 설사와 이질, 아랫배가 아픈 것/ 냉기가 들어 설사하며, 소화가 안 되는 것 /탈항이 오래 낫지 않는 것/ 묽은 변을 보는 것 /

치질

오치와 변에 피가 있는 것, 오줌을 자기도 모르게 흘리는 것과 꽁무니가 아픈 것/ 장에 풍이 들어 피가 나오는 치질/ 내민 살

음산

산기가 위로 치솟아서 가슴과 배가 갑자기 아프며 호흡곤란인 것 / 분돈기가 배꼽을 싸고 위로 치솟는 것/ 산기가 가슴으로 치솟는 것/ 음위/ 음경 끝이 아픈 것/ 음부가 붓고 빠지는 것/ 산기가 배꼽 주위를 싸고 가슴으로 치솟는 것/ 퇴산/ 오림 /석림/ 소변이 희고 탁한 것

곽란

곽란, 답답하고 어지러움/ 근육경련이 일어나는 곽란/ 곽란으로 가슴이 그득하고 아프며 먹은 것을 토하고 뱃속에서 소리가 나는 것/ 갑자기 쏟아지는 심한 설사/ 마른 구역질/ 곽란으로 대변을 흘리는 것/ 곽란으로 머리가 아프고 가슴이 아프며 호흡이 가쁘고 그렁거리는 소리가 나는 것/ 곽란으로 이미 죽었으나 아직 따뜻한 기운이 있는 것

학질
학질이 정수리를 따라서 발작하는 것/ 팔을 따라 발작하는 것 /허리와 등을 따라 발작하는 것/ 온학/ 해학/ 여러 가지 학질/ 오랫동안 낫지 않는 학질

허로
허로, 몸이 수척하고 귀가 들리지 않고 오줌에 피가 섞여 나오며 소변이 탁하거나 정액이 흘러나오거나 음부가 아프고 발이 얼음과 같이 차가운 것/ 장부의 기가 허손이 심하고 진기가 부족한 모든 기병/ 꿈 속에서 사람과 성교하여 정액이 새는 것/ 자다가 정액이 유실되는 것/ 환문혈

결핵
결핵/ 맥이 약하고 가늘거나 혹은 때때로 맥박이 없는 것/ 허로가 심해져서 실정에 이른 것/ 사화혈

먹은 것이 소화되지 않는 것
음식을 배로 많이 먹지만 점점 몸이 여위고 현벽으로 배가 아픈 것/ 배가 그득하고 식욕이 없으며 소화가 되지 않는 것/ 음식을 먹으면 고단해서 사지가 나른하여 게을러지고 답답하고 열이 나며 눕고 싶은 것/ 구역질이 나서 먹을 수 없는 것/ 먹은 것이 소화되지 않고 쉬 갈증이 나는 것/ 음식 냄새를 맡기 싫어하는 것/ 너

무 많이 먹어서 마르고 누렇게 된 것/ 반위

황달

신달/ 황달/ 주달로 몸과 눈이 모두 누렇고 가슴이 아프며 얼굴에 붉은 반점이 있고 소변보기가 쉽지 않은 것/ 여로달/ 식달

창종

옹저의 모든 종기, 혹 가렵지도 않고 아프지도 않고 색은 푸르고 검은 것/ 털의 경계에 난 종기, 입술에 난 종기, 얼굴에 난 종기/ 등에 난 종기/ 기죽마혈법/ 여러 위험하고 나쁜 증세/ 오역증의 진찰/ 폐옹/ 음부의 종기, 엉덩이의 종기, 다리의 살빛이 평소와 같으면서 점점 붓고 커지거나 혹은 약간 붓는 것/ 회골증/ 장옹/ 정종이 얼굴 위와 입가에 생긴 것/ 손 위에 생긴 것/ 등 위에 생긴 것/ 누정/ 옹저에 쓰는 여러 가지 약뜸법 /격산구법/ 부자구법/ 황토구법/ 모든 창에 내민살/ 종기가 단단하고 뿌리가 있어서 석옹이라고 부르는 것/ 용창/ 손발 혹은 온몸에 모양이 복숭아나 밤 같은 것이 생겨 붉어지지 않고 3~ 4일간 아프다가 곪는 것/ 부골저/ 풍단독과 화단독/ 여러 곳에 난 담종이 가렵지도 않고 아프지도 않으며 오래 곪아 침으로 찔러 터뜨린 것/ 온몸에 옴이 생긴 것/ 겨드랑이에 생긴 종기와 마도협영/ 열풍으로 인한 두드러기/ 피풍창(겉바람증)/ 백라/ 풍라/ 옹, 저, 정, 절, 나력 등의 창에 쓰는 팔혈구법/ 머리의 2혈/ 손의 2혈/ 등의 2혈/ 다리의 2혈/ 수은독으로 생긴 창

나력 : 연주창/ 혹/ 살혹/ 혈관종/ 나력이 목을 둘러 멍울이 되어서 반사력이라 부르는 것/ 가슴 앞에서 겨드랑이로 연달아 돌아가며 생겨서 과등력이라 부르는 것/ 왼쪽 귀뿌리에 생겨서 혜대력이라 부르는 것/ 오른쪽 귀뿌리에 생겨서 봉과력이라 부르는

것

고독

고독/ 세 가지 벌레로 인해 가슴이 아프고 침을 많이 흘리는 것/ 기생충이 요동쳐서 가슴이 아픈 것

잠

잠을 많이 자는 것/ 잠을 자지 못하는 것

내상으로 생긴 어혈

가슴속의 어혈

소갈

소갈로 물을 마시는 것/ 신허소갈/ 많이 먹는 소갈

땀

근육 경련이 있고 땀이 나지 않는 것/ 가슴이 답답하고 땀이 나지 않는 것/ 뼛속이 시리다가 열이 났다가 땀이 쏟아지는 것/ 땀이 나고 코피가 나는 것/ 온몸이 불같이 뜨거우면서, 땀이 나지 않는 것/ 잠자면서 땀을 흘리는 것/ 몸이 허약해서 땀이 나는 것/ 해수가 있으면서 땀이 나지 않는 것

상한과 온역

태양경병/ 양명경병/ 소양경병/ 태음경병/ 소음경병/ 궐음경병/ 지병/ 상한 유주/ 상한에 성생활을 하여 열이 나는 것, 먹고 마실 때 목이 막히고, 도로 콧구멍으로 나오는 것/ 음증이 상한하여 더욱 오래 되어 열을 물리치지 못해서 중기(中氣)가 부족하게 되어 생기는 것/ 상한한지 6일이 지나도 풀어지지 않는 것/ 남은 열이 없어지지 않은 것/ 상한 때에 슬퍼하고 놀라는 것/ 등골이 아픈 것/ 입이 마르는 것/ 목이 뻣뻣하고 눈이 침침한 것/ 열병으로 가슴이 답답하고 발이 차며 땀을 많이 흘리는 것/ 열병으로 가슴이

답답하며 땀이 나오지 않는 것/ 열병으로 심하게 열이 나고 머리가 아프며, 물을 마시는 것이 3일 된 것/ 하마온/ 대두온

## 대소변

대소변을 보지 못하는 것/ 대소변이 잘 나오지 않는 것/ 소변이 황적색이며 요실금이 있는 것/ 소변이 불꽃 흩날리는 듯 한 모양으로 나오는 것/ 소변이 잘 나오지 않고 배꼽 아래가 찬 것/ 소변이 나오지 않는 것/ 소변색이 변하는 것/ 꽁무니가 무거운 것/ 오줌에 피가 섞인 것/ 뱃속에서 소리가 나고 묽은 똥을 누며 배가 아픈 것

## 몸

온몸의 감각이 둔해지는 것/ 가슴과 등이 저린 것/ 가슴이 답답하고 그득한 것/ 몸이 뒤로 젖혀지는 것/ 온몸이 마비된 것/ 온몸이 저리고 마비되는 것/ 몸이 떨리는 것/ 온몸이 풀리는 것 같은 것/ 잠자기를 좋아하는 것/ 장딴지가 저리는 것

## 구토

위로 토하고 아래는 막히는 것/ 구토/ 마른 구역/ 토혈/ 가슴이 답답한 것/ 오한 발열/ 기가 위로 치미는 것/ 기격/ 뱃속이 꾸르륵거리는 것/ 가슴이 답답하고 괴로운 것/ 자고 싶은 것/ 토하지 못하는 것/ 토하면서 음식을 삼키지 못하는 것/ 허약한 것/ 구토하고 오한이 났다 열이 났다 하면서 가슴이 답답한 것

## 부인병

월경이 지나치게 많으며 어혈 같은 것/ 월경, 대하, 오로/ 자궁탈출/ 창백하고 땀이 나며 음부가 아픈 것/ 혈이 덩어리지고 월경 불순인 것/ 오로가 덩어리로 된 것/ 무월경, 자식을 낳지 못하는 것/ 징가, 뱃속이 꾸르륵거리고 설사하며 배꼽 주위가 꼬이듯 아

픈 것/ 배꼽 아래가 차가운 산증/ 적백 대하/ 전포, 소변보기가
힘든 것/ 월경이 통하지 않는 것/ 붕루/ 백대하/ 피오줌/ 태반이
나오지 않는 것/ 오줌이 잘 나오지 않으면서 방울방울 떨어지는
것/ 임신한 것 같은 것(가임신)/ 임신을 촉진하는 것/ 불임증/ 유
뇨/ 자궁 속에 나쁜 피가 있어서 아픈 것/ 난산/ 낙태 후에 손발
이 얼음같이 찬 궐역/ 죽은 태아/ 산후의 모든 질병/ 뱃속 아기가
위로 치밀어 올라와서 답답하고 괴로운 것/ 단산하려고 하는 것/
유방의 종기/ 유옹/ 내암/ 산후 복통/ 산후에 오로가 그치지 않는
것/ 젖이 나오지 않는 것/ 자주 낙태하는 것/ 음부가 건조하고 아
파서 음양교합을 싫어하는 것/ 적백대하에 피가 섞여 나오는 것/
소변에 피가 섞인 것/ 월경이 멎지 않는 것

소아

소아의 태간, 내간, 경간/ 화단독/ 탈항/ 야맹증/ 숫구멍이 닫히
지 않는 것/ 몸이 여위고 소화가 안 되는 것/ 한쪽 음낭이 커져서
뱃속으로 들어간 것/ 경풍/ 잠자면서 놀라 손을 내두르고 눈을 감
지 못하는 것/ 태간/ 소변이 나오지 않는 것/ 입을 앙다물어서 벌
리지 못하는 것/ 놀라서 생긴 간질/ 해학/ 잘 놀라는 것/ 잘 우는
것/ 갑작스럽게 일어난 산증/ 두 눈구석이 빨개지는 것/ 두 눈에
흰 막이 생겨서 봄가을마다 눈동자를 덮는 것/ 잇몸이 썩어서 더
러운 냄새가 나는 사람/ 배꼽에 생긴 종기/ 갑자기 팔꿈치 피부가
푸르고 검게 되는 것/ 풍간으로 눈을 위로 치뜨는 것/ 4, 5세가 되
어도 말을 하지 못하는 것/ 음부가 붓는 것/ 적백 이질/ 오줌싸개
/ 젖을 토하는 것/ 눈꺼풀에 생긴 창이 각막으로 번진 것/ 밤만
되면 우는 것/ 부종/ 오래된 학질/ 게거품을 토하며 죽은 사람처
럼 되는 것/ 아기가 태어난 지 초 7일 안에 잘 우는 것/ 먼저 놀란

뒤에 우는 것/ 몸을 뒤로 젖히는 것/ 다섯 가지 간질/ 먹는 간질/
돼지 울음소리를 내는 간질/ 개 울음소리를 내는 간질/ 닭 울음소
리는 내는 간질/ 양 울음소리를 내는 간질/ 소 울음소리를 내는
간질/ 말 울음소리를 간질/ 다섯 가지 간질/ 경간으로 인한 계종/
배가 그득하고 먹지 못하는 것/ 토혈/ 마마(천연두)/ 괴질/ 어른
과 어린이의 괴질/ 저주를 받은 증세

**잡병**
전갈에 쏘이고 뱀 개지네에 물린 상처가 참을 수 없이 아픈 것/
개에게 물린 것/ 미친개에게 물린 것/ 뱀에게 물린 것

조선침뜸이 으뜸이라 개정판

# 허 임 조선의 침구사
## 손중양의 역사발굴 취재기

초 판 인쇄 2010년 3월3일
개정판 발행 2017년 7월27일

지은이     손중양
펴낸곳     **사단법인 허임기념사업회**
신고번호   제 300-2006-0072 호(2006. 6. 2)
주소       서울특별시 종로구 권농동 187-8
전화       02-742-7924 팩스 02-3672-1005
홈페이지   www.heoim.net

ⓒ 2017, 손중양

ISBN 979-11-87828-02-0 03910

값 15,000원

이 책의 판매 수익금은
생명건강문화 전승사업에 쓰입니다.

총판 한국출판협동조합
     경기도 파주시 탄현면 오금리 202번지
     전화 02-716-5616